알기 쉬운
경비업법 해설

김균태 · 서봉성

박영사

경제와 산업이 발전할수록 시민의 치안수요에 대한 욕구가 증가하며 이와 비례하여 민간경비 분야 또한 중요한 시장으로 부각되고 있다. 민간경비 근로자는 준경찰력으로서 시민의 안전을 담보하는 중요한 자원으로 인식되고 있다.

그러나 민간경비 분야가 그다지 왕성하게 성장하지 못하는 이유는 민간경비 업체의 영세성과 경비근로자 경시, 낮은 보수, 열악한 근무환경 등이라고 할 수 있다. 최근 서울 강북구의 아파트에서 입주민에게 폭행과 상해를 당한 경비근로자, 주민 폭언에 시달리던 나머지 부천의 아파트 여성 관리소장이 극단적인 선택을 하는 사례는 그러한 실정을 반영하고 있다.

향후 경비업(근로자)에 대한 일반인들의 이와 같은 편견을 해소하고 경호 관련 업무를 준비하거나 경비 분야에서 근무하고 계신 분들이 당당하게 자신의 업무를 수행할 수 있도록 하는 지침이 되었으면 하는 마음으로 이 책을 발간하게 되었다.

이 책의 특징은
첫째, 「경비업법」을 조문 중심으로 분석하여 파트별로 정리함으로써 수험생이 효율
　　 적으로 학습할 수 있게 하였다.
둘째, 출제빈도가 높은 부분은 단원별 정리 사항을 추가하여 학습에 도움이 될
　　 수 있도록 하였다.
셋째, 주요 기출문제를 빈도에 따라 정리하고 해설을 달아 수록하였다.

'COVID-19' '경기침체' 등으로 어려운 환경에서 경비지도사를 준비하는 수험생이나 경비업무 수행 근로자들에게 이 책이 조금이나마 도움이 되었으면 하는 마음이다.

2020년 5월
저자 일동

PART 01 경비업법

PART 02 청원경찰법

PART 03 기출문제

PART

01

경비업법

CHAPTER

01 경비업법 총설

제1절 경비업법과 민간경비 개설

I. 서설

　우리나라 민간경비산업은 1976년 「용역경비업법」의 제정으로 법적 근거를 마련하였으며 현재는 2017년 말 기준 경비업체의 수 4,610개, 경비원의 수가 156,066명에 이르며, 개인과 기업 그리고 공공기관의 안전과 관련하여 준경찰력으로서 일정한 역할을 수행하고 있다. 또한, 지금의 민간경비 산업의 영역은 점차 확대되어 다른 산업과 결합, 융화되어 가면서 개인의 자산보호나 보안서비스, 출입통제와 환경설계 등으로 확대되고 4차 산업혁명이라고 할 수 있는 AI를 활용한 보안업무를 비롯한 기업의 아웃소싱 등 영역까지 확장되었고, 국가의 중요시설물까지 포함하는 거대한 산업으로 발전하고 있다는 점에서 눈여겨볼 만하다.

　그러나 민간경비분야의 이러한 질적·양적 변화에도 불구하고 정부와 기업은 민간경비산업의 기본이 되는 경비업에 대한 발전가능성 및 국민의 안전에 미치는 영향에 대해 심각하게 고려하지 않고 있는 실정이다. 외부적인 성장과 내부적인 질적향상 등에 대한 관심을 두지 않음에 따라 경비업의 성장과 비례하여 형태의 지속적인 문제가 제기되어 왔다.

Ⅱ. 민간경비의 발전과 관련이론

1. 민간경비 개설

1) 민간경비의 개념

(1) 민간경비의 의의

민간경비란 특정 의뢰자인 개인에게 경비나 안전에 관한 별도의 안전서비스를 사적으로 제공하고, 용역의 제공자는 행한 만큼의 보수를 지급받는 활동이라고 할 수 있으며 이러한 경비용역을 제공하는 사업체를 민간경비업체라 한다.

지금의 민간경비분야는 다양하게 진화되어 가고 있으며 국민의 안전에 대한 수요의 확대는 민간경비산업 발전의 주요 요인이며, 준경찰력으로서의 역할 확장의 원동력이 되고 있다.

(2) 민간경비의 성장배경

- 민간경비 용역산업이 우리나라에서 처음 실시된 시기는 대략 1950년대이며, 미군부대 군납경비가 시작된 시기라고 볼 수 있다.
- 1976년 「용역경비업법」이 제정되어 법적 근거가 마련되면서 민간경비용역 산업의 발전의 토대가 되었다. 1980년대 초 일본의 민간경비 용역산업의 기술과 자본이 도입되면서 민간경비 분야가 급격한 성장을 보였으며, '88서울올림픽, '93대전엑스포박람회, 2002한·일 월드컵대회, 2014년 인천아시안게임, 2018년 평창동계올림픽 등 대형 국제행사 유치에 따라 경찰위주의 국제행사 경호경비에 민간경비의 참여가 확대되면서 민간경비 산업이 독자적인 안전산업으로서 온전히 정착하게 되었다.

(3) 민간경비의 필요성

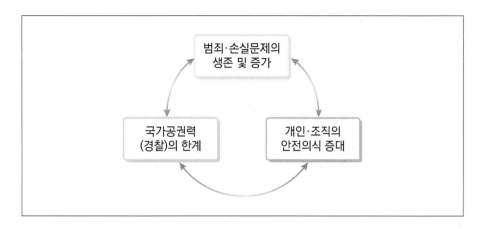

(4) 민간경비와 공경비의 차이점과 공통점

- 범죄문제의 심화: 인구의 대도시 집중, 국제화 및 사회 제반의 변화, 전통적 윤리규범 와해, 범죄의 질적 및 양적 증가 등
- 경찰력의 한계: 범죄의 양적 증대 등 치안수요의 증가, 인력 및 장비 부족, 업무량의 과다
- 시민의 안전의식 증대: 민주주의가 발달하고 자유시장의 경제원리가 보편화됨에 따라 자경주의 의식 강화
- 대규모 사유재산의 증대: 기업중심의 경제활동으로 인하여 규모가 커지고 복잡해지면서 공경비로부터 충분한 서비스를 받지 못하자 민간경지 의존도 증가

민간경비	구분	공경비
사적법인	주체	국가
무	강제권	유
특정고객 대상	서비스대상	일반국민 대상
고객	경비부담	국가
범죄예방	역할범위	범죄예방+법집행 및 범인체포
공통점(범죄예방, 범죄감소, 질서유지, 위험방지)		

(5) 민간경비 성장의 이론적 배경

① 경제환원론

범죄의 증가에 따른 직접적 대응의 필요성을 전제로 하여 그 원인을 결과에서부터 거꾸로 찾아가 종속적인 사회현상의 변화에 그 원인을 두는 이론이다. 첫째, 경제발전의 침체에 의하여 실업률이 증가하고, 둘째 실업률의 증가는 많은 범죄자를 양산하게 된다. 셋째, 범죄의 증가에 따라 경찰력의 한계가 나타나고, 넷째 공권력의 한계는 민간경비시장의 발전을 가져오게 되었다는 것이다.

예 경제침체에 따른 실업률의 증가와 사회적 불안정이 범죄의 증가 초래, 공권력만으로는 충분한 범죄예방과 진압이 불가능, 범죄예방과 진압 및 억제를 위한 수단으로 민간자본에 의한 민간경비시장이 활성화된다는 주장.

② 이익집단이론

민간경비를 하나의 외부적·독립적인 행위자로 인식하면서, 민간경비 자체가 그 이익을 추구할 수 있는 개개의 이익추구 집단으로 활동하면서 민간경비가 발전되었다는 이론이다. 민간경비도 자신의 집단적 이익을 실현하기 위하여 규모를 팽창시키고 새로운 규율이나 제도를 창출하는 등의 노력을 기울인다는 것. 이러한 이익집단이론은 민영화 이론의 경제적 측면인 기업의 경쟁력 강화와 효율성 증가에 따라 민간경비업체도 이익집단으로서 소득 재분배와 시너지 효과를 기대할 수 있다.

③ 수익자 부담이론

자본주의 사회에서 경찰의 역할과 기능을 국가와 자본주의의 전반적 체제 유지를 위한 공권력작용의 차원으로 한정하고, 개인이나 집단의 사적인 안전과 보호는 해당 개인이나 집단이 스스로 담당하여야 한다는 인식에 기초를 둔 이론이다. 즉, 개인적 안전과 보호는 스스로 수익자가 부담하여 민간경비업체에 의뢰하거나 자체경비원을 두어야 한다는 이론. 이 이론은 개인이 자신의 건강을 보호받기 위해 상업적 의료보험에 가입하는 것과 같이, 개인 스스로의 안전감을 증진시키기 위해서는 스스로 민간경비 등에 대한 비용을 지불해야 한다는 것이다.

④ 공동화 이론

경찰의 범죄예방이나 통제와 같은 서비스를 제공할 수 있는 능력, 즉 경찰의 인적·물적 측면에서의 역할이 감소 또는 부족한 상태를 '공동상태'라고 하고 이러한 상황을 보충해주는 역할을 민간경비가 수행한다는 이론을 말한다. 즉, 범죄의 급격한 증가에 공경비의 활동이 미치지 못한 경우(공동상태) 민간경비가 그 여백을 채워서 치안활동을 강화한다는 이론. 이 이론에 따르면, 국가(공권력)와 민간경비의 상호 보완적 효과를 기대할 수 있으며, 민간경비의 산업발전을 도모할 수 있다.

(6) CPTED(환경설계를 통한 범죄예방)

① 의의

CPTED(Crime Prevention Through Environmental Design)의 이론적 논의는 제인 제이콥스(Jane Jacobs)에서부터 시작된다. 제이콥스는 1961년 그의 저서 "The Death and Life of Great Amercan Cities"에서 당시의 경향이었던 "방사형의 도시디자인" 형태가 범죄를 통제하였던 많은 전통적 통제수단(거리에 대한 감시 등)을 파괴하였다고 지적하였다. 이에 대한 대책으로 경찰력을 통한 범죄통제의 한계극복 및 어떤 지역의 방어공간의 특성을 강화하여 잠재적 범죄를 예방하여야 한다고 주장하였다. 그후 제이콥스의 영향을 받은 레이 제프리(Ray Jeffery, 1971)는 "환경설계를 통한 범죄예방(Crime Prevention Through Environmental Design)"이라는 저서를 발간하였고 그 책의 제목이 현재의 "CPTED"라는 용어로 사용되고 있다.(CPTED와 범죄과학, 박현호, 2017, 박영사)

② 방어공간이론과 CPTED이론의 정립

건축학자인 오스카 뉴먼(Oscar Newman)은 제프리의 이론을 더욱 발전시켜 "방어공간이론(Defensible space theory, 1972)"을 정립하였다. 뉴먼은 주민들이 그들이 살고 있는 지역이나 장소를 자신들의 영역이라 생각하고 감시를 게을리 하지 않으면 어떤 지역이나 장소든 범죄로부터 안전할 수 있다고 주장하였다. 이러한 주장은 미국의 거대한 공공주택을 건설하는 데 중요한 기준으로 채택되었으며, 그 이후 CPTED이론은 체계적으로 정립되게 되었다.

③ CPTED의 이론적 개념
CPTED란 범죄로부터 피해를 입을 가능성이 있는 잠재적 피해자를 보호하기 위하여 범죄의 구성요건이 되는 가해자, 피해자, 장소(건축환경의 특성) 간의 상관관계를 분석하고 이를 통해 범죄를 예방하거나 범죄의 불안감을 감소시키기 위한 일련의 물리적 설계를 말한다.

• 범죄: 동기화된 범죄자에게 피해자가 기회를 제공하여 줌으로써 발생하는 사건
• 범죄발생: 범죄자에게 유리하고 피해자에게 취약한 환경적 특징
• CPTED이론: 환경적 특징을 변경시키면 범죄예방문제에 접근 가능한 과학적 치안활동이 될 수 있다.

④ CPTED의 필요성
  Ⓐ 범죄수법의 다양성과 지능화
  Ⓑ 범죄의 동기가 사라지고 "무동기범죄" 또는 "묻지마범죄의 증가."
  Ⓒ 경찰조직은 인력이나 예산, 장비에서 향상되지 않고, 치안활동의 방식도 기존의 방식을 벗어나지 못하고 있으나 국민들의 안전의식과 욕구는 급격히 증가.
  Ⓓ 국민들은 자신과 직접 연관이 없으면, "치안" 또는 "안전"의 문제는 자신의 일이 아닌 정부의 일로 무관심.

(7) 오스카 뉴먼의 방어공간이론

① CPTED의 기본원리

② 방어공간의 영역과 요건

오스카 뉴먼이 동료교수들과 '도시거주지역의 방범설계프로젝트'를 수행하면서 '방어공간'의 개념을 정리하였다.

Ⓐ 방어공간의 영역
- 사적 영역: 아파트나 자기의 집
- 준사적 영역: 아파트의 계단, 복도, 엘리베이터
- 준공적 영역: 아파트 단지 정원이나 놀이공원, 주차장 등
- 공적 영역: 아파트 단지 밖의 길거리 등

Ⓑ 방어공간의 요건
- 영역성(territoriality): 거주자들 사이의 소유에 대한 태도를 자극하기 위한 주거건물 안팎의 공적 공간의 세분화와 구획작업(직선형 주택배치, 위계적 주택배치 등)
- 자연스런 감시(natural surveillance): 거주자들이 주거환경의 내/외부 공동지역을 자연스럽게 감시할 수 있도록 아파트 창문 위치 선정, 건축물 배치(일자형/타원형 배치 등)
- 이미지(image): 범죄의 주된 목표라는 이미지를 갖지 않도록 하며, 범행을 하기 쉬운 대상이라는 느낌을 주지 않도록 설계
- 환경(milieu): 안전하다고 생각되는 도시지역(safe zone)에 주거지역 선정(정부기관지역 등) 등으로 구성된다.

(8) 민간경비의 공공성

① 민간경비의 치안서비스

Ⓐ 공공서비스로서의 치안서비스의 개념

공공서비스(Public service)라 함은 일반적으로 정부가 일정한 정치권력과 권한을 가지고 국민생활을 보호·규제·봉사하며, 동시에 보다 바람직한 방향으로 사회변화를 촉진시키는 기능을 하는 것을 말한다.

즉, 대중의 복리 증진을 위한 공공기관의 서비스, 교통, 의료, 통신, 치안 등을 제공함으로써 국민의 삶의 질을 향상시키는 제반 기능을 말한다.(세금을 자원으로 하는 국방, 소방, 경찰, 교육, 보건 등)

Ⓑ 민간경비의 공공서비스로서의 치안서비스

오늘날 사인(민간인)이 공공서비스에 참여함으로써 공공서비스의 제공 폭이 급격히 확대되고 있다. 민간인의 공공서비스의 제공은 현행법이나 제도에 따라 위탁(도급), 지정, 특허 등의 방법으로 이루어지고 있다.

② 민간분야의 치안서비스의 영역과 한계

민간부문의 치안서비스는 민간경비와 일반시민으로 구분

현행법하에서의 민간경비의 치안 서비스활동은 경찰의 허가 및 지도·감독을 받기 때문에 경찰권의 관할 내에서 이루어진다고 볼 수 있다. 또한 민간경비활동영역은 범죄의 예방활동과 더불어 각종 손실예방과 관련하여 수많은 역할을 수행하고 있다.

그러나, 법적·제도적으로 경찰의 지도·감독을 받고 있으나, 실질적으로는 경찰의 활동보다 매우 다양한 형태로, 공적인 성격을 벗어난 사적인 영역까지 치안 서비스가 이루어지고 있다.

아울러, 시민의 치안활동은 주로 근린 주거지역 내에서 자생적, 자발적으로 이루어지기도 하고, 경찰지구대 및 파출소 등과 연계하여 조직·운영되기도 한다.(자율방범대, 녹색어머니회, 지역자율방범협의회 등)

③ 민간경비와 공경비와의 관계

 Ⓐ 보조적 관계구조

  민간경비와 경찰의 관계구조는 보조적, 보충적 관계를 갖는다.

 Ⓑ 경쟁적 관계구조

  관점에 따라서는 민간경비와 경찰의 관계구조는 경쟁적 관계에 있
  다. 시민이 느끼는 치안서비스에 대한 생각은 기본적으로 차이가 없
  기 때문이다.

 Ⓒ 협력적 관계구조

  민간경비와 경찰의 관계구조는 협력적 관계구조를 갖는다.
  법률적으로는 민간경비와 경찰의 관계가 경찰의 허가 및 지도·감독
  을 받는 관계이나, 업무의 수행 주체를 기준으로 보면 상호 수평적
  관계에 놓여 있다고 볼 수 있다.(상호 보완적 협력적 관계)

2) 경비업법상의 경비업(민간경비에 대한 법률적 제한규정)

(1) 경비업법상의 경비업의 의의

 경비라 함은 외부적인 위해로부터 개인의 안전, 즉 개인의 생명과 재산을
보호하는 일체의 안전활동을 말한다. 이러한 개인의 안전활동을 공적분야가
아닌 사적분야로서 제도화된 것이 경비업이라고 할 수 있다. 이러한 측면에서
사적분야의 안전활동도 공적분야의 공공재로서의 안전활동을 보조하는 중요
한 준공공재로서의 성격을 갖는다고 볼 수 있다. 다만, 경비업 분야는 서비스
를 의뢰한 고객에게 치안서비스를 제공하고 이에 대한 보수를 지급받는다는
점에서 공경비분야와의 차이가 있다.

 경비업법상의 경비업무는 시설경비, 호송경비, 신변보호, 기계경비, 특수
경비 등의 업무로 나눌 수 있다.(경비업법 제2조 제1호)

▼ 경비업법상의 경비업무의 종류

업종	업무 내용
시설경비업무	경비를 필요로 하는 시설 및 장소에서의 도난ㆍ화재 그 밖의 혼잡 등으로 인한 위험발생을 방지하는 업무
호송경비업무	운반 중에 있는 현금ㆍ유가증권ㆍ귀금속ㆍ상품 그 밖의 물건에 대하여 도난ㆍ화재 등 위험발생을 방지하는 업무
신변보호업무	사람의 생명이나 신체에 대한 위해의 발생을 방지하고 그 신변을 보호하는 업무
기계경비업무	경비대상시설에 설치한 기기에 의하여 감지ㆍ송신된 정보를 그 경비대상 시설 외의 장소에 설치한 관제시설의 기기로 수신하여 도난ㆍ화재 등 위험발생을 방지하는 업무
특수경비업무	공항(항공기를 포함한다) 등 대통령령이 정하는 국가중요시설(이하 "국가중요시설"이라 한다)의 경비 및 도난ㆍ화재 그 밖의 위험발생을 방지하는 업무

2. 경비업법의 제정 목적과 구성

1) 경비업법의 제정 목적

경비업법은 경비업의 육성 및 발전과 그 체계적 관리에 관하여 필요한 사항을 정함으로써 경비업의 건전한 운영에 이바지하기 위해 제정되었다(경비업법 제1조).

경비업법은 공경비활동인 경찰활동의 보조기능 활성화를 위한 넓은 의미의 치안정책 확대방안의 일환으로 경비업을 적법하게 할 수 있는 근거를 마련하고 이에 대한 규제를 정하여 적정하게 경비업무가 수행될 수 있도록 하기 위함에 입법목적이 있다고 하겠다.

2) 경비업법의 구성

구성	조항	내용
제1장 총칙	제1~3조	제1조 목적 제2조 정의 제3조 법인
제2장 경비업의 허가 등	제4~7조	제4조 경비업의 허가 제4조의2 허가의 제한 제5조 임원의 결격사유 제6조 허가의 유효기간 등 제7조 경비업자의 의무 제7조의2 경비업무 도급인 등의 의무
제3장 기계경비업무	제8~9조	제8조 대응체제 제9조 오경보의 방지 등
제4장 경비지도사 및 경비원	제10~18조	제10조 경비지도사 및 경비원의 결격사유 제11조 경비지도사의 시험 등 제12조 경비지도사의 선임 등 제13조 경비원의 교육 등 제14조 특수경비원의 직무 및 무기사용 등 제15조 특수경비원의 의무 제15조의2 경비원 등의 의무 제16조 경비원의 복장 등 제16조의2 경비원의 장비 등 제16조의3 출동차량 등 제17조 결격사유 확인을 위한 범죄경력조회 등 제18조 경비원의 명부와 배치허가 등
제5장 행정처분 등	제19~21조	제19조 경비업 허가의 취소 등 제20조 경비지도사자격의 취소 등 제21조 청문
제6장 경비협회	제22~23조	제22조 경비협회 제23조 공제사업
제7장 보칙	제24~27조	제24조 감독 제25조 보안지도 · 점검 등 제26조 손해배상 등 제27조 위임 및 위탁 제27조의2 수수료

구성	조항	내용
제8장 벌칙	제28~31조	제28조 벌칙 제29조 형의 가중처벌 제30조 양벌규정 제31조 과태료

3. 경비업법의 연혁

1) 제정 배경

　　민간경비의 개념이 정착되지 않고 법령 또한 불비한 상태에서 1950년대 초 미8군 군납경비 등이 일부 시행되던 중에 산업시설이나 공공시설 등에 대한 시설물의 경비업을 할 수 있도록 관련사항을 정하여 이러한 목적에 부합하는 용역경비업을 영유하고자 하는 법인만이 서울특별시장, 부산시장 또는 도지사의 허가를 받도록 하는 내용의 「용역경비업법」이 1976년 12월 31일, 법률 제2946호로 제정되어 1977년 4월 1일 시행되었다.(총 8개의 장, 31개 조항, 부칙 7조로 구성)

2) 경비업법의 개정과 주요 내용

(1) 제1차 개정 (1981.2.14, 일부개정)

　　용역경비원의 연령 상한 조정(결격사유 조정), 상한 50세 → 55세, 경비원이 될 수 있는 자는 만 18~54세로 조정.

(2) 제2차 개정 (1983.12.30, 일부개정)

① 용역경비업자의 경비원 채용 및 해임 시 관할경찰서장에 대한 신고의무 폐지
② 무허가 경비업행위에 대한 벌칙 변경/ 1년 이하의 징역 50만원 이하 벌금 → 1년 이하의 징역 100만원 이하 벌금
③ 경미위반행위(휴업신고의무 위반)에 대한 벌칙 → 과태료 전환

(3) 제3차 개정 (1989.12.27, 일부개정)

① 경비원의 연령제한 상한 조정, 경비원 연령결격 18세 이하, 55세 이상
   → 만 18세 미만, 59세 이상
② 경비협회의 공제사업 가능토록 규정하고, 경비업자의 공제가입 내용
   규정

(4) 제4차 개정 (1995.12.30, 일부개정)

① 경비지도사 제도 신설
② 신변보호업무 경비업 분야로 추가
③ 용역경비업에 대한 허가권한 이양, 경찰청장 → 법인의 주사무소를 관
   할하는 지방경찰청장
④ 용역경비원의 임직원 및 경비지도사와 경비원의 업무상 지득한 비밀에
   대한 누설 및 부정사용 금지 규정 신설

(5) 제5차 개정 (2001.4.7, 전부개정)

① 경비업의 종류에 특수경비업무 추가
② 기계경비업(자), 신고제~허가제
③ 기계경비업자의 신속대응조치 의무사항 신설

(6) 제6차 개정 (2002.12.18, 일부개정)

① 경비업자의 겸업금지의무를 특수경비업자로 한정
   • 이는 대부분의 경비업자가 겸업을 하고 있는 현실을 반영/민간경비분야
     성장·발전 촉진

(7) 제7차 개정 (2009.4.1, 일부개정)

① 특수경비원의 연령상한을 58세 → 60세로 연장

(8) 제8차 개정 (2013.6.7, 일부개정)

① 경비업체의 난립을 제한하기 위한 경비업의 허가 및 처벌요건 강화
  - 집단민원현장에서의 폭력사태 발생 등 국민불안 가중, 경비원 규제필요가 이유
  - 집단민원현장을 법률에 명확히 규정
  - 집단민원현장에 경비원 배치 시 48시간 전까지 관할경찰서장으로부터 배치허가를 득하도록 규정
② 경비업자와 경비원들의 경비업무를 벗어난 불법행위에 대한 규제 및 처벌강화 규정 신설

(9) 제9차 개정 (2015.7.20, 일부개정)

① 경비업체의 입찰보증 등의 공제사업 규정
  - 공제사업 운영주체의 전문성 부족 등에 따라 금융감독원의 검사 등 통제장치 마련
② 경찰의 경비업업자 등에 대한 감독업무 강화 등
  - 경비업무를 도급하려는 자가 경비업자의 경비원채용 시 무자격자·부적격자 등을 채용하도록 관여하거나 영향력을 행사할 수 없도록 규정
  - 경비업무 장소가 집단민원현장으로 판단될 때 48시간 이내에 경비원 배치허가를 받도록 관할경찰서장이 경비업자에 대한 고지규정 신설

(10) 제10차 개정 (2016.1.26, 일부개정)

① 경비업자가 소속 경비원에 대해 신임교육을 받도록 한 규정 → 누구든지 경비원으로 채용되기 전에 개인적으로 개인이 경비를 부담하여 일반경비원 신임교육을 받을 수 있도록 규정 개정

02 경비업법

I. 경비업법의 목적

경비업법 제1조(목적)

경비업법은 경비업의 육성 및 발전과 그 체계적 관리에 관하여 필요한 사항을 정함으로써 경비업의 건전한 운영에 이바지함을 목적으로 한다.

II. 경비업법상의 용어의 정리

경비업법 제2조(정의)

경비업법에서 사용하는 용어의 정의는 다음과 같다.

1. "경비업"이라 함은 다음에 해당하는 업무의 전부 또는 일부를 도급받아 행하는 영업을 말한다.

시설경비업무	경비를 필요로 하는 시설 및 장소에서의 도난 · 화재 그 밖의 혼잡 등으로 인한 위험발생을 방지하는 업무
호송경비업무	운반 중에 있는 현금 · 유가증권 · 귀금속 · 상품 그 밖의 물건에 대하여 도난 · 화재 등 위험발생을 방지하는 업무
신변보호업무	사람의 생명이나 신체에 대한 위해의 발생을 방지하고 그 신변을 보호하는 업무

기계경비업무	경비대상시설에 설치한 기기에 의하여 감지·송신된 정보를 그 경비대상 시설 외의 장소에 설치한 관제시설의 기기로 수신하여 도난·화재 등 위험발생을 방지하는 업무
특수경비업무	공항(항공기를 포함한다) 등 대통령령이 정하는 국가중요시설의 경비 및 도난·화재 그 밖의 위험발생을 방지하는 업무

2. "경비지도사"라 함은 경비원을 지도·감독 및 교육하는 자를 말하며 일 반경비지도사와 기계경비지도사로 구분한다.(법 제2조 제2호, 영 제10조)

구 분	수행업무
일반경비지도사	시설경비업무, 호송경비업무, 신변보호업무, 특수경비업무에 한하여 지도· 감독 및 교육하는 자를 일반경비지도사라 한다.
기계경비지도사	기계경비업무에 종사하는 경비원을 지도·감독 및 교육하는 자를 기계경비지도사라 한다.

3. "경비원"이라 함은 제4조제1항의 규정에 의하여 경비업의 허가를 받은 법인이 채용한 고용인으로서 다음에 해당하는 자를 말한다.(법 제2조 제3호)

> 가. 일반경비원: 시설·호송·신변·기계경비의 경비업무를 수행하는 자
> 나. 특수경비원: 특수 경비업무를 수행하는 자
>> ▸ 공항, 항만, 원자력발전소 등 대통령령이 정한 국가중요시설(국가정보원장이 지정하는 국가보안목표시설과 통합방위법 제21조 제4항의 규정에 의하여 국방부장관이 지정하는 국가중요시설 등)의 경비업무를 수행하는 자를 말한다.

4. "무기"라 함은 인명 또는 신체에 위해를 가할 수 있도록 제작된 권총· 소총 등을 말한다.(법 제2조 제4호)

5. "집단민원현장"이란 다음 각 목의 장소를 말한다.(법 제2조 제5호)

> 가. 「노동조합 및 노동관계조정법」에 따라 노동관계 당사자가 노동쟁의 조정신청을 한 사업장 또는 쟁의행위가 발생한 사업장
> 나. 「도시 및 주거환경정비법」에 따른 정비사업과 관련하여 이해대립이 있어 다툼이 있는 장소
> 다. 특정 시설물의 설치와 관련하여 민원이 있는 장소

라. 주주총회와 관련하여 이해대립이 있어 다툼이 있는 장소

마. 건물·토지 등 부동산 및 동산에 대한 소유권·운영권·관리권·점유권 등 법적 권리
   에 대한 이해대립이 있어 다툼이 있는 장소

바. 100명 이상의 사람이 모이는 국제·문화·예술·체육 행사장

사. 「행정대집행법」에 따라 대집행을 하는 장소

기출문제 01

경비업법상 집단민원현장에 해당하지 않는 것은?

① 「행정대집행법」에 따라 대집행을 하는 장소

② 특정 시설물의 설치와 관련하여 민원이 있는 장소

③ 주주총회와 관련하여 이해대립이 있어 다툼이 있는 장소

④ 70명의 사람이 모여 있는 국제·문화·예술·체육 행사장

정답 ④

기출문제 02

다음 중 경비업법상 집단민원현장에 해당하는 것은?

① 30명의 사람이 모이는 예술행사장

② 50명이 모이는 문화행사장

③ 90명이 모이는 체육행사장

④ 120명이 모이는 국제행사장

정답 ④

해설 법제 2조 제5호 '집단민원현장'이란
     바, 100명 이상의 사람이 모이는 국제·예술·체육행사장

Ⅲ. 경비업 영업의 자격

경비업은 법인이 아니면 이를 영위할 수 없다.(법 제3조)

> **법인이란?**
> 자연인이 아니면서 법에 의하여 권리 능력이 부여되는 사단과 재단. 법률상 권리와 의무의 주체가 될 수 있으며, 공법인과 사법인, 사단 법인과 재단 법인, 영리 법인과 공익 법인, 중간 법인, 외국 법인과 내국 법인 따위로 나눈다.(표준국어대사전)

제2절 경비업의 허가와 등록

I. 경비업 허가의 의의와 요건

1. 경비업 허가의 의의

경비업의 허가라 함은 경비업을 영위하고자 하는 자가 권한 있는 관청으로부터 정당한 영업을 영위할 수 있는 법상 권리를 취득하는 것을 말한다. 경비업법은 경비업을 영위하고자 하는 법인은 도급받아 행하고자 하는 경비업무를 특정하여 그 법인의 주사무소의 소재지를 관할하는 지방경찰청장의 허가를 받도록 규정하고 있으며, 도급받아 행하고자 하는 경비업무를 변경하는 경우에도 같은 절차를 거치도록 규정하고 있다.(법 제4조)

2. 경비업 허가의 대상

경비업법상 경비업 허가의 대상은 법인이다. 즉, 경비업은 개인이 영위할 수 없다. 이는 경비업의 치안활동의 보조자로서 공공성 때문이다.

3. 경비업 허가의 요건

경비업 허가를 받고자 하는 법인은 다음과 같은 요건을 갖추어야 한다.(법 제4조 제2항)

1. 대통령령으로 정하는 1억원 이상의 자본금의 보유(대통령령 표 2-1)
2. 다음 각 목의 경비인력 요건
    가. 시설경비업무: 경비원 20명 이상 및 경비지도사 1명 이상
    나. 시설경비업무 외의 경비업무: 대통령령(표 2-1)으로 정하는 경비 인력
3. 경비인력을 교육할 수 있는 교육장을 포함하여 대통령령으로 정하는 시설과 장비의 보유(표 2-1)
4. 그 밖에 경비업무 수행을 위하여 대통령령으로 정하는 사항

4. 경비업의 허가신청

1) 허가신청서의 제출

경비업의 허가를 받으려는 경우에는 허가신청서에, 경비업의 허가를 받은 법인(이하 "경비업자"라 한다)이 허가를 받은 경비업무를 변경하거나 새로운 경비업무를 추가하려는 경우에는 변경허가신청서에 행정안전부령으로 정하는 서류를 첨부하여 법인의 주사무소를 관할하는 지방경찰청장 또는 해당 지방경찰청 소속의 경찰서장에게 제출하여야 한다. 이 경우 신청서를 제출받은 경찰서장은 지체 없이 관할 지방경찰청장에게 보내야 한다.(영 제3조 제1항)

또한, 제1항의 규정에 의하여 허가 또는 변경허가 신청서를 제출하는 법인은 별표 1의 규정에 의한 경비인력·자본금·시설 및 장비를 갖추어야 한다. 다만, 경비업의 허가 또는 변경허가를 신청하는 때에 별표 1의 규정에 의한 시설 등(자본금을 제외한다. 이하 이 항에서 같다)을 갖출 수 없는 경우에는 허가 또는 변경허가의 신청 시 시설 등의 확보계획서를 제출한 후 허가 또는 변경허가를 받은 날부터 1월 이내에 별표 1의 규정에 의한 시설 등을 갖추고 지방경찰청장의 확인을 받아야 한다.(영 제3조 제2항)

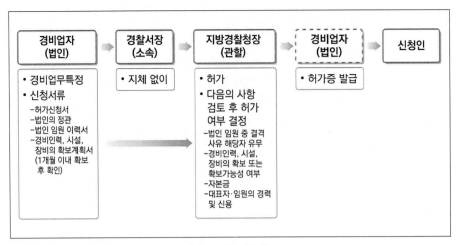

[신규허가 절차]

▼ 경비업의 시설 등의 기준(시행령 제3조 제2항 관련 별표 1)

시설 등 기준 업무별	경비인력	자본금	시설	장비 등
1. 시설경비 업무	• 일반경비원 20명 이상 • 경비지도사 1명 이상	1억 원 이상	기준 경비인력 수 이상을 동시에 교육할 수 있는 교육장	• 기준 경비인력 수 이상의 경비원 복장 및 경적, 단봉, 분사기
2. 호송경비 업무	• 무술유단자인 일반 경비원 5명 이상 • 경비지도사 1명 이상	1억 원 이상	기준 경비인력 수 이상을 동시에 교육할 수 있는 교육장	• 호송용 차량 1대 이상 • 현금호송백 1개 이상 • 기준 경비인력 수 이상의 경비원 복장 및 경적, 단봉, 분사기
3. 신변보호 업무	• 무술유단자인 일반 경비원 5명 이상 • 경비지도사 1명 이상	1억 원 이상	기준 경비인력 수 이상을 동시에 교육할 수 있는 교육장	• 기준 경비인력 수 이상의 무전기 등 통신장비 • 기준 경비인력 수 이상의 경적, 단봉, 분사기

4. 기계경비 업무	• 전자 · 통신 분야 기 술자격증소지자 5 명을 포함한 일반 경비원 10명 이상 • 경비지도사 1명 이상	1억 원 이상	• 기준 경비인력 수 이상을 동시에 교육 할 수 있는 교육장 • 관제시설	• 감지장치 · 송신장치 및 수신장치 • 출장소별로 출동차량 2대 이상 • 기준 경비인력 수 이 상의 경비원 복장 및 경적, 단봉, 분사기
5. 특수경비 업무	• 특수경비원 20명 이상 • 경비지도사 1명 이상	3억 원 이상	기준 경비인력 수 이 상을 동시에 교육할 수 있는 교육장	• 기준 경비인력 수 이 상의 경비원 복장 및 경적, 단봉, 분사기

■ 비고
1. 자본금의 경우 하나의 경비업무에 대한 자본금을 갖춘 경비업자가 그 외의 경비업무를 추가로 하려는 경우 자본금을 갖춘 것으로 본다. 다만, 특수경비업자 외의 자가 특수경비업무를 추가로 하려는 경우에는 이미 갖추고 있는 자본금을 포함하여 특수경비업무의 자본금 기준에 적합하여야 한다.
2. 교육장의 경우 하나의 경비업무에 대한 시설을 갖춘 경비업자가 그 외의 경비업무를 추가로 하려는 경우에는 경비인력이 더 많이 필요한 경비업무에 해당하는 교육장을 갖추어야 한다.
3. "무술유단자"란 「국민체육진흥법」 제33조에 따른 대한체육회에 가맹된 단체 또는 문화체육관광부에 등록된 무도 관련 단체가 무술유단자로 인정한 사람을 말한다.
4. "호송용 차량"이란 현금이나 그 밖의 귀중품의 운반에 필요한 견고성 및 안전성을 갖추고 무선통신시설 및 경보시설을 갖춘 자동차를 말한다.
5. "현금호송백"이란 현금이나 그 밖의 귀중품을 운반하기 위한 이동용 호송장비로서 경보시설을 갖춘 것을 말한다.
6. "전자 · 통신 분야 기술자격증소지자"란 「국가기술자격법」에 따라 전자 및 통신 분야에서 기술자격을 취득한 사람을 말한다.

2) 첨부서류

경비업의 허가를 받으려는 경우 또는 경비업자가 허가를 받은 경비업무를 변경하거나 새로운 경비업무를 추가하려는 경우에는 별지 제2호서식의 경비업허가신청서 또는 변경허가신청서(전자문서로 된 신청서를 포함한다)에 다음 각

호의 서류(전자문서를 포함한다)를 첨부하여 법인의 주사무소를 관할하는 지방
경찰청장 또는 해당 지방경찰청 소속의 경찰서장에게 제출하여야 한다. 이 경
우 신청서를 제출받은 경찰서장은 지체 없이 관할 지방경찰청장에게 보내야
한다.(규칙 제3조 제1항)

① 법인의 정관 1부
② 법인 임원의 이력서 1부
③ 경비인력·시설 및 장비의 확보계획서 1부(경비업 허가의 신청 시 이를 갖
   출 수 없는 경우에 한한다)

▼ 허가신청 시 제출서류

허가의 종류	제출서류	비고
신규허가	신규허가신청서 1부, 법인의 증기사항 증명서 및 정관 1부, 법인임원의 이력서 1부, 시설 등의 확보 계획서(허가 신청 시 갖출 수 없는 경우)	지방경찰청장 또는 해당지방경찰청 소속의 경찰서장에게 제출
변경허가	변경허가신청서, 법인의 증기사항 증명서 및 정관, 법인임원의 이력서, 시설 등의 확보 계획서(허가신청 시 갖출 수 없는 경우)	
갱신허가	갱신허가신청서, 허가증 원본, 법인의 등기사항 증명서, 정관(변경사항이 있는 경우만 해당)	

3) 허가신청의 확인

신청서를 제출받은 지방경찰청장은 「전자정부법」 제36조제1항에 따른 행
정정보의 공동이용을 통하여 법인의 등기사항증명서를 확인하여야 한다.

4) 허가증의 발급

지방경찰청장은 허가 또는 변경허가의 신청을 받은 때에는 경비업을 영위
하고자 하는 법인의 임원 중 결격사유에 해당하는 자가 있는지의 유무, 경비
인력·시설 및 장비의 확보 또는 확보가능성의 여부, 자본금과 대표자·임원의
경력 및 신용 등을 검토하여 허가 여부를 결정하여야 한다.(영 제4조 제1항)

또한, 지방경찰청장은 제1항에 따른 검토를 한 후 경비업을 허가하거나 변
경허가를 한 경우에는 해당 법인의 주사무소를 관할하는 경찰서장을 거쳐 신

청인에게 허가증을 발급하여야 한다.(영 제4조 제2항)

5) 허가증의 재교부

경비업자는 경비업 허가증을 잃어버리거나 경비업 허가증이 못쓰게 된 경우에는 허가증 재교부신청서에 다음 각 호의 구분에 따른 서류를 첨부하여 법인의 주사무소를 관할하는 지방경찰청장 또는 해당 지방경찰청 소속의 경찰서장에게 재발급을 신청하여야 하고, 신청서를 제출받은 경찰서장은 지체 없이 관할 지방경찰청장에게 보내야 한다.(영 제4조 제3항)

〈재교부의 사유 및 첨부서류〉

① 허가증을 잃어버린 경우에는 재교부신청서와 그 사유서

② 허가증이 못쓰게 된 경우에는 재교부신청서와 그 허가증

제 ㅇㅇㅇㅇ호

허 가 증

1. 법인명칭
2. 소재지
3. 대표자성명
4. 주민등록번호
5. 주소
6. 허가경비업무

경비업법 제4조제1항 · 제6조제2항의 규정에 의하여 위와 같이 허가합니다.

ㅇㅇㅇㅇ년   ㅇㅇ월   ㅇㅇ일

ㅇㅇ지방경찰청장 [인]

---

6) 허가증 등 발급 수수료 및 시험응시 수수료, 과오납금의 반환

경비업의 허가를 받거나 허가증을 재교부 받고자 하는 자는 대통령령이 정하는 바에 따라 수수료를 납부하여야 한다.(법 제27조의2 제1항)

① 법 제4조제1항 및 법 제6조제2항의 규정에 의한 경비업의 허가(추가·변경·갱신허가를 포함한다)의 경우에는 1만원(영 제28조 제1항 제1호)

② 허가사항의 변경신고로 인한 허가증 재교부의 경우에는 2천원(영 제28조 제1항 제2호)

제1항의 규정에 의한 수수료는 허가 등의 신청서에 수입인지를 첨부하여 납부하여야 하며, 시험에 응시하고자 하는 자는 경찰청장이 정하여 고시하는 수수료를 납부하여야 한다.

[경비지도사 시험위탁 및 응시수수료 책정고시]
[시행 2018.7.27.] [경찰청고시 제2018-5호, 2018.7.27., 일부개정]

1. 경비지도사시험 위탁
   가. 근거
      - 「경비업법」 제27조(위임 및 위탁) 및 「경비업법 시행령」 제31조(권한의 위임 및 위탁)
   나. 위탁기관
      1) 기관명칭: 한국산업인력공단
      2) 소재지: 울산광역시 중구 종가로 345 한국산업인력공단
   다. 위탁사유
      - 경비지도사 자격시험을 검정시행의 전문기관인 한국산업인력공단에 위탁, 유능한 인력배출 등 자격시험의 내실화 추구
   라. 위탁사항
      (1) 시험의 공고(「경비업법 시행령」 제11조제2항 및 제3항)
      (2) 시험의 실시(「경비업법 시행령」 제12조)
      (3) 시험의 일부면제자에 대한 검토·확인(「경비업법 시행령」 제13조)
      (4) 시험 합격자의 결정(「경비업법 시행령」 제14조제1항 및 제2항)
      (5) 시험출제위원의 임명·위촉 등(「경비업법 시행령」 제15조)
      (6) 기타 시험관리에 관한 사항

---

2. 응시수수료
　가. 근거
　　– 「경비업법 시행령」 제28조(허가증 등의 수수료)
　나. 경비지도사 시험에 응시하고자 하는 자는 28,000원의 응시수수료를 납부하여야
　　　한다. 단, 1차 시험이 면제되는 자는 18,000원의 응시수수료를 납부한다.

3. 재검토기한
이 고시는 「훈령·예규 등의 발령 및 관리에 관한 규정」(대통령 훈령 제334호)에 따라
2019년 1월 1일 기준으로 매 3년이 되는 시점(매 3년째의 12월 31일까지를 말한다)마
다 그 타당성을 검토하여 개선 등의 조치를 하여야 한다.

경찰청장은 다음 각 호의 어느 하나에 해당하는 경우에는 제3항에 따라 받은 응
시수수료의 전부 또는 일부를 다음 각 호의 구분에 따라 반환하여야 한다.(영 제28
조 제4항)

1. 응시수수료를 과오납한 경우: 과오납한 금액 전액
2. 시험시행기관의 귀책사유로 시험에 응시하지 못한 경우: 응시수수료 전액
3. 시험시행일 20일 전까지 접수를 취소하는 경우: 응시수수료 전액
4. 시험시행일 10일 전까지 접수를 취소하는 경우: 응시수수료의 100분의 50

경찰청장 및 지방경찰청장은 제2항 및 제3항의 규정에 불구하고 정보통신
망을 이용하여 전자화폐·전자결제 등의 방법으로 수수료를 납부하게 할 수
있다.(영 제28조 제5항)

7) 허가의 제한(법 제4조의 2)

① 누구든지 제4조제1항(경비업의 허가)에 따른 허가를 받은 경비업체와 동
　 일한 명칭으로 경비업 허가를 받을 수 없다.
② 법 제19조제1항 제2호 및 제7호의 사유로 경비업체의 허가가 취소된 경우
　 허가가 취소된 날부터 10년이 지나지 아니한 때에는 누구든지 허가가 취소
　 된 경비업체와 동일한 명칭으로 제4조제1항에 따른 허가를 받을 수 없다.

> **법 제19조(경비업 허가의 취소 등)**
> ① 허가관청은 경비업자가 다음 각 호의 어느 하나에 해당하는 때에는 그 허가를 취소하
> 여야 한다. 〈개정 2002.12.18., 2013.6.7., 2017.10.24.〉
>   2. 제7조제5항의 규정에 위반하여 허가받은 경비업무외의 업무에 경비원을 종사하게
>   한 때
>   3. 제7조제9항의 규정에 위반하여 경비업 및 경비관련업외의 영업을 한 때
>
> **법 제7조(경비업자의 의무) 제5항**
> ⑤ 경비업자는 허가받은 경비업무외의 업무에 경비원을 종사하게 하여서는 아니 된다.
>
> **제15조의2(경비원 등의 의무) 제2항**
> ② 누구든지 경비원으로 하여금 경비업무의 범위를 벗어난 행위를 하게 하여서는 아니 된다.

③ 제19조제1항 제2호 및 제7호의 사유로 허가가 취소된 법인은 법인명 또는 임원의 변경에도 불구하고 허가가 취소된 날부터 5년이 지나지 아니한 때에는 제4조제1항에 따른 허가를 받을 수 없다.

8) 허가사항 변경 등 신고의 제한(법 제4조 제3항)

(1) 경비업법 제1항의 규정(경비업 허가)에 의하여 경비업의 허가를 받은 법인은 다음 각 호의 1에 해당하는 때에는 지방경찰청장에게 신고하여야 한다

1. 영업을 폐업하거나 휴업한 때
2. 법인의 명칭이나 대표자·임원을 변경한 때
3. 법인의 주사무소나 출장소를 신설·이전 또는 폐지한 때
4. 기계경비업무의 수행을 위한 관제시설을 신설·이전 또는 폐지한 때
5. 특수경비업무를 개시하거나 종료한 때
6. 그 밖에 대통령령(영 제5조)이 정하는 중요사항을 변경한 때

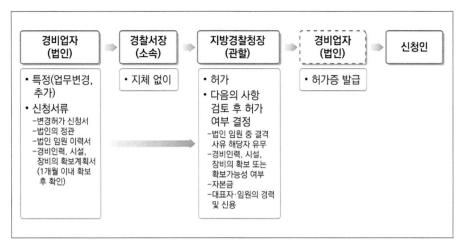

[변경허가 절차]

경비업법 시행령 제5조(폐업 또는 휴업 등의 신고)
① 경비업자는 **폐업**을 한 경우에는 법 제4조제3항제1호에 따라 폐업을 한 날부터 **7일 이내에 폐업신고서에 허가증을 첨부**하여 법인의 주사무소를 관할하는 지방경찰청장 또는 해당 지방경찰청 소속의 경찰서장에게 제출하여야 한다. 이 경우 폐업신고서를 제출받은 경찰서장은 지체 없이 관할 지방경찰청장에게 보내야 한다.
② 경비업자는 **휴업**을 한 경우에는 법 제4조제3항제1호에 따라 **휴업한 날부터 7일 이내에** 휴업신고서를 법인의 주사무소를 관할하는 지방경찰청장 또는 해당 지방경찰청 소속의 경찰서장에게 제출하여야 하고, 휴업신고서를 제출받은 경찰서장은 지체 없이 관할 지방경찰청장에게 보내야 한다. 이 경우 **휴업신고를 한 경비업자가 신고한 휴업기간이 끝나기 전에 영업을 다시 시작하거나 신고한 휴업기간을 연장하려는 경우에는 영업을 다시 시작한 후 7일 이내에 또는 신고한 휴업기간이 끝난 후 7일 이내에 영업재개신고서 또는 휴업기간연장신고서를 제출하여야 한다.**
③ 법 제4조제3항제3호의 규정에 의하여 신설 · 이전 또는 폐지한 때에 신고를 하여야 하는 출장소는 주사무소 외의 장소로서 일상적으로 일정 지역안의 경비업무를 지휘 · 총괄하는 영업거점인 지점 · 지사 또는 사업소 등의 장소로 한다.
④ 법 제4조제3항제6호에서 **"그밖에 대통령령이 정하는 중요사항"**이라 함은 정관의 목적을 말한다.
⑤ 법 제4조제3항제2호부터 제6호까지의 규정에 따른 신고는 그 사유가 발생한 날부터 30일 이내에 하여야 한다.

---

④ 제1항 및 제3항의 규정에 의한 허가 또는 신고의 절차, 신고의 기한 등 허가 및 신고에 관하여 필요한 사항은 대통령령으로 정한다.

(2) 경비업법 시행규치 제5조에 따른 폐업 또는 휴업 등의 신고

경비업법 시행규칙 제5조(폐업 또는 휴업 등의 신고)

① 영 제5조제1항의 규정에 의한 폐업신고서와 동조 제2항의 규정에 의한 휴업신고서·영업재개신고서 및 휴업기간연장신고서는 별지 제5호서식에 의한다.

② 법 제4조제3항제2호에 따른 법인의 명칭·대표자·임원, 같은 항 제3호에 따른 주사무소·출장소나 영 제5조제4항에 따른 정관의 목적이 변경되어 법 제4조제3항에 따른 신고를 하는 경우에는 별지 제6호서식의 경비업 허가사항 등의 변경신고서(전자문서로 된 신고서를 포함한다)에 다음 각 호의 서류(전자문서를 포함한다)를 첨부하여 법인의 주사무소를 관할하는 지방경찰청장 또는 해당 지방경찰청 소속의 경찰서장에게 제출하여야 한다. 변경신고서를 제출받은 경찰서장은 이를 지체 없이 관할지방경찰청장에게 보내야 한다.

1. 명칭 변경의 경우: 허가증 원본
2. 대표자 변경의 경우
   나. 법인 대표자의 이력서 1부
   다. 허가증 원본
3. 임원 변경의 경우: 법인 임원의 이력서 1부
4. 주사무소 또는 출장소 변경의 경우: 허가증 원본
5. 정관의 목적 변경의 경우: 법인의 정관 1부

③ 제2항에 따른 신고서를 제출받은 지방경찰청장은 「전자정부법」 제36조제1항에 따른 행정정보의 공동이용을 통하여 법인의 등기사항증명서를 확인하여야 한다.

④ 법 제4조제3항제5호의 규정에 의한 특수경비업무의 개시 또는 종료의 신고는 별지 제7호서식에 의한다.

▼ 경비업의 폐업 및 휴업

구분	신고기일	제출서류	서류제출처
폐업	폐업한 날로부터 7일 이내	폐업신고서 + 허가증	지방경찰청장 또는 경찰서장
휴업	휴업한 날로부터 7일 이내	휴업신고서	지방경찰청장 또는 경찰서장

▼ 변경에 따른 제출서류

구분	제출서류
명칭 변경의 경우	허가증 원본
대표자 변경의 경우	가. 법인 대표자의 이력서 1부 나. 허가증 원본
임원 변경의 경우	법인 임원의 이력서 1부
주사무소 또는 출장소 변경의 경우	허가증 원본
정관의 목적 변경의 경우	법인의 정관 1부

5. 허가의 유효기간

경비업허가의 유효기간은 5년으로 한다. 갱신허가 신청은 허가유효기간 만료일 30일 전까지 규칙 제6조에 정한 별지 서식 제2호에 의해서 관할 지방경찰청장 또는 그 소속하 경찰서장에게 신청하여야 하고, 만약 허가 유효기간 만료일 30일 전까지 경비업 갱신허가를 신청하지 못한 경우에는 경비업 허가는 실효된다. 따라서 그 이후 계속된 영업은 무허가 영업행위가 된다. 적법하게 영업허가를 재개하고자 하는 경우에는 신규 허가를 받아야 한다.

경비업법 제6조(허가의 유효기간 등)
① 제4조제1항의 규정에 의한 경비업 허가의 유효기간은 허가받은 날부터 5년으로 한다.
② 제1항의 규정에 의한 유효기간이 **만료된 후** 계속하여 경비업을 하고자 하는 법인은 행정안전부령(**규칙 제6조**)으로 정하는 바에 따라 갱신허가를 받아야 한다.

경비업법 시행규칙 제6조(허가갱신)

① 법 제6조제2항에 따라 경비업의 갱신허가를 받으려는 자는 허가의 유효기간 만료일 30일 전까지 **별지 제2호서식**의 경비업 갱신허가신청서(전자문서로 된 신청서를 포함한다)에 허가증 원본 및 정관(변경사항이 있는 경우만 해당한다)을 첨부하여 법인의 주사무소를 관할하는 지방경찰청장 또는 해당 지방경찰청 소속의 경찰서장에게 제출하여야 한다. 경비업 갱신허가신청서를 제출받은 경찰서장은 이를 지체 없이 관할지방경찰청장에게 보내야 한다.

② 제1항에 따른 신청서를 제출받은 지방경찰청장은 「전자정부법」 제36조제1항에 따른 행정정보의 공동이용을 통하여 법인의 등기사항증명서를 확인하여야 한다.

③ 지방경찰청장은 법 제6조제2항의 규정에 의하여 갱신허가를 하는 때에는 유효기간이 만료되는 허가증을 회수한 후 별지 제3호서식의 허가증을 교부하여야 한다.

경비업 [ ] 폐업
[ ] 휴업
[ ] 영업재개   신고서
[ ] 휴업기간연장

※ [ ]에는 해당되는 곳에 √표를 합니다.   (앞쪽)

접수번호	접수일자	처리기간 즉시

신고인	법인 명칭	허가번호
	소재지	(전화번호 :)
	대표자	생년월일

신고 내용	주소	(전화번호 :)
	폐업 연월일	
	휴업기간 또는 영업재개 연월일	

사유	

휴·폐업상황

계약 회사명	경비장소	경비원 성명	경비원에 대한 조치

「경비업법」 제4조제3항, 같은 법 시행령 제5조제1항, 제2항 및 같은 법 시행규칙에 따라

경비업의
[ ]폐업
[ ]휴업   을(를) 신고합니다.
[ ]영업재개
[ ]휴업기간연장

년   월   일

신고인   (서명 또는 인)

지방경찰청장 귀하

첨부서류	허가증	수수료 없음

210mm×297mm[백상지 80g/㎡]

경비업 허가사항 등의 변경신고서

접수번호	접수일자	처리기간	7일

신고인	법인명칭		허가번호	
	소재지			
		(전화번호 :　　　　　　　　　)		

신고 내용	현재
	변경 후
	사유

「경비업법」 제4조제3항, 같은 법 시행령 제5조제4항·제5항 및 같은 법 시행규칙 제5조제2항에 따라 위와 같이 경비업의 허가사항 등의 변경을 신고합니다.

년　　　월　　　일

신고인(대표자)

(서명 또는 인)

○○ 지방경찰청장　귀하

신고인 제출서류	1. 명칭 변경의 경우: 허가증 원본 2. 대표자 변경의 경우: 법인 대표자의 이력서 1부 및 허가증 원본 3. 임원 변경의 경우: 법인 임원의 이력서 1부 4. 주사무소 또는 출장소 변경의 경우: 허가증 원본 5. 정관의 목적 변경의 경우: 법인의 정관 1부	수수료 2,000원
담당 공무원 확인사항	법인의 등기사항증명서	

처리절차

신청서 작성	→	접수	→	결재	→	허가증 교부
(신청인)		(경찰서·지방청)		(경찰서·지방청)		(신청인)

210mm×297mm[백상지 80g/㎡(재활용품)]

■ 경비업법 시행규칙 [별지 제7호서식] <개정 2013.10.22>

특수경비업무 [ ] 개시 신고서
[ ] 종료

접수번호		접수일자		처리기간	즉시

신고인	업체명			허가번호	
	대표자			전화번호	
	주소지				

경비업무 수행시설	시설명	
	주소지	

도급내역	도급기간		도급액	
	경비원의 수			

경비업무의 기간	개시일	년 월 일
	종료일	년 월 일

「경비업법」 제4조제3항 및 같은 법 시행규칙 제5조제4항에 따라 위와 같이 특수경비업무의 (개시·종료)를 신고합니다.

년   월   일

신고인(대표자)

(서명 또는 인)

○○ **지방경찰청장**   귀하

첨부서류	없음	수수료 없음

210mm×297mm[백상지 80g/㎡(재활용품)]

제   호

허 가 증

1. 법 인 명 칭
2. 소 재 지
3. 대 표 자 성 명
4. 주민등록번호
5. 주 소
6. 허가경비업무

경비업법 제4조제1항·제6조제2항의 규정에 의하여 위와 같이 허가합니다.

년   월   일

○ ○ 지 방 경 찰 청 장

[인]

210mm×297mm

(보존용지(1종) 120g/㎡)

경비업법령상 경비업자가 경비업 허가사항 등의 변경신고서 제출 시 허가증 원본을 첨부하지 않아도 되는 경우는?

① 법인 명칭 변경
② 법인 대표자 변경
③ 법인 임원 변경
④ 법인 주사무소 변경

정답 ③

Ⅱ. 특수경비업자의 영업개시 전 필요조치

경비업법 제6조(특수경비업자의 업무개시 전의 조치)
① 법 제2조제1호마목의 규정에 의한 특수경비업무를 수행하는 경비업자(이하 "특수경비업자"라 한다)는 **법 제4조제3항제5호(특수경비법의 개시)**의 규정에 의하여 첫 업무개시의 신고를 하기 전에 **지방경찰청장의 비밀취급인가를 받아야 한다.**
② 지방경찰청장은 제1항의 규정에 의하여 특수경비업자에게 비밀취급인가를 하고자 하는 때에는 **법 제25조의 규정**에 의하여 특수경비업자로 하여금 경찰청장을 거쳐 국가정보원장에게 보안측정을 요청하도록 하여야 한다.

경비업법 제25조(보안지도·점검 등)
지방경찰청장은 대통령령이 정하는 바에 따라 특수경비업자에 대하여 보안지도·점검을 실시하여야 하고, 필요한 경우 관계기관에 **보안측정**을 요청하여야 한다.

경비업체 보안업무 관리규칙(경찰청훈령 제775호, 2015.7.31. 시행)
제7조(업체의 보안측정 요청)
업체가 비밀취급인가 신청을 하고자 할 때에는 다음 각 호의 구비서류를 첨부하여 경찰청 생활안전과 분임 보안담당관을 경유하여 국가정보원에 보안측정을 요청하여야 한다.

1. 명칭 소재지 및 대표자와 이사급 성명(신원진술서 4부)
2. 연혁
3. 임무기능 및 능력
4. 시설의 평면도
5. 관할경찰서
6. 측정이유
7. 기타 참고사항

I. 전체경비업자의 공통의무

1. 시설주의 관리권 업무 수행범위 준수 및 타인의 자유와 권리침해 금지

경비업자는 경비대상시설의 소유자 또는 관리자(이하 "시설주"라 한다)의 관리권의 범위 안에서 경비업무를 수행하여야 하며, 다른 사람의 자유와 권리를 침해하거나 그의 정당한 활동에 간섭하여서는 아니 된다.(법 제7조 제1항)

2. 경비업무의 성실수행 등 의무

경비업자는 경비업무를 성실하게 수행하여야 하고, 도급을 의뢰받은 경비업무가 위법 또는 부당한 것일 때에는 이를 거부하여야 한다.(법 제7조 제2항)

3. 경비원의 권익보호의무

경비업자는 불공정한 계약으로 경비원의 권익을 침해하거나 경비업의 건전한 육성과 발전을 해치는 행위를 하여서는 아니 된다.(법 제7조 제3항)

4. 경비업자 등의 비밀준수 의무

경비업자의 임·직원이거나 임·직원이었던 자는 다른 법률에 특별한 규정이 있는 경우를 제외하고는 그 직무상 알게 된 비밀을 누설하거나 다른 사람에게 제공하여 이용하도록 하는 등 부당한 목적을 위하여 사용하여서는 아니 된다.(법 제7조 제4항)

5. 허가업무 영역 준수의무

경비업자는 허가받은 경비업무 외의 업무에 경비원을 종사하게 하여서는
아니 된다.(법 제7조 제5항)

6. 집단민원현장 경비지도사 선임 · 배치

경비업자는 집단민원현장에 경비원을 배치하는 때에는 경비지도사를 선임
하고 그 장소에 배치하여 행정안전부령으로 정하는 바에 따라 경비원을 지도 ·
감독하게 하여야 한다.(법 제7조 제6항)

> 영 제6조의2(집단민원현장에 선임 · 배치된 경비지도사의 직무) 법 제7조제6항에 따라 경
> 비업자는 집단민원현장에 선임 · 배치된 경비지도사로 하여금 다음 각 호의 직무를 수행하
> 도록 하여야 한다.
> 1. 법 제15조의2에 따른 경비원 등의 의무 위반행위 예방 및 제지
> 2. 법 제16조에 따른 경비원의 복장 착용 등에 대한 지도 · 감독
> 3. 법 제16조의2에 따른 경비원의 장비 휴대 및 사용에 대한 지도 · 감독
> 4. 법 제18조제1항 단서에 따라 집단민원현장에 비치된 경비원 명부의 관리

II. 경비업무 도급인 등의 의무

> **경비업법 제7조의2(경비업무 도급인 등의 의무)**
> ① 누구든지 제4조제1항에 따른 허가를 받지 아니한 자에게 경비업무를 도급하여서는 아
>   니 된다.
> ② 누구든지 **집단민원현장에 경비인력을 20명 이상 배치하려고 할 때에는 그 경비인력을 직
>   접 고용하여서는 아니 되고, 경비업자에게 경비업무를 도급하여야 한다. 다만, 시설주 등
>   이 집단민원현장 발생 3개월 전까지 직접 고용하여 경비업무를 수행하는 피고용인의 경
>   우에는 그러하지 아니하다.**
> ③ 제1항 및 제2항에 따라 경비업무를 도급하는 자는 그 경비업무를 수급한 경비업자의
>   경비원 채용 시 무자격자나 부적격자 등을 채용하도록 관여하거나 영향력을 행사해서
>   는 아니 된다.
> ④ 제3항에 따른 **무자격자 및 부적격자의 구체적인 범위** 등은 **대통령령**으로 정한다.

경비업법 시행령 제7조의3(무자격자 및 부적격자 등의 범위)

다음 각 호의 경비업무를 도급하려는 자는 법 제7조의2제3항에 따라 다음 각 호의 구분에 해당하는 사람을 그 경비업무를 수급한 경비업자의 경비원으로 채용하도록 관여하거나 영향력을 행사해서는 아니 된다.

1. 시설경비업무, 신변보호업무(집단민원현장의 시설경비업무 또는 신변보호업무는 제외한다), 호송경비업무 또는 기계경비업무

    가. 법 제10조제1항에 따라 경비지도사 또는 일반경비원이 될 수 없는 사람

    나. 「아동·청소년의 성보호에 관한 법률」 제56조제1항제14호에 따라 경비업무에 종사할 수 없는 사람

2. 특수경비업무

    가. 법 제10조제2항에 따라 특수경비원이 될 수 없는 사람

    나. 「아동·청소년의 성보호에 관한 법률」 제56조제1항제14호에 따라 경비업무에 종사할 수 없는 사람

3. 집단민원현장의 시설경비업무 또는 신변보호업무

    가. 법 제10조제1항에 따라 경비지도사 또는 일반경비원이 될 수 없는 사람

    나. 법 제18조제6항에 따라 집단민원현장에 일반경비원으로 배치할 수 없는 사람

    다. 「아동·청소년의 성보호에 관한 법률」 제56조제1항제14호에 따라 경비업무에 종사할 수 없는 사람

Ⅲ. 특수경비업자의 의무

1. 대행업자 지정 신고의 의무

경비업법 제7조(경비업자의 의무)

⑦ 특수경비업무를 수행하는 경비업자(이하 "특수경비업자"라 한다)는 제4조제3항제5호의 규정에 의한 특수경비업무의 개시신고를 하는 때에는 국가중요시설에 대한 특수경비업무의 수행이 중단되는 경우 시설주의 동의를 얻어 다른 특수경비업자 중에서 경비업무를 대행할 자(이하 "경비대행업자"라 한다)를 지정하여 허가관청에 신고하여야 한다. 경비대행업자의 지정을 변경하는 경우에도 또한 같다.

2. 경비대행 통보 및 경비업무인수 의무

경비업법 제7조(경비업자의 의무)

⑧ 특수경비업자는 국가중요시설에 대한 특수경비업무를 중단하게 되는 경우에는 미리 이를 제7항의 규정에 의한 경비대행업자에게 통보하여야 하며, 경비대행업자는 통보받은 즉시 그 경비업무를 인수하여야 한다. 이 경우 제7항의 규정은 경비대행업자에 대하여 이를 준용한다.

※ 특수경비업무 수행 도중 부도 등 기타 사유로 경비업무가 중단되는 경우, 국가중요시설 등 방호에 지장을 초래할 수 있으므로 국가중요시설 경비업무가 지속될 수 있도록 대행업체를 지정하고 지정된 대행업체의 승계의무에 관해 규정한 것이다.

3. 겸업금지 의무

경비업법 제7조(경비업자의 의무)

⑨ 특수경비업자는 이 법에 의한 경비업과 경비장비의 제조·설비·판매업, 네트워크를 활용한 정보산업, 시설물 유지관리업 및 경비원 교육업 등 대통령령이 정하는 경비관련업외의 영업을 하여서는 아니 된다.

경비업법 시행령 제7조의2(특수경비업자가 할 수 있는 영업)

① 법 제7조제9항에서 "경비장비의 제조·설비·판매업, 네트워크를 활용한 정보산업, 시설물 유지관리업 및 경비원 교육업 등 대통령령이 정하는 경비관련업"이란 다음 각 호의 영업을 말한다.

  1. 별표 1의2에 따른 영업
  2. 제1호에 따른 영업에 부수되는 것으로서 경찰청장이 지정·고시하는 영업

② 제1항에 따른 영업의 범위에 관하여는 법 또는 이 영에 특별한 규정이 있는 경우를 제외하고는 「통계법」에 따라 통계청장이 고시하는 한국표

준산업분류표에 따른다.

[경비업법 시행령 별표 1의2 〈개정 2014.6.3.〉

▼ 특수경비업자가 할 수 있는 영업(제7조의2제1항 관련)

분야	해당 영업
금속가공제품 제조업 (기계 및 가구 제외)	• 일반철물 제조업(자물쇠 제조 등 경비 관련 제조업에 한정한다) • 금고 제조업
그 밖의 기계 및 장비제조업	• 분사기 및 소화기 제조업
전기장비 제조업	• 전기경보 및 신호장치 제조업
전자부품, 컴퓨터, 영상, 음향 및 통신장비 제조업	• 전자카드 제조업 • 통신 및 방송 장비 제조업 • 영상 및 음향기기 제조업
전문직별 공사업	• 소방시설 공사업 • 배관 및 냉 · 난방 공사업(소방시설 공사 등 방재 관련 공사에 한정한다) • 내부 전기배선 공사업 • 내부 통신배선 공사업
도매 및 상품중개업	• 통신장비 및 부품 도매업
통신업	• 전기통신업
부동산업	• 부동산 관리업
컴퓨터 프로그래밍, 시스템 통합 및 관리업	• 컴퓨터 프로그래밍 서비스업 • 컴퓨터시스템 통합 자문, 구축 및 관리업
건축기술, 엔지니어링 및 관련기술 서비스업	• 건축설계 및 관련 서비스업(소방시설 설계 등 방재 관련 건축설계에 한정한다) • 건물 및 토목엔지니어링 서비스업 (소방공사 감리 등 방재 관련 서비스업에 한정한다)
사업시설 관리 및 조경 서비스업	• 사업시설 유지관리 서비스업 • 건물 산업설비 청소 및 방제 서비스업
사업지원 서비스업	• 인력공급 및 고용알선업 • 경비, 경호 및 탐정업
교육서비스업	• 직원훈련기관 • 그 밖의 기술 및 직업훈련학원(경비 관련 교육에 한정한다)

수리업	• 일반 기계 수리업 • 전기, 전자, 통신 및 정밀기기 수리업
창고 및 운송 관련 서비스업	• 주차장 운영업

4. 기계경비업자의 의무

1) 대응체제 구축의 의무

경비업법 제8조(대응체제)

기계경비업무를 수행하는 경비업자(이하 "기계경비업자"라 한다)는 경비대상시설에 관한 경보를 수신한 때에는 신속하게 그 사실을 확인하는 등 필요한 대응조치를 취하여야 하며, 이를 위한 대응체제를 갖추어야 한다

경비업법 시행령 제7조(기계경비업자의 대응체제)

경비업법 제2조제1호라목의 규정에 의한 기계경비업무를 수행하는 경비업자(이하 "기계경비업자"라 한다)는 법 제8조의 규정에 의하여 관제시설 등에서 경보를 수신한 때에는 경보를 수신한 때부터 늦어도 25분 이내에는 도착시킬 수 있는 대응체제를 갖추어야 한다.

> **경비업법 제2조제1호**
> 라. 기계경비업무: 경비대상시설에 설치한 기기에 의하여 감지·송신된 정보를 그 경비대상시설외의 장소에 설치한 관제시설의 기기로 수신하여 도난·화재 등 위험발생을 방지하는 업무

2) 오경보의 방지 등

경비업법 제9조(오경보의 방지 등)

① 기계경비업자는 경비계약을 체결하는 때에는 오경보를 막기 위하여 계약상대방에게 기기사용요령 및 기계경비운영체계 등에 관하여 설명하여야 하며, 각종 기기가 오작동되지 아니하도록 관리하여야 한다.

② 기계경비업자는 대응조치 등 업무의 원활한 운영과 개선을 위하여 대통

령령이 정하는 바에 따라 관련 서류를 작성·비치하여야 한다.

경비업법 시행령 제9조(기계경비업자의 관리 서류)
① 기계경비업자는 법 제9조제2항의 규정에 의하여 출장소별로 다음 각 호의 사항을 기재한 서류를 갖추어 두어야 한다.
  1. 경비대상시설의 명칭·소재지 및 경비계약기간
  2. 기계경비지도사의 명단·배치일자·배치장소와 출동차량의 대수
  3. 경보의 수신 및 현장도착 일시와 조치의 결과
  4. 오경보인 경우 오경보가 발생한 경비대상시설 및 그 오경보에 대한 조치의 결과
② 제1항제3호 및 제4호의 규정에 의한 사항을 기재한 서류는 당해 경보를 수신한 날부터 1년간 이를 보관하여야 한다.

경비업법 시행령 제9조(기계경비업자의 관리 서류)

① 기계경비업자는 법 제9조제2항의 규정에 의하여 출장소별로 다음 각 호의 사항을 기재한 서류를 갖추어 두어야 한다.

  1. 경비대상시설의 명칭·소재지 및 경비계약기간

  2. 기계경비지도사의 명단·배치일자·배치장소와 출동차량의 대수

  3. 경보의 수신 및 현장도착 일시와 조치의 결과

  4. 오경보인 경우 오경보가 발생한 경비대상시설 및 그 오경보에 대한 조치의 결과

② 제1항제3호 및 제4호의 규정에 의한 사항을 기재한 서류는 당해 경보를 수신한 날부터 1년간 이를 보관하여야 한다.

경비업법 시행령 제8조(오경보의 방지를 위한 설명 등)
① 법 제9조제1항의 규정에 의하여 기계경비업자가 계약상대방에게 하여야 하는 설명은 다음 각 호의 사항을 기재한 서면 또는 전자문서(이하 "서면등"이라 하며, 이 조에서 전자문서는 계약상대방이 원하는 경우에 한한다)를 교부하는 방법에 의한다.
  1. 당해 기계경비업무와 관련된 관제시설 및 출장소(제5조제3항의 규정에 의한 출장소를 말한다. 이하 같다)의 명칭·소재지
  2. 기계경비업자가 경비대상시설에서 발생한 경보를 수신한 경우에 취하는 조치
  3. 기계경비업무용 기기의 설치장소 및 종류와 그 밖의 기계장치의 개요
  4. 오경보의 발생원인과 송신기기의 유지·관리방법
② 기계경비업자는 제1항 각 호의 사항을 기재한 서면등과 함께 법 제26조의 규정에 의

한 손해배상의 범위와 손해배상액에 관한 사항을 기재한 서면등을 계약상대방에게 교부하여야 한다

다음 중 경비업법령상 경비업무 등에 관한 설명으로 옳지 않은 것은?(18회 기출)

① 경비업허가를 받기 위한 기계경비업무의 자본금 보유기준은 1억원 이상이다.
② 경비업허가를 받기 위한 기계경비업무의 경비인력 기준은 전자·통신분야 기술자격증 소지자 5명을 포함한 일반경비원 10명 이상과 경비지도사 1명 이상이다.
③ 기계경비업자는 관제시설 등에서 정보를 수신한 때에는 경보를 수신한 때부터 늦어도 25분 이내에 도착시킬 수 있는 대응체제를 갖추어야 한다.
④ 오경보인 경우 오경보가 발생한 경비대상시설 및 오경보에 대한 조치 결과를 기재한 서류는 당해 정보를 수신한 날부터 6개월간 보관하여야 한다.

정답 ④

제4절 결격사유

1. 법인 임원의 결격사유

경비업법 제5조(임원의 결격사유)

다음 각 호의 1에 해당하는 자는 경비업을 영위하는 법인(제4호에 해당하는 자의 경우에는 특수경비업무를 수행하는 법인을 말하고, 제5호에 해당하는 자의 경우에는 허가취소사유에 해당하는 경비업무와 동종의 경비업무를 수행하는 법인을 말한다)의 임원이 될 수 없다.

1. 피성년후견인 또는 피한정후견인
2. 파산선고를 받고 복권되지 아니한 자

3. 금고 이상의 형의 선고를 받고 그 형이 실효되지 아니한 자

4. 이 법 또는 「대통령 등의 경호에 관한 법률」에 위반하여 벌금형의 선고를 받고 3년이 지나지 아니한 자(특수경비업 해당)

5. 이 법(제19조제1항제2호(규정에 위반하여 허가받은 경비업무외의 업무에 경비원을 종사하게 한 때)및 제7호(소속 경비원으로 하여금 경비업무의 범위를 벗어난 행위를 하게 한 때)는 제외한다) 또는 이 법에 의한 명령에 위반하여 허가가 취소된 법인의 허가취소 당시의 임원이었던 자로서 그 취소 후 3년이 지나지 아니한 자

6. 제19조제1항제2호 및 제7호의 사유로 허가가 취소된 법인의 허가취소 당시의 임원이었던 자로서 허가가 취소된 날부터 5년이 지나지 아니한 자

2. 경비원의 의무와 결격사유

1) 경비원의 의무

(1) 전체 경비원의 공통의무

경비업법 제15조의2(경비원 등의 의무)

① 경비원은 직무를 수행함에 있어 타인에게 위력을 과시하거나 물리력을 행사하는 등 경비업무의 범위를 벗어난 행위를 하여서는 아니 된다.

② 누구든지 경비원으로 하여금 경비업무의 범위를 벗어난 행위를 하게 하여서는 아니 된다.

(2) 특수경비원의 직무와 의무

Ⓐ 특수경비원의 직무

경비업법 제14조(특수경비원의 직무 및 무기사용 등)

① 특수경비업자는 특수경비원으로 하여금 배치된 경비구역 안에서 관할 경찰서장 및 공항경찰대장 등 국가중요시설의 경비책임자(이하 "관할 경찰관서장"이라 한다)와 국가중요시설의 시설주의 감독을 받아 시설을 경비하고 도난·화재 그 밖의 위험의 발생을 방지하는 업무

를 수행하게 하여야 한다.

② 특수경비원은 국가중요시설에 대한 경비업무 수행 중 국가중요시설
의 정상적인 운영을 해치는 장해를 일으켜서는 아니 된다.

Ⓑ 특수경비원의 의무

경비업법 제15조(특수경비원의 의무)

① 특수경비원은 직무를 수행함에 있어 시설주·관할 경찰관서장 및 소
속상사의 직무상 명령에 복종하여야 한다.

② 특수경비원은 소속상사의 허가 또는 정당한 사유 없이 경비구역을
벗어나서는 아니 된다.

③ 특수경비원은 파업·태업 그 밖에 경비업무의 정상적인 운영을 저해
하는 일체의 쟁의행위를 하여서는 아니 된다.

④ 특수경비원이 무기를 휴대하고 경비업무를 수행하는 때에는 다음
각 호의 1에 정하는 무기의 안전사용수칙을 지켜야 한다.

  1. 특수경비원은 사람을 향하여 권총 또는 소총을 발사하고자 하는
때에는 미리 구두 또는 공포탄에 의한 사격으로 상대방에게 경
고하여야 한다.

    다만, 다음 각 목의 1에 해당하는 경우로서 부득이한 때에는 경
고하지 아니할 수 있다.

    가. 특수경비원을 급습하거나 타인의 생명·신체에 대한 중대한
위험을 야기하는 범행이 목전에 실행되고 있는 등 상황이 급
박하여 경고할 시간적 여유가 없는 경우

    나. 인질·간첩 또는 테러사건에 있어서 은밀히 작전을 수행하는
경우

  2. 특수경비원은 무기를 사용하는 경우에 있어서 범죄와 무관한 다중
의 생명·신체에 위해를 가할 우려가 있는 때에는 이를 사용하여서
는 아니 된다. 다만, 무기를 사용하지 아니하고는 타인 또는 특수경
비원의 생명·신체에 대한 중대한 위협을 방지할 수 없다고 인정되
는 때에는 필요한 최소한의 범위 안에서 이를 사용할 수 있다.

  3. 특수경비원은 총기 또는 폭발물을 가지고 대항하는 경우를 제외

하고는 14세 미만의 자 또는 임산부에 대하여는 권총 또는 소총을 발사하여서는 아니 된다.

2) 경비원의 결격사유

(1) 일반경비원의 결격사유

경비업법 제10조(경비지도사 및 경비원의 결격사유)

① 다음 각 호의 1에 해당하는 자는 경비지도사 또는 일반경비원이 될 수 없다.

1. 만 18세 미만인 자, 피성년후견인, 피한정후견인
2. 파산선고를 받고 복권되지 아니한 자
3. 금고 이상의 실형의 선고를 받고 그 집행이 종료(집행이 종료된 것으로 보는 경우를 포함한다)되거나 집행이 면제된 날부터 5년이 지나지 아니한 자
4. 금고 이상의 형의 집행유예선고를 받고 그 유예기간 중에 있는 자
5. 다음 각 목의 어느 하나에 해당하는 죄를 범하여 벌금형을 선고받은 날부터 10년이 지나지 아니하거나 금고 이상의 형을 선고받고 그 집행이 종료된(종료된 것으로 보는 경우를 포함한다) 날 또는 집행이 유예·면제된 날부터 10년이 지나지 아니한 자

   가. 「형법」 제114조의 죄/범죄단체 등의 조직
   나. 「폭력행위 등 처벌에 관한 법률」 제4조의 죄/단체 등의 구성·활동
   다. 형법」 제297조(강간), 제297조의2(유사강간), 제298조부터 제301조까지(강제추행, 준강간·준강제추행, 미수범, 강간 등 상해, 치상의 죄) 제301조의2(강간등 살인·치사), 제302조(미성년자등에 대한 간음), 제303조(업무상위력에 의한 간음), 제305조(미성년자 간음·추행), 제305조의2(상습범)의 죄
   라. 「성폭력범죄의 처벌 등에 관한 특례법」 제3조부터 제11조까지 및 제15조(제3조부터 제9조까지의 미수범만 해당한다)의 죄
   마. 「아동·청소년의 성보호에 관한 법률」 제7조 및 제8조의 죄
   바. 다목부터 마목까지의 죄로서 다른 법률에 따라 가중처벌 되는 죄
6. 다음 각 목의 어느 하나에 해당하는 죄를 범하여 벌금형을 선고받은

날부터 5년이 지나지 아니하거나 금고 이상의 형을 선고받고 그 집행이 유예된 날부터 5년이 지나지 아니한 자

　가.「형법」제329조부터 제331조까지(절도, 특절, 야침절도), 제331조의2(자동차불법사용) 및 제332조부터 제343조까지의 죄(상습범, 강도 등 죄, 예비음모)

　나. 가목의 죄로서 다른 법률에 따라 가중처벌되는 죄

7. 제5호 다목부터 바목까지의 어느 하나에 해당하는 죄를 범하여 치료감호를 선고받고 그 집행이 종료된 날 또는 집행이 면제된 날부터 10년이 지나지 아니한 자 또는 제6호 각 목의 어느 하나에 해당하는 죄를 범하여 치료감호를 선고받고 그 집행이 면제된 날부터 5년이 지나지 아니한 자

8. 이 법이나 이 법에 따른 명령을 위반하여 벌금형을 선고받은 날부터 5년이 지나지 아니하거나 금고 이상의 형을 선고받고 그 집행이 유예된 날부터 5년이 지나지 아니한 자

② 다음 각 호의 어느 하나에 해당하는 자는 특수경비원이 될 수 없다.

1. 만 18세 미만 또는 만 60세 이상인 자, 피성년후견인, 피한정후견인

2. 제1항제2호부터 제8호까지의 어느 하나에 해당하는 자

3. 금고 이상의 형의 선고유예를 받고 그 유예기간 중에 있는 자

4. 행정안전부령으로 정하는 신체조건에 미달되는 자

경비업법 시행규칙 제7조(특수경비원의 신체조건)
법 제10조제2항제4호에서 "행정안전부령이 정하는 신체조건"이라 함은 팔과 다리가 완전하고 두 눈의 맨눈시력 각각 0.2 이상 또는 교정시력 각각 0.8 이상을 말한다

---

③ 경비업자는 제1항 각 호 또는 제2항 각 호의 결격사유에 해당하는 자를 경비지도사 또는 경비원으로 채용 또는 근무하게 하여서는 아니 된다.

다음 중 경비업법령상 특수경비원은 될 수가 없으나 경비지도사가 될 수 있는 자는?
(단, 다른 결격사유는 고려하지 않음)

① 팔과 다리가 완전하고 두 눈의 교정시력이 각각 0.8인 자
② 금고 이상의 형의 선고유예를 받고 그 유예기간 중에 있는 자
③ 금고 이상의 형의 집행유예선고를 받고 그 유예기간 중에 있는 자
④ 「형법」 제114조(범죄단체 등의 조직)의 죄를 범하여 벌금형을 선고받은 날부터 10년이 지나지 아니한 자

정답 ②

경비지도사 및 경비원

1. 경비지도사

1) 의의

경비지도사라 함은 경비원을 지도·감독 및 교육하는 자를 말하며, 일반경비지도사와 기계경비지도사로 구분한다.(경비업법 제2조 제2호) 경비지도사는 경비원에 대한 자질 향상을 위해 1995년 12월 30일 법률 제5124호로 개정·공포된 경비업법에 그 내용이 규정되었으며, 제1회 경비지도사 자격시험은 1997년 2월 23일 처음으로 실시되었다. 경비업법 시행령 제10조에 따르면 경비지도사는 일반경비지도사와 기계경비지도사로 구분되며 일반경비지도사는 시설경비, 호송경비, 신변보호, 특수경비업무에 종사하는 경비원을 지도·감독·교육을 실시하고, 기계경비지도사는 기계경비업무에 종사하는 경비원을 지도·감독·교육을 담당하는 것으로 규정되어 있다. 또한 시행령 제12조에 따르면 시험의 방법은 필기시험의 방법에 의하되, 제1차 시험과 제2차 시험으로 구분하여 실시하도록 되어 있다. 과목은 제1차 시험 및 제2차 시험으로 구분되며 시험

과목은 다음과 같다.

2) 경비지도사의 구분

경비업법 시행령 제10조(경비지도사의 구분)

경비업법 제10조 내지 제12조의 규정에 의한 경비지도사는 다음 각 호와 같이 구분한다.

1. 일반경비지도사 : 다음 각 목의 경비업무에 종사하는 경비원을 지도·감독 및 교육하는 경비지도사
   가. 시설경비업무, 나. 호송경비업무, 다. 신변보호업무, 라. 특수경비업무
2. 기계경비지도사: 기계경비업무에 종사하는 경비원을 지도·감독 및 교육하는 경비지도사

3) 경비지도사의 결격사유

경비업법 제10조(경비지도사 및 경비원의 결격사유)

① 다음 각 호의 1에 해당하는 자는 경비지도사 또는 일반경비원이 될 수 없다.

1. 만 18세 미만인 자, 피성년후견인, 피한정후견인
2. 파산선고를 받고 복권되지 아니한 자
3. 금고 이상의 실형의 선고를 받고 그 집행이 종료(집행이 종료된 것으로 보는 경우를 포함한다)되거나 집행이 면제된 날부터 5년이 지나지 아니한 자
4. 금고 이상의 형의 집행유예선고를 받고 그 유예기간 중에 있는 자
5. 다음 각 목의 어느 하나에 해당하는 죄를 범하여 벌금형을 선고받은 날부터 10년이 지나지 아니하거나 금고 이상의 형을 선고받고 그 집행이 종료된(종료된 것으로 보는 경우를 포함한다) 날 또는 집행이 유예·면제된 날부터 10년이 지나지 아니한 자
   가. 「형법」 제114조의 죄/범죄단체 등의 조직
   나. 「폭력행위 등 처벌에 관한 법률」 제4조의 죄/단체 등의 구성·활동
   다. 형법」 제297조(강간), 제297조의2(유사강간), 제298조부터 제301

조까지(강제추행, 준강간·준강제추행, 미수범, 강간 등 상해, 치상의 죄) 제301조의2(강간등 살인·치사), 제302조(미성년자등에 대한 간음), 제303조(업무상위력에 의한 간음), 제305조(미성년자 간음·추행), 제305조의2(상습범)의 죄

라. 「성폭력범죄의 처벌 등에 관한 특례법」 제3조부터 제11조까지 및 제15조(제3조부터 제9조까지의 미수범만 해당한다)의 죄

마. 「아동·청소년의 성보호에 관한 법률」 제7조 및 제8조의 죄

바. 다목부터 마목까지의 죄로서 다른 법률에 따라 가중처벌 되는 죄

6. 다음 각 목의 어느 하나에 해당하는 죄를 범하여 벌금형을 선고받은 날부터 5년이 지나지 아니하거나 금고 이상의 형을 선고받고 그 집행이 유예된 날부터 5년이 지나지 아니한 자

가. 「형법」 제329조부터 제331조까지(절도, 특절, 야침절도), 제331조의2(자동차불법사용) 및 제332조부터 제343조까지의 죄(상습범, 강도 등 죄, 예비음모)

나. 가목의 죄로서 다른 법률에 따라 가중처벌되는 죄

7. 제5호 다목부터 바목까지의 어느 하나에 해당하는 죄를 범하여 치료감호를 선고받고 그 집행이 종료된 날 또는 집행이 면제된 날부터 10년이 지나지 아니한 자 또는 제6호 각 목의 어느 하나에 해당하는 죄를 범하여 치료감호를 선고받고 그 집행이 면제된 날부터 5년이 지나지 아니한 자

8. 이 법이나 이 법에 따른 명령을 위반하여 벌금형을 선고받은 날부터 5년이 지나지 아니하거나 금고 이상의 형을 선고받고 그 집행이 유예된 날부터 5년이 지나지 아니한 자

4) 경비지도사의 시험 등

경비지도사는 결격사유에 해당하지 아니하는 자로서 경찰청장이 시행하는 경비지도사 시험에 합격하고 행정자치부령이 정하는 교육을 받은 자이어야 한다.

경비지도사 자격취득 과정은 응시원서 접수 → 1차시험 및 2차시험 합격 → 결격사유 조회 → 최종 합격 판단 → 기본교육 44시간 이수 → 자격증 교부의 순서

로 이루어진다.

경비업법 제11조에 따르면 경비지도사시험의 시험과목, 시험공고, 시험의 일부가 면제되는 자의 범위 그 밖에 경비지도사 시험에 관하여 필요한 사항은 대통령령으로 정한다.

(1) 경비지도사시험 시행 및 공고

제11조(경비지도사의 시험 등)

① 경비지도사는 제10조제1항 각 호의 1(결격사유)에 해당하지 아니하는 자로서 경찰청장이 시행하는 경비지도사시험에 합격하고 행정안전부령으로 정하는 교육을 받은 자이어야 한다.

② 경찰청장은 제1항의 규정에 의한 교육을 받은 자에게 행정안전부령으로 정하는 바에 따라 경비지도사자격증을 교부하여야 한다.

③ 경비지도사시험은 매년 1회 이상 시행하며, 시험과목, 시험공고, 시험의 일부가 면제되는 자의 범위 그 밖에 경비지도사시험에 관하여 필요한 사항은 대통령령으로 정한다.

[경비업법 시행령]

제11조(경비지도사시험의 시행 및 공고)

① 경찰청장은 법 제11조제1항에 따른 경비지도사시험(이하 "시험"이라 한다)의 실시계획을 매년 수립해야 한다.

② 경찰청장은 제1항의 규정에 의한 시험의 실시계획에 따라 시험을 실시하고자 하는 때에는 응시자격·시험과목·시험일시·시험장소 및 선발예정인원 등을 시험시행일 90일 전까지 공고하여야 한다.

③ 제2항의 규정에 의한 공고는 관보게재와 각 지방경찰청 게시판 및 인터넷 홈페이지에 게시하는 방법에 의한다.

제12조(시험의 방법 및 과목 등)

① 시험은 필기시험의 방법에 의하되, 제1차시험과 제2차시험으로 구분하여 실시한다. 이 경우 경찰청장이 필요하다고 인정하는 때에는 제1차시험과 제2차시험을 병합하여 실시할 수 있다.

② 제1차시험 및 제2차시험은 각각 선택형으로 하되, 제2차시험에 있어서는 선택형 외에 단답형을 추가할 수 있다.

③ 제1차시험 및 제2차시험의 과목은 별표 2와 같다.

---

④ 제2차시험은 제1차시험에 합격한 자에 대하여 실시한다. 다만, 제1항 후단의 규정에 의하여 제1차시험과 제2차시험을 병합하여 실시하는 경우에는 그러하지 아니하다.

⑤ 제1항 후단의 규정에 의하여 제1차시험과 제2차시험을 병합하여 실시하는 경우에는 제1차시험에 불합격한 자가 치른 제2차시험은 이를 무효로 한다.

⑥ 제1차시험에 합격한 자에 대하여는 다음 회의 시험에 한하여 제1차 시험을 면제한다.

제13조(시험의 일부면제)

법 제11조제3항에 따라 다음 각 호의 어느 하나에 해당하는 사람은 경비지도사 제1차시험을 면제한다.

1. 「경찰공무원법」에 따른 경찰공무원으로 7년 이상 재직한 사람
2. 「대통령 등의 경호에 관한 법률」에 따른 경호공무원 또는 별정직공무원으로 7년 이상 재직한 사람
3. 「군인사법」에 따른 각 군 전투병과 또는 헌병병과 부사관 이상 간부로 7년 이상 재직한 사람
4. 「경비업법」에 따른 경비업무에 7년 이상(특수경비업무의 경우에는 3년 이상) 종사하고 행정안전부령으로 정하는 교육과정을 이수한 사람
5. 「고등교육법」에 따른 대학 이상의 학교를 졸업한 사람으로서 재학 중 제12조제3항에 따른 경비지도사 시험과목을 3과목 이상을 이수하고 졸업한 후 경비업무에 종사한 경력이 3년 이상인 사람
6. 「고등교육법」에 따른 전문대학을 졸업한 사람으로서 재학 중 제12조제3항에 따른 경비지도사 시험과목을 3과목 이상을 이수하고 졸업한 후 경비업무에 종사한 경력이 5년 이상인 사람
7. 일반경비지도사의 자격을 취득한 후 기계경비지도사의 시험에 응시하는 사람 또는 기계경비지도사의 자격을 취득한 후 일반경비지도사의 시험에 응시하는 사람
8. 「공무원임용령」에 따른 행정직군 교정직렬 공무원으로 7년 이상 재직한 사람

※ 경비업법 시행규칙 제10조(경비지도사시험의 일부면제)

영 제13조제4호에서 "행정안전부령으로 정하는 교육과정을 이수한 사람"이란 다음 각 호의 어느 하나에 해당하는 사람을 말한다.

1. 고등교육법에 의한 전문대학 이상의 교육기관(경비지도사의 시험과목 3과목 이상이 개설된 교육기관에 한한다)에서 1년 이상의 경비업무관련 과정을 마친 사람
2. 경찰청장이 지정하는 기관 또는 단체에서 실시하는 64시간 이상의 경비지도사 양성과정을 마치고 수료시험에 합격한 사람

제14조(시험합격자의 결정)

① 제1차시험의 합격결정에 있어서는 매 과목 100점을 만점으로 하며, 매과목 40점 이상, 전과목 평균 60점 이상 득점한 자를 합격자로 결정한다.

② 제2차시험의 합격결정에 있어서는 선발예정인원의 범위 안에서 60점 이상을 득점한 자 중에서 고득점 순으로 합격자를 결정한다. 이 경우 동점자로 인하여 선발예정인원이 초과되는 때에는 동점자 모두를 합격자로 한다.

③ 경찰청장은 제2차시험에 합격한 자에 대하여 합격공고를 하고, 합격 및 교육소집 통지서를 교부하여야 한다.

제15조(시험출제위원의 임명 · 위촉 등)

① 경찰청장은 시험문제의 출제를 위하여 다음 각 호의 1에 해당하는 자 중에서 시험출제위원을 임명 또는 위촉한다.

　　1. 고등교육법에 의한 전문대학 이상의 교육기관에서 경찰행정학과 등 경비업무 관련 학과 및 법학과의 부교수(전문대학의 경우에는 교수) 이상으로 재직하고 있는 자

　　2. 석사 이상의 학위소지자로 경찰청장이 정하는 바에 의하여 경비업무에 관한 연구실적이나 전문경력이 인정되는 자

　　3. 방범 · 경비업무를 3년 이상 담당한 경감 이상 경찰공무원의 경력이 있는 자

② 제1항의 규정에 의한 시험출제위원의 수는 시험과목별로 2인 이상으로 한다.

③ 시험출제위원으로 임명 또는 위촉된 자는 경찰청장이 정하는 준수사항을 성실히 이행하여야 한다.

④ 시험출제위원과 시험관리업무에 종사하는 자에 대하여는 예산의 범위 안에서 수당과 여비를 지급할 수 있다. 다만, 공무원인 위원이 그 소관업무와 직접적으로 관련하여 시험관리업무에 종사하는 경우에는 그러하지 아니하다.

제28조(허가증 등의 수수료)

① 법에 의한 경비업의 허가를 받거나 허가증을 재교부받고자 하는 자는 다음 각 호의 수수료를 납부하여야 한다.

　　1. 법 제4조제1항 및 법 제6조제2항의 규정에 의한 경비업의 허가(추가 · 변경 · 갱신허가를 포함한다)의 경우에는 1만원

　　2. 허가사항의 변경신고로 인한 허가증 재교부의 경우에는 2천원

② 제1항의 규정에 의한 수수료는 허가 등의 신청서에 수입인지를 첨부하여 납부한다.

③ 시험에 응시하고자 하는 자는 경찰청장이 정하여 고시하는 수수료를 납부하여야 한다.

④ 경찰청장은 다음 각 호의 어느 하나에 해당하는 경우에는 제3항에 따라 받은 응시수수료의 전부 또는 일부를 다음 각 호의 구분에 따라 반환하여야 한다.〈개정 2014.6.3.〉

　　1. 응시수수료를 과오납한 경우: 과오납한 금액 전액

　　2. 시험시행기관의 귀책사유로 시험에 응시하지 못한 경우: 응시수수료 전액

　　3. 시험시행일 20일 전까지 접수를 취소하는 경우: 응시수수료 전액

4. 시험시행일 10일 전까지 접수를 취소하는 경우: 응시수수료의 100분의 50
⑤ 경찰청장 및 지방경찰청장은 제2항 및 제3항의 규정에 불구하고 정보통신망을 이용하여 전자화폐ㆍ전자결제 등의 방법으로 수수료를 납부하게 할 수 있다.

▼ 경비지도사 시험 과목

구분	1차시험	2차시험
	선택형	선택형 또는 단답형
일반 경비지도사	• 법학개론 • 민간경비론	• 필수- 경비업법(청원경찰법을 포함) • 선택- 소방학ㆍ범죄학 또는 경호학 중 1과목
기계 경비지도사		• 경비업법(청원경찰법을 포함) • 기계경비개론ㆍ기계경비기획 및 설계 중 1과목

(2) 경비지도사의 교육

경비업법 시행규칙 제9조(경비지도사에 대한 교육)

① 법 제11조제1항에서 "행정안전부령이 정하는 교육"이라 함은 경비지도사에 대한 별표 1의 규정에 의한 과목 및 시간의 교육을 말한다.

② 제1항의 규정에 의한 교육에 소요되는 비용은 경비지도사의 교육을 받는 자의 부담으로 한다.

[별표1] 경비지도사 교육의 과목 및 시간(규칙 제9조제1항 관련)

구분 (교육시간)	과목		시간
공통교육 (28시간)	「경비업법」		4
	「경찰관직무집행법」 및 「청원경찰법」		3
	테러 대응요령		3
	화재대처법		2
	응급처치법		3
	분사기 사용법		2
	교육기법		2
	예절 및 인권교육		2
	체포 · 호신술		3
	입교식 · 평가 · 수료식		4
자격의 종류별 교육 (16시간)	일반경비 지도사	시설경비	2
		호송경비	2
		신변보호	2
		특수경비	2
		기계경비개론	3
		일반경비현장실습	5
	기계경비 지도사	기계경비운용관리	4
		기계경비기획및설계	4
		인력경비개론	3
		기계경비현장실습	5
계			44

* 비고: 일반경비지도사 자격증 취득자 또는 기계경비지도사 자격증 취득자가 자격증 취득일부터 3년 이내에 기계경비지도사 또는 일반경비지도사 시험에 합격하여 교육을 받을 경우에는 공통교육은 면제한다.

(3) 경비지도사 자격증 교부

경비업법 시행규칙 제11조(경비지도사자격증의 교부)

경찰청장은 법 제11조의 규정에 의한 경비지도사시험에 합격하고 제9조의 규정에 의한 경비지도사 교육을 받은 자에 대하여는 별지 제9호서식의 경비지

도사자격증 교부대장에 소정의 사항을 기재한 후, 별지 제10호서식의 경비지
도사 자격증을 교부하여야 한다.

[별지 제9호서식]

경비지도사자격증 교부대장

연 번	성 명	주민등록번호	주 소	교부일자	비 고

297mm×210mm
(보존용지(1종) 70g/㎡)

경비지도사 자격증

(앞쪽)

제 호

경비지도사 자격증
(자 격 종 별)

성 명 :

생 년 월 일 :

자 격 취 득 일 :

사진

위의 사람은 「경비업법」 제11조에 따른 경비지도사
자격이 있음을 증명합니다.
(발 급 일)

경 찰 청 장 직인

54mm×84mm [PVC(비닐)]

(뒤쪽)

유 의 사 항

1. 다른 사람에게 대여하거나 목적 외 사용을 할 수
   없습니다.

2. 자격이 정지된 때에는 그 정지기간 동안 자격증을
   경찰관서에 반납하셔야 합니다.

3. 자격이 취소된 때에는 자격증을 경찰관서에 반납
   하셔야 합니다.

기출문제 01

다음 중 경비업법령상 일반경비지도사 자격증을 취득하기 위하여 받아야 할 교육의 과목에 해당하지 않는 것은?

① 예절 및 인권교육　　　　　② 호송경비
③ 인력경비개론　　　　　　　④ 경찰관직무집행법 및 청원경찰법

정답 ③

기출문제 02

다음 중 경비업법령상 경비지도사 제1차 시험의 면제대상으로 옳은 것은?

① 「경찰공무원법」에 따른 경찰공무원으로 5년 이상 재직한 사람
② 「경비업법」에 따른 특수경비업무에 3년 이상 종사하고 행정자치부령으로 정하는 교육과정을 이수한 사람
③ 「고등교육법에 따른 전문대학을 졸업한 사람으로서 재학 중 경비지도사 시험과목을 3과목 이상을 이수하고 졸업한 후, 경비업무에 종사한 경력이 3년 이상인 사람
④ 공무원 임용령에 따른 행정직군 교정직렬 공무원으로 3년 이상 재직한 사람

정답 ②

기출문제 03

다음 중 기계경비지도사 자격증 취득자가 자격증 취득일로부터 3년 이내에 일반경비지도사 시험에 합격하여 교육을 받은 경우, 받아야 할 교육과목에 해당하지 않는 것은?

① 체포호신술　　　　　　　　② 신변보호
③ 특수경비　　　　　　　　　④ 기계경비론

정답 ①

5) 경비지도사의 선임·배치

① 경비지도사 선임의 의미

경비지도사의 선임은 시설경비, 호송경비, 신변보호, 특수경비 경비원을 지도·감독·교육하는 경우에는 일반경비지도사를 선임하고, 그리고 기계경비 업무에 종사하는 경비원을 지도·감독·교육하는 경우에는 기계경비지도사를 선임해야 한다. 경비업자는 경비지도사를 반드시 선임하여야 하며 선임하지 않을 경우 과태료 부과사유에 해당한다.

② 경비지도사 선임

경비업법 제12조(경비지도사의 선임 등)

① 경비업자는 대통령령이 정하는 바에 따라 경비지도사를 선임하여야 한다.
② 선임된 경비지도사의 직무는 다음과 같다.

---

1. 경비원의 지도·감독·교육에 관한 계획의 수립·실시 및 그 기록의 유지
2. 경비현장에 배치된 경비원에 대한 순회점검 및 감독
3. 경찰기관 및 소방기관과의 연락방법에 대한 지도
4. 집단민원현장에 배치된 경비원에 대한 지도·감독(기계경비지도사의 경우)
5. 그 밖에 대통령령이 정하는 직무

---

③ 선임된 경비지도사는, 첫째 경비원의 지도·감독·교육에 관한 계획의 수립·실시 및 그 기록의 유지, 둘째 경비현장에 배치된 경비원에 대한 순회점검 및 감독, 셋째 기계경비업무를 위한 기계장치의 운용·감독 (기계경비지도사의 경우), 넷째 오경보방지 등을 위한 기기관리의 감독 (기계경비지도사의 경우)의 4가지 직무를 월 1회 이상 성실하게 수행하 여야 한다.

경비업법 시행령 제17조(경비지도사의 직무 및 준수사항)
① "대통령령이 정하는 직무"란 다음 각 호의 직무를 말한다.
　　1. 기계경비업무를 위한 기계장치의 운용·감독(기계경비지도사의 경우에

한한다)

　　2. 오경보방지 등을 위한 기기관리의 감독(기계경비지도사의 경우에 한한
　　　다)

② 경비지도사는 직무를 월 1회 이상 수행하여야 한다.

③ 경비지도사는 경비원에 대한 교육을 실시하고, 행정안전부령으로 정하
　는 경비원 직무교육 실시대장에 그 내용을 기록하여 2년간 보존하여야
　한다.

경비업법 시행규칙 제6조의2(집단민원현장에 선임·배치된 경비지도사의 직무)
경비업자는 집단민원현장에 선임·배치된 경비지도사로 하여금 다음 직무
를 수행하도록 하여야 한다.

1. 경비원 등의 의무 위반행위 예방 및 제지

2. 경비원의 복장 착용 등에 대한 지도·감독

3. 경비원의 장비 휴대 및 사용에 대한 지도·감독

4. 집단민원현장에 비치된 경비원 명부의 관리

6) 경비지도사 선임 배치기준

시행령 제16조(경비지도사의 선임·배치)

① 경비업자는 경비업법 제12조 제1항의 규정에 의하여 별표3의 기준에
　따라 경비지도사를 선임·배치하여야 한다.

② 경비업자는 선임·배치된 경비지도사에 결원이 있거나 자격정지 등의
　사유로 그 직무를 수행할 수 없는 때에는 15일 이내에 경비지도사를
　새로이 충원하여야 한다.

경비업법 시행령 [별표3] / 경비지도사의 선임·배치기준(제16조 제1항 관련)
1. 일반경비지도사
시설경비업·호송경비업·신변보호업 및 특수경비업에 한하여 선임·배치할 것
　가. 경비원을 배치하여 영업활동을 하고 있는 지역을 관할하는 지방경찰청의 관할구역
　　　별로 경비원 200인까지는 일반경비지도사 1인씩 선임·배치하되, 200인을 초과

하는 100인까지마다 1인씩을 추가로 선임·배치할 것. 다만, 특수경비업의 경우는 제19조제1항의 규정에 의한 특수경비원 교육을 이수한 일반경비지도사를 선임·배치할 것

나. 시설경비업·호송경비업·신변보호업 및 특수경비업 가운데 2 이상의 경비업을 하는 경우 경비지도사의 배치는 각 경비업에 종사하는 경비원의 수를 합산한 인원을 기준으로 할 것

2. 기계경비지도사

가. 기계경비업에 한하여 선임·배치할 것

나. 선임·배치기준은 제1호 가목의 규정에 의한 일반경비지도사의 선임·배치 기준과 동일하게 할 것

3. 경비지도사 선임 예외

가. 경비지도사가 선임·배치된 지방경찰청의 관할구역에 인접하는 지방경찰청의 관할구역에 배치되는 경비원이 30인 이하인 경우에는 제1호 가목 및 제2호 나목의 규정에 불구하고 경비지도사를 따로 선임·배치하지 아니할 수 있다. 이 경우 인천지방경찰청은 서울지방경찰청과 인접한 것으로 본다.

7) 경비지도사 직무

경비업법 제12조

② 제1항의 규정에 의하여 선임된 경비지도사의 직무는 다음과 같다.

1. 경비원의 지도·감독·교육에 관한 계획의 수립·실시 및 그 기록의 유지

2. 경비현장에 배치된 경비원에 대한 순회점검 및 감독

3. 경찰기관 및 소방기관과의 연락방법에 대한 지도

4. 집단민원현장에 배치된 경비원에 대한 지도·감독

5. 그 밖에 대통령령이 정하는 직무

경비업법 시행규칙 제6조의2(집단민원현장에 선임·배치된 경비지도사의 직무) 법 제7조제6항(경비업자는 집단민원현장에 경비원을 배치하는 때에는 경비지도사를 선임하고 그 장소에 배치하여 행정안전부령으로 정하는 바에

따라 경비원을 지도·감독하게 하여야 한다) 에 따라 경비업자는 집단민원 현장에 선임·배치된 경비지도사로 하여금 다음 각 호의 직무를 수행하도록 하여야 한다.

1. 법 제15조의2에 따른 경비원 등의 의무 위반행위 예방 및 제지

> **경비업법 제15조의2(경비원 등의 의무)**
> ① 경비원은 직무를 수행함에 있어 타인에게 위력을 과시하거나 물리력을 행사하는 등 경비업무의 범위를 벗어난 행위를 하여서는 아니 된다.
> ② 누구든지 경비원으로 하여금 경비업무의 범위를 벗어난 행위를 하게 하여서는 아니 된다.

2. 법 제16조에 따른 경비원의 복장 착용 등에 대한 지도·감독

> **경비업법 제16조(경비원의 복장 등)**
> ① 경비업자는 경찰공무원 또는 군인의 제복과 색상 및 디자인 등이 명확히 구별되는 소속 경비원의 복장을 정하고 이를 확인할 수 있는 사진을 첨부하여 주된 사무소를 관할하는 지방경찰청장에게 행정안전부령으로 정하는 바에 따라 신고하여야 한다.
> ② 경비업자는 경비업무 수행 시 경비원에게 소속 경비업체를 표시한 이름표를 부착하도록 하고, 제1항에 따라 신고된 동일한 복장을 착용하게 하여야 하며, 복장에 소속 회사를 오인할 수 있는 표시를 하거나 다른 회사의 복장을 착용하게 하여서는 아니 된다. 다만, 집단민원현장이 아닌 곳에서 신변보호업무를 수행하는 경우 또는 경비업무의 성격상 부득이한 사유가 있어 관할 경찰관서장이 허용하는 경우에는 그러하지 아니하다.
> ③ 지방경찰청장은 제1항에 따라 제출받은 사진을 검토한 후 경비업자에게 복장 변경 등에 대한 시정명령을 할 수 있다.
> ④ 제3항에 따른 시정명령을 받은 경비업자는 이를 이행하여야 하고, 지방경찰청장에게 행정안전부령으로 정하는 바에 따라 이행보고를 하여야 한다.
> ⑤ 그 밖에 경비원의 복장 등에 필요한 사항은 행정안전부령으로 정한다.

3. 법 제16조의2에 따른 경비원의 장비 휴대 및 사용에 대한 지도·감독

> **경비업법 제16조의2(경비원의 장비 등)**
> ① 경비원이 휴대할 수 있는 장비의 종류는 경적·단봉·분사기 등 행정안전부령으로 정하되, 근무 중에만 이를 휴대할 수 있다.
> ② 경비업자가 경비원으로 하여금 분사기를 휴대하여 직무를 수행하게 하는 경우에는 「총

포 · 도검 · 화약류 등 단속법」에 따라 미리 분사기의 소지허가를 받아야 한다.

③ 누구든지 제1항의 장비를 임의로 개조하여 통상의 용법과 달리 사용함으로써 다른 사
   람의 생명 · 신체에 위해를 가하여서는 아니 된다.

④ 경비원은 경비업무를 위하여 필요하다고 인정되는 상당한 이유가 있을 때에는 필요한
   최소한도에서 제1항의 장비를 사용할 수 있다.

⑤ 그 밖에 경비원의 장비 등에 관하여 필요한 사항은 행정안전부령으로 정한다.

경비업법 시행규칙 제20조(경비원의 휴대장비)

① 법 제16조의2 제1항에 따라 경비원은 근무 중 경적, 단봉, 분사기, 안전방패, 무전기
   및 그 밖에 경비 업무 수행에 필요한 것으로서 공격적인 용도로 제작되지 아니하는 장
   비를 휴대할 수 있으며, 안전모 및 방검복 등 안전장비를 착용할 수 있다.

② 제1항에 따른 경비원 장비의 구체적인 기준은 별표 5에 따른다.

■ 경비업법 시행규칙 [별표 5] <신설 2014.6.5>

경비원 휴대장비의 구체적인 기준(제20조제2항 관련)

장비	장비기준
1. 경적	금속이나 플라스틱 재질의 호루라기
2. 단봉	금속(합금 포함)이나 플라스틱 재질의 전장 700㎜ 이하의 호신용 봉
3. 분사기	「총포 · 도검 · 화약류 등 단속법」에 따른 분사기
4. 안전방패	플라스틱 재질의 폭 500㎜ 이하, 길이 1,000㎜이하의 방패로 경찰공무원이 사용하는 안전방패와 색상 및 디자인이 명확히 구분되어야 함
5. 무전기	무전기 송신 시 실시간으로 수신이 가능한 것
6. 안전모	안면을 가리지 아니하면서, 머리를 보호하는 장비로 경찰공무원이 사용하는 방석모와 색상 및 디자인이 명확히 구분되어야 함
7. 방검복	경찰공무원이 사용하는 방검복과 색상 및 디자인이 명확히 구분되어야 함

4. 법 제18조제1항 단서에 따라 집단민원현장에 비치된 경비원 명부의 관리

> **경비업법 제18조(경비원의 명부와 배치허가 등)**
> ① 경비업자는 행정안전부령으로 정하는 바에 따라 경비원의 명부를 작성·비치하여야
> 한다. 다만, 집단민원현장에 배치되는 일반경비원의 명부는 그 경비원이 배치되는 장
> 소에도 작성·비치하여야 한다.
>
> **경비업법 시행규칙 제23조(경비원의 명부)**
> 경비업자는 법 제18조제1항에 따라 다음 각 호의 장소에 별지 제14호서식의 경비원 명
> 부(제2호 및 제3호의 경우에는 해당 장소에 배치된 경비원의 명부를 말한다)를 작성·비
> 치하여 두고, 이를 항상 정리하여야 한다.
> 1. 주된 사무소
> 2. 영 제5조제3항에 따른 출장소
> 3. 집단민원현장

8) 경비지도사의 직무성실 의무

경비지도사는 경비업법 제12조제2항 각 호에 규정한 직무를 법 제12조제3항에 따라 성실히 수행하여야 한다.

> **경비업법 제12조**
> ① 경비업자는 대통령령이 정하는 바에 따라 경비지도사를 선임하여야 한다.
>
> **경비업법 시행령 제16조(경비지도사의 선임·배치)**
> ① 경비업자는 법 제12조제1항의 규정에 의하여 별표 3의 기준에 따라 경비지도사를 선
> 임·배치하여야 한다.
> ② 경비업자는 제1항의 규정에 의하여 선임·배치된 경비지도사에 결원이 있거나 자격정
> 지 등의 사유로 그 직무를 수행할 수 없는 때에는 15일 이내에 경비지도사를 새로이
> 충원하여야 한다.

② 제1항의 규정에 의하여 선임된 경비지도사의 직무는 다음과 같다.
  1. 경비원의 지도·감독·교육에 관한 계획의 수립·실시 및 그 기록의
     유지
  2. 경비현장에 배치된 경비원에 대한 순회점검 및 감독
  3. 경찰기관 및 소방기관과의 연락방법에 대한 지도
  4. 집단민원현장에 배치된 경비원에 대한 지도·감독

5. 그 밖에 대통령령이 정하는 직무

③ 선임된 경비지도사는 제2항 각 호의 규정에 의한 직무를 대통령령이 정하는 바에 따라 성실하게 수행하여야 한다

경비업법 시행령 제17조(경비지도사의 직무 및 준수사항)

① 법 제12조제2항제5호에서 "대통령령이 정하는 직무"란 다음 각 호의 직무를 말한다.
  1. 기계경비업무를 위한 기계장치의 운용·감독(기계경비지도사의 경우에 한한다)
  2. 오경보방지 등을 위한 기기관리의 감독(기계경비지도사의 경우에 한한다)
② 경비지도사는 법 제12조제3항에 따라 같은 조 제2항제1호·제2호의 직무 및 제1항 각 호의 직무를 월 1회 이상 수행하여야 한다.
③ 경비지도사는 법 제12조제2항제1호에 따라 경비원에 대한 교육을 실시하고, 행정안전부령으로 정하는 경비원 직무교육 실시대장에 그 내용을 기록하여 2년간 보존하여야 한다.

기출문제 01

다음 중 경비업법상 경비지도사의 선임·배치기준에 관한 설명으로 옳지 않은 것은?

① 기계경비지도사의 경우 기계경비업과 특수경비업에 한하여 선임·배치해야 한다.
② 특수경비업의 경우 특수경비원 교육을 이수한 일반경비지도사를 선임·배치해야 한다.
③ 관할하는 지방경찰청장의 관할구역별로 경비원 200인을 초과하는 경우는 100인까지마다 1인씩을 추가로 선임·배치해야 한다.
④ 관할하는 지방경찰청장의 관할구역별로 경비원 200인까지는 1인씩 선임·배치한다.

정답 ①

3. 경비원

1) 개념 및 구분

(1) 경비원의 개념

경비원이란 경비업의 허가를 받은 법인(경비업자)이 채용한 고용인으로, 경

비업무를 수행하는 자를 말한다.(경비업법 제2조제3호) 이때 경비원이란 경비업자가 채용한 자 중에서 경비업무를 수행하는 자를 말한다.

(2) 경비원의 구분

법 제2조3호

"경비원"이라 함은 경비업법 제4조제1항(경비업의 허가)의 규정에 의하여 경비업의 허가를 받은 법인(이하 "경비업자"라 한다)이 채용한 고용인으로서 다음 중 하나에 해당하는 자를 말한다.

① 일반경비원: 시설경비업무, 호송경비업무, 신변보호업무, 기계경비업무의 경비업무를 수행하는 자
② 특수경비원: 특수경비업무의 경비업무를 수행하는 자

(3) 경비원의 의무

① 일반경비원의 의무
경비업법 제15조의2(경비원 등의 의무)

① 경비원은 직무를 수행함에 있어 타인에게 위력을 과시하거나 물리력을 행사하는 등 경비업무의 범위를 벗어난 행위를 하여서는 아니된다.(물리력 행사의 금지)
② 누구든지 경비원으로 하여금 경비업무의 범위를 벗어난 행위를 하게 하여서는 아니 된다.(경비업무 외 업무에 대한 강요금지)

② 특수경비원의 의무
경비업법 제15조(특수경비원의 의무)

① 특수경비원은 직무를 수행함에 있어 시설주·관할 경찰관서장 및 소속상사의 직무상 명령에 복종하여야 한다.(직무상 복종의무)
② 특수경비원은 소속상사의 허가 또는 정당한 사유 없이 경비구역을 벗어나서는 아니 된다.(경비구역 이탈금지의무)
③ 특수경비원은 파업·태업 그 밖에 경비업무의 정상적인 운영을 저해하는 일체의 쟁의행위를 하여서는 아니 된다.(쟁의행위 금지의무)

④ 특수경비원이 무기를 휴대하고 경비업무를 수행하는 때에는 다음 각 호의 1에 정하는 무기의 안전사용수칙을 지켜야 한다.(무기안전 수칙 준수의무)

1. 특수경비원은 사람을 향하여 권총 또는 소총을 발사하고자 하는 때에는 미리 구두 또는 공포탄에 의한 사격으로 상대방에게 경고 하여야 한다. 다만, 다음 각 목의 1에 해당하는 경우로서 부득이 한 때에는 경고하지 아니할 수 있다.

   가. 특수경비원을 급습하거나 타인의 생명·신체에 대한 중대한 위험을 야기하는 범행이 목전에 실행되고 있는 등 상황이 급 박하여 경고할 시간적 여유가 없는 경우

   나. 인질·간첩 또는 테러사건에 있어서 은밀히 작전을 수행하는 경우

2. 특수경비원은 무기를 사용하는 경우에 있어서 범죄와 무관한 다 중의 생명·신체에 위해를 가할 우려가 있는 때에는 이를 사용하 여서는 아니 된다. 다만, 무기를 사용하지 아니하고는 타인 또는 특수경비원의 생명·신체에 대한 중대한 위협을 방지할 수 없다 고 인정되는 때에는 필요한 최소한의 범위 안에서 이를 사용할 수 있다.

3. 특수경비원은 총기 또는 폭발물을 가지고 대항하는 경우를 제외 하고는 14세 미만의 자 또는 임산부에 대하여는 권총 또는 소총 을 발사하여서는 아니 된다.

2) 경비원의 교육

(1) 일반경비원 교육

① 신임교육

㉮ 교육기관

경비업법 제13조(경비원의 교육 등)

① 경비업자는 경비업무를 적정하게 실시하기 위하여 경비원으로 하여금 대통령령으로 정하는 바에 따라 경비원 신임교육 및 직

무교육을 받게 하여야 한다. 다만, 경비업자는 대통령령으로 정하는 경력 또는 자격을 갖춘 일반경비원을 신임교육 대상에서 제외할 수 있다.

② 경비원이 되려는 사람은 대통령령으로 정하는 교육기관에서 미리 일반경비원 신임교육을 받을 수 있다.

경비업법 시행령 제18조(일반경비원에 대한 교육)

① 경비업자는 일반경비원을 채용한 경우 법 제13조제1항 본문에 따라 해당 일반경비원에게 경비업자의 부담으로 다음 각 호의 기관 또는 단체에서 실시하는 일반경비원 신임교육을 받도록 하여야 한다.
1. 법 제22조제1항에 따른 경비협회
2. 「경찰공무원 교육훈련규정」 제2조제3호에 따른 경찰교육기관
3. 경비업무 관련 학과가 개설된 대학 등 경비원에 대한 교육을 전문적으로 수행할 수 있는 인력과 시설을 갖춘 기관 또는 단체 중 경찰청장이 지정하여 고시하는 기관 또는 단체

㉯ 교육의 면제 대상자

경비업법 제18조(일반경비원에 대한 교육)

② 경비업자는 법 제13조제1항 단서에 따라 다음 각 호의 어느 하나에 해당하는 사람을 일반경비원으로 채용한 경우에는 해당 일반경비원을 일반경비원 신임교육 대상에서 제외할 수 있다.

1. 법 제13조제1항 본문 및 같은 조 제3항에 따른 일반경비원 또는 특수경비원 신임교육을 받은 사람으로서 채용 전 3년 이내에 경비업무에 종사한 경력이 있는 사람

2. 「경찰공무원법」에 따른 경찰공무원으로 근무한 경력이 있는 사람

3. 「대통령 등의 경호에 관한 법률」에 따른 경호공무원 또는 별정직공무원으로 근무한 경력이 있는 사람

4. 「군인사법」에 따른 부사관 이상으로 근무한 경력이 있는 사람

5. 경비지도사 자격이 있는 사람

6. 채용 당시 법 제13조제2항에 따른 일반경비원 신임교육을 받은 지 3년이 지나지 아니한 사람

㉰ 일반경비원 신임교육과목 및 직무교육

경비업법 시행령 제18조(일반경비원에 대한 교육)

⑤ 제1항에 따른 신임교육의 과목 및 시간, 제3항에 따른 직무교육의 과목 등 일반경비원의 교육 실시에 필요한 사항은 행정안전부령으로 정한다.

경비업법 시행규칙 제12조(일반경비원에 대한 신임교육의 실시 등)
① 영 제18조제1항에 따른 일반경비원 신임교육의 과목 및 시간은 별표 2와 같다.
② 경찰청장은 일반경비원에 대한 신임교육의 실시를 위하여 연도별 교육계획을 수립하고, 영 제18조제1항에 따른 일반경비원 신임교육 기관 또는 단체가 교육계획에 따라 교육을 실시하도록 하여야 한다.
④ 영 제18조제1항에 따른 일반경비원 신임교육 기관 또는 단체의 장은 제1항에 따른 일반경비원 신임교육과정을 마친 사람에게 별지 제11호서식의 신임교육이수증을 교부하고 그 사실을 별지 제12호서식의 신임교육이수증 교부대장에 기록해야 하며, 교육기관, 교육일, 교육이수증 교부번호 등을 포함한 신임교육 이수자 현황을 경찰청장에게 통보해야 한다.
⑤ 경비업자는 일반경비원이 제1항의 규정에 의한 신임교육을 받은 때에는 규칙 제23조제1항의 규정에 의한 경비원의 명부에 그 사실을 기재하여야 한다.
⑥ 지방경찰청장 또는 경찰서장은 제1항에 따른 일반경비원 신임교육을 받은 사람이 요청하는 경우에는 별지 제12호의2서식의 신임교육 이수 확인증을 발급할 수 있다.

경비업법 시행규칙 제23조(경비원의 명부)
경비업자는 법 제18조제1항에 따라 다음 각 호의 장소에 별지 제14호서식의 경비원 명부(제2호 및 제3호의 경우에는 해당 장소에 배치된 경비원의 명부를 말한다)를 작성·비치하여 두고, 이를 항상 정리하여야 한다.
1. 주된 사무소
2. 영 제5조제3항에 따른 출장소
3. 집단민원현장

경비업법 시행규칙 제13조(일반경비원에 대한 직무교육의 시간 등)
① 영 제18조제3항에서 "행정안전부령으로 정하는 시간"이란 4시간을 말한다.
② 영 제18조제3항에 따른 일반경비원에 대한 직무교육의 과목은 일반경비원의 직무수행에 필요한 이론·실무과목, 그 밖에 정신교양 등으로 한다.

▼ 일반경비원 신임교육의 과목 및 시간(규칙 제12조제1항 관련 별표2)

구분 (교육시간)	과목	시간
이론교육 (4시간)	「경비업법」	2
	범죄예방론(신고 및 순찰요령을 포함)	2
실무교육 (19시간)	시설경비실무(신고 및 순찰요령, 관찰·기록기법을 포함)	2
	호송경비실무	2
	신변보호실무	2
	기계경비실무	2
	사고예방대책(테러 대응요령, 화재대처법 및 응급처치법 포함)	3
	체포·호신술(질문·검색요령을 포함)	3
	장비사용법	2
	직업윤리 및 서비스(예절 및 인권교육을 포함)	3
기타(1시간)	입교식, 평가 및 수료식	1
계		24

[별지 제12호서식] <개정 2014.6.5>

일반(특수)경비원 신임교육 이수증 교부대장

번호	성명	주민등록 번호	주 소	자택 : ( ) 직장명 : ( )	교육이수증 교부번호	교부일	비고

297mm×210mm

(일반용지 54g/㎡(재활용품))

[별지 제11호서식] <개정 2014.6.5>

제 호

일반(특수)경비원신임교육이수증

성 명 :   주민등록번호 :

주 소 :

 위의 사람은   년   월   일부터   월   일까지 실시한 일반(특수)경비원 신임교육을 이수하였음을 증명합니다.

년   월   일

○○○교육원장   [인]

210mm×297mm

(보존용지(1종) 70g/㎡)

제   호

[   ] 신임교육 이수
[   ] 배치폐지   확인증

성명		생년월일	

1. 신임교육 이수 확인

위의 사람은 아래와 같이   [   ] 일반경비원   신임교육을 이수하였음을 확인합니다.
　　　　　　　　　　　　　[   ] 특수경비원

교육기관	교육일	교육이수증 교부번호

2. 배치폐지 확인

위의 사람에 대하여 경비원 최종 배치폐지일이 아래와 같음을 확인합니다.

○ 최종 배치폐지일 :   년   월   일

　　　　　　　　　　　　　　　　　　　　　　년　　　월　　　일

　　　　　　　　　○○ 지방경찰청장(경찰서장) | 직 인 |

210mm×297mm[백상지(80g/㎡)]

㉺ 경비원 연도별 교육계획 및 직무교육

① 연도별 교육계획

경비업법 시행규칙 제12조(일반경비원에 대한 신임교육의 실시 등)

② 경찰청장은 일반경비원에 대한 신임교육의 실시를 위하여 연도별 교육계획을 수립하고, 영 제18조제1항에 따른 일반경비원 신임교육 기관 또는 단체가 교육계획에 따라 교육을 실시하도록 하여야 한다.

② 직무교육

경비업법 시행령 제18조(일반경비원에 대한 교육)

⑤ 제1항에 따른 신임교육의 과목 및 시간, 제3항에 따른 직무교육의 과목 등 일반경비원의 교육 실시에 필요한 사항은 행정안전부령으로 정한다.

<직무교육시간 및 과목>

경비업법 시행령 제18조(일반경비원에 대한 교육)

③ 경비업자는 법 제13조제1항에 따라 소속 일반경비원에게 법 제12조에 따라 선임한 경비지도사가 수립한 교육계획에 따라 매월 행정안전부령으로 정하는 시간(4) 이상의 직무교육을 받도록 하여야 한다

경비업법 시행규칙 제13조(일반경비원에 대한 직무교육의 시간 등)

② 영 제18조제3항에 따른 일반경비원에 대한 직무교육의 과목은 일반경비원의 직무수행에 필요한 이론·실무과목, 그 밖에 정신교양 등으로 한다

(2) 특수경비원 교육

① 특수경비원 교육의 실시

특수경비업자는 경비업법 시행령 제19조(특수경비원에 대한 교육)에 정한 바에 따라 특수경비원으로 하여금 특수경비원 신임교육과 정기적인 직무교육을 받게 하여야 하고, 특수경비원 신임교육을 받지 아니한 자를

특수경비업무에 종사하게 하여서는 아니 된다.(경비업법 제13조 제3항)

경비업법시행령 제19조(특수경비원에 대한 교육)

① 특수경비업자는 특수경비원을 채용한 경우 법 제13조제3항에 따라 해당 특수경비원에게 특수경비업자의 부담으로 다음 각 호의 기관 또는 단체에서 실시하는 특수경비원 신임교육을 받도록 하여야 한다.
  1. 「경찰공무원 교육훈련규정」 제2조제3호에 따른 경찰교육기관
  2. 행정안전부령으로 정하는 기준에 적합한 기관 또는 단체 중 경찰청장이 지정하여 고시하는 기관 또는 단체
② 제1항에도 불구하고 특수경비업자는 채용 전 3년 이내에 특수경비업무에 종사하였던 경력이 있는 사람을 특수경비원으로 채용한 경우에는 해당 특수경비원을 특수경비원 신임교육 대상에서 제외할 수 있다.
③ 특수경비업자는 법 제13조제3항에 따라 소속 특수경비원에게 법 제12조에 따라 선임한 경비지도사가 수립한 교육계획에 따라 매월 행정안전부령으로 정하는 시간 이상의 직무교육을 받도록 하여야 한다.
④ 제1항에 따른 신임교육의 과목 및 시간, 제3항에 따른 직무교육의 과목 등 특수경비원의 교육 실시에 필요한 사항은 행정안전부령으로 정한다.

경비업법시행규칙 제14조(특수경비원 신임교육 기관 또는 단체의 지정 등)

① 영 제19조제1항에 의한 특수경비원 신임교육의 과정을 개설하고자 하는 기관 또는 단체는 별표 3의 규정에 의한 시설 등을 갖추고 경찰청장에게 지정을 요청하여야 한다.
② 경찰청장은 제1항의 규정에 의한 교육과정을 개설하고자 하는 기관 또는 단체가 동항의 규정에 의한 지정을 요청한 때에는 별표 3의 규정에 의한 기준에 적합한지의 여부를 확인한 후 그 기준에 적합한 경우 이를 특수경비원 신임교육을 실시할 수 있는 기관 또는 단체로 지정할 수 있다.
③ 제2항의 규정에 의하여 지정을 받은 기관 또는 단체는 신임교육의 과정에서 필요한 경우에는 관할 경찰관서장에게 경찰관서 시설물의 이용이나 전문적인 소양을 갖춘 경찰관의 파견을 요청할 수 있다.

경비업법시행규칙 제15조(특수경비원에 대한 신임교육의 실시 등)

① 영 제19조제1항에 따른 특수경비원 신임교육의 과목 및 시간은 별표 4와 같다.
② 영 제19조제1항에 따른 특수경비원 신임교육 기관 또는 단체의 장은 제1항에 따른 특수경비원 신임교육과정을 마친 사람에게 별지 제11호서식의 신임교육이수증을 교부하고 그 사실을 별지 제12호서식의 신임교육이수증 교부대장에 기록해야 하며, 교육기관, 교육일, 교육이수증 교부번호 등을 포함한 신임교육 이수자 현황을 경찰청장에게 통보해야 한다.

③ 경비업자는 특수경비원이 제1항의 규정에 의한 신임교육을 받은 때에는 제23조제1항의 규정에 의한 경비원의 명부에 그 사실을 기재하여야 한다.

④ 지방경찰청장 또는 경찰서장은 제1항에 따른 특수경비원 신임교육을 받은 사람이 요청하는 경우에는 별지 제12호의2서식의 신임교육 이수 확인증을 발급할 수 있다.

경비업법시행규칙 제16조(특수경비원에 대한 직무교육의 시간 등)

① 영 제19조제3항에서 "행정안전부령으로 정하는 시간"이란 6시간을 말한다.

② 관할경찰서장 및 공항경찰대장 등 국가중요시설의 경비책임자(이하 "관할경찰관서장"이라 한다)는 필요하다고 인정하는 경우에는 특수경비원이 배치된 경비대상시설에 소속공무원을 파견하여 직무집행에 필요한 교육을 실시할 수 있다.

③ 영 제19조제3항에 따른 특수경비원에 대한 직무교육의 과목은 특수경비원의 직무수행에 필요한 이론·실무과목, 그 밖에 정신교양 등으로 한다

[별표 3] <개정 2006.2.2>
특수경비원 교육기관 시설 및 강사의 기준(제14조제1항관련)

구 분	기 준
1. 시설기준	○ 100인 이상 수용이 가능한 165제곱미터 이상의 강의실 ○ 감지장치·수신장치 및 관제시설을 갖춘 132제곱미터 이상의 기계경비실습실 ○ 100인 이상이 동시에 사용할 수 있는 330제곱미터 이상의 체육관 또는 운동장 ○ 소총에 의한 실탄사격이 가능하고 10개 사로 이상을 갖춘 사격장
2. 강사기준	○ 고등교육법에 의한 대학 이상의 교육기관에서 교육과목 관련학과의 전임강사(전문대학의 경우에는 조교수) 이상의 직에 1년 이상 종사한 경력이 있는 사람 ○ 박사학위를 소지한 사람으로서 교육과목 관련 분야의 연구 실적이 있는 사람 ○ 석사학위를 소지한 사람으로서 교육과목 관련 분야의 실무업무에 3년 이상 종사한 경력이 있는 사람 ○ 교육과목 관련 분야에서 공무원으로 5년 이상 근무한 경력이 있는 사람 ○ 교육과목 관련 분야의 실무업무에 10년 이상 종사한 경력이 있는 사람 ○ 체포·호신술 과목의 경우 무도사범의 자격이 있는 사람으로서 교육과목 관련 분야에서 2년 이상 실무 경력이 있는 사람 ○ 폭발물 처리요령 및 예절교육 과목의 경우 교육과목 관련 분야에서 2년 이상 실무 경력이 있는 사람

※ 비고 : 교육시설이 교육기관의 소유가 아닌 경우에는 임대 등을 통하여 교육
기간동안 이용할 수 있도록 하여야 한다.

[별표 4] <개정 2006.2.2>
특수경비원 신임교육의 과목 및 시간(제15조제1항관련)

구분 (교육시간)	과 목	시 간
이론교육 (15시간)	「경비업법」·「경찰관직무집행법」 및 「청원경찰법」	8
	「헌법」 및 형사법(인권, 경비관련 범죄 및 현행범체포에 관한 규정을 포함한다)	4
	범죄예방론(신고요령을 포함한다)	3
실무교육 (69시간)	정신교육	2
	테러 대응요령	4
	폭발물 처리요령	6
	화재대처법	3
	응급처치법	3
	분사기 사용법	3
	출입통제 요령	3
	예절교육	2
	기계경비 실무	3
	정보보호 및 보안업무	6
	시설경비요령(야간경비요령을 포함한다)	4
	민방공(화생방 관련 사항을 포함한다)	6
	총기조작	3
	총검술	5
	사격	8
	체포·호신술	5
	관찰·기록기법	3
기타(4시간)	입교식·평가·수료식	4
계		88

제 호

일반(특수)경비원신임교육이수증

성 명 :   주민등록번호 :

주 소 :

 위의 사람은   년   월   일부터   월   일까지 실시한 일반(특수)경비원 신임교육을 이수하였음을 증명합니다.

년   월   일

○○○교육원장   [인]

210mm×297mm
(보존용지(1종) 70g/㎡)

[별지 제12호서식] <개정 2014.6.5>

일반(특수)경비원 신임교육 이수증 교부대장

번호	성명	주민등록 번호	주소	자택 : ( ) 직장명 : ( )	교육이수증 교부번호	교부일	비고

297mm×210mm
(일반용지 54g/㎡(재활용품))

제   호

[ ] 신임교육 이수
[ ] 배치폐지   확인증

성명		생년월일	

1. 신임교육 이수 확인

위의 사람은 아래와 같이   [ ] 일반경비원   신임교육을 이수하였음을 확인합니다.
                        [ ] 특수경비원

교육기관	교육일	교육이수증 교부번호

2. 배치폐지 확인

위의 사람에 대하여 경비원 최종 배치폐지일이 아래와 같음을 확인합니다.

○ 최종 배치폐지일 :   년   월   일

년   월   일

○○ 지방경찰청장(경찰서장)   직 인

210mm×297mm[백상지(80g/㎡)]

특수경비원 신임교육관련 정리

1. 교육비의 부담: 특수경비업자
2. 신임교육 면제대상:
   채용 전 3년 이내에 특수경비업무에 종사하였던 경력이 있는 사람을 특수경비원으로
   채용한 경우에는 신임교육을 면제
3. 교육지원요청:
   특수경비원 교육지정기관 또는 단체는 신임교육의 과정에서 필요한 경우에는 관할 경
   찰서장에게 경찰관서 시설물의 이용이나 전문적인 소양을 갖춘 경찰관의 파견을 요청
   할 수 있다.
4. 교육시기: 사전교육

▼ 경비원 등 교육시간 구분

	일반경비원	특수경비원	청원경찰
신임교육	24시간	88시간	76시간(2주)
직무교육	4시간 이상	6시간 이상	4시간 이상

② 특수경비원의 직무
  ㉮ 특수경비업자의 위험발생방지의무
    경비업법 제14조(특수경비원의 직무 및 무기사용 등)
    ① 특수경비업자는 특수경비원으로 하여금 배치된 경비구역 안에서
      관할 경찰서장 및 공항경찰대장 등 국가중요시설의 경비책임자
      (관할 경찰관서장)와 국가중요시설의 시설주의 감독을 받아 시설
      을 경비하고 도난·화재 그 밖의 위험의 발생을 방지하는 업무
      를 수행하게 하여야 한다.
  ㉯ 특수경비원의 국가중요시설에 대한 의무
    경비업법 제14조(특수경비원의 직무 및 무기사용 등)
    ② 특수경비원은 국가중요시설에 대한 경비업무 수행 중 국가중요
      시설의 정상적인 운영을 해치는 장해를 일으켜서는 아니 된다.
③ 특수경비원의 무기사용
  ㉮ 무기의 구입 및 기부채납
    경비업법 14조(특수경비원의 직무 및 무기사용 등)

③ 지방경찰청장은 국가중요시설에 대한 경비업무의 수행을 위하여 필요하다고 인정하는 때에는 시설주의 신청에 의하여 무기를 구입한다. 이 경우 시설주는 그 무기의 구입대금을 지불하고, 구입한 무기를 국가에 기부채납하여야 한다.

㉭ 무기의 대여 및 휴대

경비업법 제14조(특수경비원의 직무 및 무기사용 등)

④ 지방경찰청장은 국가중요시설에 대한 경비업무의 수행을 위하여 필요하다고 인정하는 때에는 관할경찰관서장으로 하여금 시설주의 신청에 의하여 시설주로부터 국가에 기부채납된 무기를 대여하게 하고, 시설주는 이를 특수경비원으로 하여금 휴대하게 할 수 있다. 이 경우 특수경비원은 정당한 사유 없이 무기를 소지하고 배치된 경비구역을 벗어나서는 아니 된다.

㉮ 무기의 관리책임 및 감독

경비업법 제14조(특수경비원의 직무 및 무기사용 등)

⑤ 시설주가 제4항의 규정에 의하여 대여받은 무기에 대하여 시설주 및 관할 경찰관서장은 무기의 관리책임을 지고, 관할 경찰관서장은 시설주 및 특수경비원의 무기관리상황을 대통령령이 정하는 바에 따라 지도·감독하여야 한다.(무기의 관리책임)

⑥ 관할 경찰관서장은 무기의 적정한 관리를 위하여 제4항의 규정에 의하여 무기를 대여받은 시설주에 대하여 필요한 명령을 발할 수 있다.(무기대여관련 명령권)

경비업법시행령 제21조(무기관리에 대한 지도·감독)

관할경찰관서장은 법 제14조제5항의 규정에 의하여 시설주 및 특수경비원의 무기관리상황을 매월 1회 이상 점검하여야 한다.

청원경찰법 시행령 제16조(무기의 휴대)
① 청원주가 법 제8조제2항에 따라 청원경찰이 휴대할 무기를 대여받으려는 경우에는 관할 경찰서장을 거쳐 지방경찰청장에게 무기대여를 신청하여야 한다.
② 제1항의 신청을 받은 지방경찰청장이 무기를 대여하여 휴대하게 하려는 경우에는 청원주로 부터 국가에 기부채납된 무기에 한정하여 관할 경찰서장으로 하여금 무기를 대

여하여 휴대하게 할 수 있다.
③ 제1항에 따라 무기를 대여하였을 때에는 관할 경찰서장은 청원경찰의 무기관리 상황을 수시로 점검하여야 한다.
④ 청원주 및 청원경찰은 행정안전부령으로 정하는 무기관리수칙을 준수하여야 한다

  ㉣ 무기의 관리책임자

  경비업법 제14조(특수경비원의 직무 및 무기사용 등)

   ⑦ 시설주로부터 무기의 관리를 위하여 지정받은 책임자(관리책임자)는 다음 각 호에 의하여 이를 관리하여야 한다.

    1. 무기출납부 및 무기장비운영카드를 비치 · 기록하여야 한다.

    2. 무기는 관리책임자가 직접 지급 · 회수하여야 한다.

  ㉤ 무기의 사용

  제14조(특수경비원의 직무 및 무기사용 등)

   ⑧ 특수경비원은 국가중요시설의 경비를 위하여 무기를 사용하지 아니하고는 다른 수단이 없다고 인정되는 때에는 필요한 한도 안에서 무기를 사용할 수 있다. 다만, 다음 각 호의 1에 해당하는 때를 제외하고는 사람에게 위해를 끼쳐서는 아니 된다.

    1. 무기 또는 폭발물을 소지하고 국가중요시설에 침입한 자가 특수경비원으로부터 3회 이상 투기(投棄) 또는 투항(投降)을 요구받고도 이에 불응하면서 계속 항거하는 경우 이를 억제하기 위하여 무기를 사용하지 아니하고는 다른 수단이 없다고 인정되는 때

    2. 국가중요시설에 침입한 무장간첩이 특수경비원으로부터 투항(投降)을 요구받고도 이에 불응한 때

  ㉥ 특수경비원의 무기휴대

  경비업법 제14조(특수경비원의 직무 및 무기사용 등)

   ⑨ 특수경비원의 무기휴대, 무기종류, 그 사용기준 및 안전검사의 기준 등에 관하여 필요한 사항은 대통령령으로 정한다.

경비업법시행령 제20조(특수경비원 무기휴대의 절차 등)

① 시설주는 법 제14조제4항의 규정에 의하여 특수경비원이 휴대할 무기를 대여받고자 하는 때에는 무기대여신청서를 관할경찰서장 및 공항경찰대장 등 국가중요시설의 경비책임자(관할경찰관서장)를 거쳐 지방경찰청장에게 제출하여야 한다.

② 시설주는 법 제14조 제4항의 규정에 의하여 관할경찰관서장으로부터 대여받은 무기를 특수경비원에게 휴대하게 하는 경우에는 동조 제9항의 규정에 의하여 관할경찰관서장의 사전승인을 얻어야 한다.

③ 제2항의 규정에 의한 사전승인을 함에 있어서 관할경찰관서장은 국가중요시설에 총기 또는 폭발물의 소지자나 무장간첩 침입의 우려가 있는지의 여부 등을 고려하는 등 특수경비원에게 무기를 지급하여야 할 필요성이 있는지의 여부에 관하여 판단하여야 한다.

④ 시설주는 제3항의 규정에 의한 무기지급의 필요성이 해소되었다고 인정되는 때에는 특수경비원으로부터 즉시 무기를 회수하여야 한다.

⑤ 법 제14조제9항의 규정에 의하여 특수경비원이 휴대할 수 있는 무기종류는 권총 및 소총으로 한다.

⑥ 「위해성 경찰장비의 사용기준 등에 관한 규정」 제18조 및 별표 2의 규정은 법 제14조제9항의 규정에 의한 안전검사의 기준에 관하여 이를 준용한다.

⑦ 시설주, 법 제14조제7항의 규정에 의한 관리책임자와 특수경비원은 행정안전부령(경비업법시행규칙 제18조(무기의 관리수칙 등))이 정하는 무기관리수칙을 준수하여야 한다.

「위해성 경찰장비의 사용기준 등에 관한 규정」
제18조의2(신규 도입 장비의 안전성 검사)

① 경찰청장은 위해성 경찰장비를 새로 도입하려는 경우에는 경찰관직무집행법 제10조제5항에 따라 안전성 검사를 실시하여 새로 도입하려는 장비(이하 이 조에서 "신규 도입 장비"라 한다)가 사람의 생명이나 신체에 미치는 영향을 평가하여야 한다.

② 제1항에 따른 안전성 검사는 신규 도입 장비와 관련된 분야의 외부 전문가가 신규 도

입 장비의 주요 특성이나 작동원리에 기초하여 제시하는 검사방법 및 기준에 따라 실시하되, 신규 도입 장비에 대하여 일반적으로 인정되는 합리적인 검사방법이나 기준이 있을 경우 그 검사방법이나 기준에 따라 안전성 검사를 실시할 수 있다.

③ 법 제10조제5항 후단에 따라 안전성 검사에 참여한 외부 전문가는 안전성 검사가 끝난 후 30일 이내에 신규 도입 장비의 안전성 여부에 대한 의견을 경찰청장에게 제출하여야 한다.

④ 경찰청장은 신규 도입 장비에 대한 안전성 검사를 실시한 후 3개월 이내에 다음 각 호의 내용이 포함된 안전성 검사 결과보고서를 국회 소관 상임위원회에 제출하여야 한다.

1. 신규 도입 장비의 주요 특성 및 기본적인 작동 원리
2. 안전성 검사의 방법 및 기준
3. 안전성 검사에 참여한 외부 전문가의 의견
4. 안전성 검사 결과 및 종합 의견

경찰관직무집행법 제10조(경찰장비의 사용 등)

① 경찰관은 직무수행 중 경찰장비를 사용할 수 있다. 다만, 사람의 생명이나 신체에 위해를 끼칠 수 있는 경찰장비(이하 이 조에서 "위해성 경찰장비"라 한다)를 사용할 때에는 필요한 안전교육과 안전검사를 받은 후 사용하여야 한다.

② 제1항 본문에서 "경찰장비"란 무기, 경찰장구(警察裝具), 최루제(催淚劑)와 그 발사장치, 살수차, 감식기구(鑑識器具), 해안 감시기구, 통신기기, 차량·선박·항공기 등 경찰이 직무를 수행할 때 필요한 장치와 기구를 말한다.

③ 경찰관은 경찰장비를 함부로 개조하거나 경찰장비에 임의의 장비를 부착하여 일반적인 사용법과 달리 사용함으로써 다른 사람의 생명·신체에 위해를 끼쳐서는 아니 된다.

④ 위해성 경찰장비는 필요한 최소한도에서 사용하여야 한다.

⑤ 경찰청장은 위해성 경찰장비를 새로 도입하려는 경우에는 대통령령으로 정하는 바에 따라 안전성 검사를 실시하여 그 안전성 검사의 결과보고서를 국회 소관 상임위원회에 제출하여야 한다. 이 경우 안전성 검사에는 외부 전문가를 참여시켜야 한다.

⑥ 위해성 경찰장비의 종류 및 그 사용기준, 안전교육·안전검사의 기준 등은 대통령령으로 정한다.

위해성 경찰장비의 사용기준 등에 관한 규정(약칭: 위해성경찰장비규정)

제18조의2(신규 도입 장비의 안전성 검사)

① 경찰청장은 위해성 경찰장비를 새로 도입하려는 경우에는 법 제10조제5항에 따라 안전성 검사를 실시하여 새로 도입하려는 장비(이하 이 조에서 "신규 도입 장비"라 한다)가 사람의 생명이나 신체에 미치는 영향을 평가하여야 한다.

② 제1항에 따른 안전성 검사는 신규 도입 장비와 관련된 분야의 외부 전문가가 신규 도입 장비의 주요 특성이나 작동원리에 기초하여 제시하는 검사방법 및 기준에 따라 실시하되, 신규 도입 장비에 대하여 일반적으로 인정되는 합리적인 검사방법이나 기준이 있을 경우 그 검사방법이나 기준에 따라 안전성 검사를 실시할 수 있다.

③ 법 제10조제5항 후단에 따라 안전성 검사에 참여한 외부 전문가는 안전성 검사가 끝난 후 30일 이내에 신규 도입 장비의 안전성 여부에 대한 의견을 경찰청장에게 제출하여야 한다.

④ 경찰청장은 신규 도입 장비에 대한 안전성 검사를 실시한 후 3개월 이내에 다음 각 호의 내용이 포함된 안전성 검사 결과보고서를 국회 소관 상임위원회에 제출하여야 한다.

　　1. 신규 도입 장비의 주요 특성 및 기본적인 작동 원리
　　2. 안전성 검사의 방법 및 기준
　　3. 안전성 검사에 참여한 외부 전문가의 의견
　　4. 안전성 검사 결과 및 종합 의견

[별표 2] <개정 2014.11.19.>

위해성 경찰장비의 안전검사기준(제18조관련)

경찰장비	안전검사기준	검 사 내 용	검사빈도
경찰장구	수 갑	1. 해제하는 경우 톱날의 회전이 자유로운지 여부 및 과도한 힘을 요하는지 여부 2. 물리적 손상에 의하여 모서리등에 날카로운 부분이 있는지 여부	연간 1회
	포 승 · 호 송 용 포 승	면사·나이론사 이외의 재질이 사용되었는지 여부	연간 1회
	경 찰 봉 · 호 신 용 경 봉	1. 물리적 손상등으로 날카로운 부분이 있는지 여부 2. 호신용경봉은 폈을 때 봉의 말단이 부착되어 있는지 여부 및 접혀짐·펴짐이 자유로운지 여부	반기 1회
	전 자 충 격 기	1. 작동순간 전압 60,000볼트, 실효전류 0.05암페어, 1회 작동시간 30초를 초과하는지여부 2. 자체결함·기능손상·균열등으로 인한 누전현상 유무	반기 1회
	방 패	균열등으로 모서리 기타 표면에 날카로운 부분이 있는지 여부	반기 1회
	전 자 방 패	1. 균열등으로 모서리 기타 표면에 날카로운 부분이 있는지 여부 2. 작동순간 전압 50,000볼트, 실효전류 0.0039암페어를 초과하는지 여부 3. 자체결함·기능손상·균열등으로 인한 누전현상 유무	반기 1회
무기	권 총 · 소 총 · 기 관 총 · 산 탄 총 · 유탄발사기	1. 총열의 균열 유무 2. 방아쇠를 당길 수 있는 힘이 1킬로그램이상인지 여부 3. 안전장치의 작동 여부	연간 1회
	박 격 포 · 3 인 치 포 · 함포	포열의 균열 유무	연간 1회
	크레모아·수류	1. 신관부 및 탄체의 부식 또는 충전물 누출	연간 1회

		여부 2. 안전장치의 이상 유무	
탄·폭약류			
도 검		대검멈치쇠의 고장 유무	연간 1회
분사기·최루탄등	근 접 분 사 기	1. 안전핀의 부식 여부 2. 용기의 균열 유무	반기 1회
	가 스 분 사 기	1. 안전장치의 결함 유무 2. 약제통의 균열 유무	반기 1회
	가스발사총·최루탄 발사장치	1. 구경의 임의개조 여부 2. 방아쇠를 당길 수 있는 힘이 1킬로그램이 상인지 여부	반기 1회
	최루탄(최루탄 발사장치를 제 외한 것을 말한 다)	물 또는 습기에 젖어 있는지 여부	반기 1회
기타장비	가 스 차 · 살 수 차·특수진압차	최루탄발사대의 각도가 15도이상인지 여부	반기 1회
	물 포	곧은 물줄기의 압력이 제곱센티미터당 15킬 로그램의 압력이하인지 여부	반기 1회
	석 궁	방아쇠를 당길 수 있는 힘이 1킬로그램이상 인지 여부	반기 1회
	다목적발사기	1. 안전장치의 작동 여부 2. 방아쇠를 당길 수 있는 힘이 1킬로그램이 상인지 여부	연간 1회
	도 주 차 량 차 단 장 비	원격조정버튼 미조작시 차단핀이 완전히 눕혀 지는지 여부	분기 1회

(무기, 분사기등) 사 용 보 고 서					결
					재

사 용 일 시	
사 용 장 소	

사 용 대 상 자	성 명		직 업	
	주민등록번호			
	주 소			
	□사용대상자가 2인이상			

종 류 · 수 량	□ 무 기	종류: 수량(회수):
		구경: 모델명: 일련번호:
	□ 분사기등(종류: 수량(사용량):)	

사 용 경 위	

피 해 상 황 (인 적 · 물 적)	

사 후 조 치	

현 장 책 임 자 (사 용 자)	소속: 계급: 성명: (서명 또는 인)
감 독 자	계급: 성명: (서명 또는 인)

비 고

1. 사용대상자의 주민등록번호를 알 수 없는 경우 사용대상자를 특정할만한 사항을 기재한다

2. 사용대상자가 2인이상인 경우에는 그 인적사항을 별지에 기재한다.

3. 총기를 사용한 경우에는 구경, 모델명, 일련번호를 모두 기재한다.

210mm×297mm

(일반용지 60g/㎡(재활용품)

경비업법시행규칙 제18조(무기의 관리수칙 등)

① 법 제14조제4항의 규정에 의하여 무기를 대여받은 국가중요시설의 시설주(이하 "시설주"라 한다) 또는 동조 제7항의 규정에 의한 관리책임자(이하 "관리책임자"라 한다)는 다음 각 호의 관리수칙에 따라 무기(탄약을 포함한다. 이하 같다)를 관리하여야 한다. <개정 2015.9.24.>

1. 무기의 관리를 위한 책임자를 지정하고 관할경찰관서장에게 이를 통보할 것

2. 무기고 및 탄약고는 단층에 설치하고 환기·방습·방화 및 총가 등의 시설을 할 것

3. 탄약고는 무기고와 사무실 등 많은 사람을 수용하거나 많은 사람이 오고 가는 시설과 떨어진 곳에 설치할 것

4. 무기고 및 탄약고에는 이중 잠금장치를 하여야 하며, 열쇠는 관리책임자가 보관하되, 근무시간 이후에는 열쇠를 당직책임자에게 인계하여 보관시킬 것

5. 관할경찰관서장이 정하는 바에 의하여 무기의 관리실태를 매월 파악하여 다음 달 3일까지 관할경찰관서장에게 통보할 것

6. 대여받은 무기를 빼앗기거나 대여받은 무기가 분실·도난 또는 훼손되는 등의 사고가 발생한 때에는 관할경찰관서장에게 그 사유를 지체 없이 통보할 것

7. 대여받은 무기를 빼앗기거나 대여받은 무기가 분실·도난 또는 훼손된 때에는 경찰청장이 정하는 바에 의하여 그 전액을 배상할 것. 다만, 전시·사변, 천재·지변 그 밖의 불가항력의 사유가 있다고 지방경찰청장이 인정한 때에는 그러하지 아니하다.

8. 시설주는 자체계획을 수립하여 보관하고 있는 무기를 매주 1회 이상 손질할 수 있게 할 것

② 시설주 또는 관리책임자는 고의 또는 과실로 무기(부속품을 포함한다)를 빼앗기거나 무기가 분실·도난 또는 훼손되도록 한 특수경비원에 대하여 특수경비업자에게 교체 또는 징계 등의 조치를 요청할 수 있다. 이 경우 특수경비업자는 특별한 사유가 없는 한 이에 응하

여야 한다.

③ 법 제14조제4항의 규정에 의하여 무기를 대여받은 시설주 또는 관리책임자가 특수경비원에게 무기를 출납하고자 하는 때에는 다음 각 호의 관리수칙에 따라 무기를 관리하여야 한다.

1. 관할경찰관서장이 무기를 회수하여 집중적으로 관리하도록 지시하는 경우 또는 출납하는 탄약의 수를 증감하거나 출납을 중지하도록 지시하는 경우에는 이에 따를 것

2. 탄약의 출납은 소총에 있어서는 1정당 15발 이내, 권총에 있어서는 1정당 7발 이내로 하되, 생산된 후 오래된 탄약을 우선적으로 출납할 것

3. 무기를 지급받은 특수경비원으로 하여금 무기를 매주 1회 이상 손질하게 할 것

4. 수리가 필요한 무기가 있는 때에는 그 목록과 무기장비운영카드를 첨부하여 관할경찰관서장에게 수리를 요청할 것

④ 법 제14조제4항의 규정에 의하여 시설주로부터 무기를 지급받은 특수경비원은 다음 각 호의 관리수칙에 따라 무기를 관리하여야 한다.

1. 무기를 지급받거나 반납하는 때 또는 무기의 인계 인수를 하는 때에는 반드시 "앞에 총"의 자세에서 "검사 총"을 할 것

2. 무기를 지급받은 때에는 별도의 지시가 없는 한 탄약은 무기로부터 분리하여 휴대하여야 하며, 소총은 "우로 어깨걸어 총"의 자세를 유지하고, 권총은 "권총집에 넣어 총"의 자세를 유지할 것

3. 지급받은 무기를 다른 사람에게 보관·휴대 또는 손질시키지 아니할 것

4. 무기를 손질 또는 조작하는 때에는 총구를 반드시 공중으로 향하게 할 것

5. 무기를 반납하는 때에는 손질을 철저히 한 후 반납하도록 할 것

6. 근무시간 이후에는 무기를 시설주에게 반납하거나 교대근무자에게 인계할 것

⑤ 시설주는 다음 각 호의 1에 해당하는 특수경비원에 대하여 무기를

지급하여서는 아니 되며, 지급된 무기가 있는 경우 이를 즉시 회수하여야 한다.

1. 형사사건으로 인하여 조사를 받고 있는 사람
2. 사의를 표명한 사람
3. 정신질환자
4. 그 밖에 무기를 지급하기에 부적합하다고 인정되는 사람

⑥ 시설주는 무기를 수송하는 때에는 출발하기 전에 관할경찰서장에게 그 사실을 통보하여야 하며, 통보를 받은 관할경찰서장은 1인 이상의 무장경찰관을 무기를 수송하는 자동차 등에 함께 타도록 하여야 한다.

기출문제 01

경비업법령상 특수경비원의 직무 및 무기사용에 관한 설명으로 바르지 않은 것은?

① 관할경찰서장은 무기의 적정한 관리를 위하여 무기를 대여 받은 시설주에 대하여 필요한 명령을 발할 수 있다.
② 관할경찰서장은 경비업자 및 특수경비원의 무기관리상황을 수시로 점검하여야 한다.
③ 특수경비원은 국가주요시설의 경비를 위하여 무기를 사용하지 아니하고는 다른 수단이 없다고 인정되는 때에는 필요한 한도 내에서 무기를 사용할 수 있다.
④ 지방경찰청장은 국가중요시설에 대한 경비업무의 수행을 위하여 필요하다고 인정하는 때에는 관할경찰서장으로 하여금 시설주의 신청에 의하여 시설주로부터 국가에 기부채납된 무기를 대여하게 할 수 있다.

정답 ②

기출문제 02

경비업법령상 시설주가 무기를 지급 할 수 있는 특수경비원은 다음 중 누구인가?

① 정신질환환자인 경우
② 사의를 표명한 특수경비원
③ 형사사건으로 인하여 조사를 받고 있는 특수경비원

④ 민사재판에 증인으로 출석 예정인 특수경비원

정답 ④

---

1. 경비원의 복장

1) 복장신고

> 경비업법 제16조(경비원의 복장 등)
> ① 경비업자는 경찰공무원 또는 군인의 제복과 색상 및 디자인 등이 명확히 구별되는 소속 경비원의 복장을 정하고 이를 확인할 수 있는 사진을 첨부하여 주된 사무소를 관할하는 지방경찰청장에게 행정안전부령으로 정하는 바에 따라 신고하여야 한다.

> 경비업법 시행규칙 제19조(경비원의 복장 등 신고 등)
> ① 법 제16조제1항에 따라 경비원의 복장 신고(변경신고를 포함한다)를 하려는 경비업자는 소속 경비원에게 복장을 착용하도록 하기 전에 별지 제13호의2서식의 경비원 복장 등 신고서(전자문서로 된 신고서를 포함한다. 이하 같다)를 경비업자의 주된 사무소를 관할하는 지방경찰청장에게 제출하여야 한다.

2) 복장의 착용

> 경비업법 제16조(경비원의 복장 등)
> ② 경비업자는 경비업무 수행 시 경비원에게 소속 경비업체를 표시한 이름표를 부착하도록 하고, 제1항에 따라 신고된 동일한 복장을 착용하게 하여야 하며, 복장에 소속 회사를 오인할 수 있는 표시를 하거나 다른 회사의

복장을 착용하게 하여서는 아니 된다. 다만, 집단민원현장이 아닌 곳에서 신변보호업무를 수행하는 경우 또는 경비업무의 성격상 부득이한 사유가 있어 관할 경찰관서장이 허용하는 경우에는 그러하지 아니하다.

경비업법 시행규칙 제19조(경비원의 복장 등 신고 등)
④ 경비원은 경비업무 수행 시 이름표를 경비원 복장의 상의 가슴 부위에 부착하여 경비원의 이름을 외부에서 알아볼 수 있도록 하여야 한다.

3) 복장시정 및 시정명령

경비업법 제16조(경비원의 복장 등)
① 경비업자는 경찰공무원 또는 군인의 제복과 색상 및 디자인 등이 명확히 구별되는 소속 경비원의 복장을 정하고 이를 확인할 수 있는 사진을 첨부하여 주된 사무소를 관할하는 지방경찰청장에게 행정안전부령으로 정하는 바에 따라 신고하여야 한다.
③ 지방경찰청장은 제1항에 따라 제출받은 사진을 검토한 후 경비업자에게 복장 변경 등에 대한 시정명령을 할 수 있다.
④ 제3항에 따른 시정명령을 받은 경비업자는 이를 이행하여야 하고, 지방경찰청장에게 행정안전부령으로 정하는 바에 따라 이행보고를 하여야 한다.

경비업법 시행규칙 제19조(경비원의 복장 등 신고 등)
① 법 제16조제1항에 따라 경비원의 복장 신고(변경신고를 포함한다)를 하려는 경비업자는 소속 경비원에게 복장을 착용하도록 하기 전에 별지 제13호의2서식의 경비원 복장 등 신고서(전자문서로 된 신고서를 포함한다. 이하 같다)를 경비업자의 주된 사무소를 관할하는 지방경찰청장에게 제출하여야 한다.
② 법 제16조제4항에 따라 경비원 복장 시정명령에 대한 이행보고를 하려는 경비업자는 별지 제13호의3서식의 시정명령 이행보고서(전자문서로 된 보고서를 포함한다. 이하 같다)에 이행사실을 입증할 수 있는 사진 등의 서류를 첨부하여 시정명령을 한 지방경찰청장에게 제출하여야 한다.

③ 경비업자는 제1항에 따른 신고서 또는 제2항에 따른 이행보고서를 경비업자의 주된 사무소를 관할하는 지방경찰청장 소속 경찰서장을 거쳐 제출할 수 있다. 이 경우 신고서 또는 이행보고서를 받은 경찰서장은 지체 없이 경비업자의 주된 사무소를 관할하는 지방경찰청장에게 해당 신고서 또는 이행보고서를 보내야 한다.

④ 경비원은 경비업무 수행 시 이름표를 경비원 복장의 상의 가슴 부위에 부착하여 경비원의 이름을 외부에서 알아볼 수 있도록 하여야 한다.

4) 제출 등

경비업법 시행규칙 제19조(경비원의 복장 등 신고 등)

③ 경비업자는 제1항에 따른 신고서 또는 제2항에 따른 이행보고서를 경비업자의 주된 사무소를 관할하는 지방경찰청장 소속 경찰서장을 거쳐 제출할 수 있다. 이 경우 신고서 또는 이행보고서를 받은 경찰서장은 지체 없이 경비업자의 주된 사무소를 관할하는 지방경찰청장에게 해당 신고서 또는 이행보고서를 보내야 한다.

경비업법 제16조(경비원의 복장 등)

⑤ 그 밖에 경비원의 복장 등에 필요한 사항은 행정안전부령(제19조(경비원의 복장 등 신고 등)으로 정한다.

2. 경비원의 장비 등

1) 경비원의 휴대장비 등

㉮ 장비의 종류

경비업법 제16조의2(경비원의 장비 등)

① 경비원이 휴대할 수 있는 장비의 종류는 경적·단봉·분사기 등 행정안전부령으로 정하되, 근무 중에만 이를 휴대할 수 있다.

② 경비업자가 경비원으로 하여금 분사기를 휴대하여 직무를 수행하게 하는 경우에는 「총포·도검·화약류 등 단속법」에 따라 미리 분사기

의 소지허가를 받아야 한다.

③ 누구든지 제1항의 장비를 임의로 개조하여 통상의 용법과 달리 사용함으로써 다른 사람의 생명·신체에 위해를 가하여서는 아니 된다.

④ 경비원은 경비업무를 위하여 필요하다고 인정되는 상당한 이유가 있을 때에는 필요한 최소한도에서 제1항의 장비를 사용할 수 있다.

⑤ 그 밖에 경비원의 장비 등에 관하여 필요한 사항은 행정안전부령으로 정한다.

경비업법 시행규칙 제20조(경비원의 휴대장비)

① 법 제16조의2제1항에 따라 경비원은 근무 중 경적, 단봉, 분사기, 안전방패, 무전기 및 그 밖에 경비 업무 수행에 필요한 것으로서 공격적인 용도로 제작되지 아니하는 장비를 휴대할 수 있으며, 안전모 및 방검복 등 안전장비를 착용할 수 있다.

② 제1항에 따른 경비원 장비의 구체적인 기준은 별표 5에 따른다.

㉯ 분사기의 휴대

경비업법 제16조의2(경비원의 장비 등)

② 경비업자가 경비원으로 하여금 분사기를 휴대하여 직무를 수행하게 하는 경우에는 「총포·도검·화약류 등 단속법」에 따라 미리 분사기의 소지허가를 받아야 한다.

㉰ 장비 사용의 원칙

경비업법 제16조의2(경비원의 장비 등)

① 경비원이 휴대할 수 있는 장비의 종류는 경적·단봉·분사기 등 행정안전부령으로 정하되, 근무 중에만 이를 휴대할 수 있다.

③ 누구든지 제1항의 장비를 임의로 개조하여 통상의 용법과 달리 사용함으로써 다른 사람의 생명·신체에 위해를 가하여서는 아니 된다.

④ 경비원은 경비업무를 위하여 필요하다고 인정되는 상당한 이유가 있을 때에는 필요한 최소한도에서 제1항의 장비를 사용할 수 있다.

경비업법 시행규칙 제27조의2(규제의 재검토)

경찰청장은 시행규칙 제20조에 따른 경비원이 휴대하는 장비 등에 대하여 2014년 6월 8일을 기준으로 3년마다(매 3년이 되는 해의 6월 8일 전까지를 말한다) 그 타당성을 검토하여 개선 등의 조치를 하여야 한다.

경비업법 제16조의2(경비원의 장비 등)

⑤ 그 밖에 경비원의 장비 등에 관하여 필요한 사항은 행정안전부령으로 정한다.

기출문제 01

경비업법령상 경비원의 복장·장비 등에 관한 설명으로 바르지 않은 것은?

① 경비업자는 경찰공무원 또는 군인의 제복과 색상 및 디자인 등이 명확히 구별되는 소속 경비원의 복장을 정하여 주된 사무소를 관할하는 경찰서장에게 신고하여야 한다.

② 경비원은 근무 중 경적, 단봉, 분사기, 안전방패, 무전기 및 그 밖의 경비업무 수행에 필요한 것으로 공격적인 용도로 제작되지 아니한 장비를 휴대할 수 없다.

③ 경비업자가 경비원으로 하여금 분사기를 휴대하여 직무를 수행하게 하는 경우에는 「총포·도검·화약류 등의 안전관리에 관한 법률」에 따라 미리 분사기의 소지허가를 받아야 한다.

④ 장비를 임의로 개조하여 통상의 용법과 달리 사용함으로써 다른 사람의 생명·신체에 위해를 가하여서는 아니 된다.

정답 ①

3. 경비원의 출동차량 등

1) 군 또는 경찰차량과의 구별

경비업법 제16조의3(출동차량 등)

① 경비업자는 출동차량 등의 도색 및 표지를 경찰차량 및 군차량과 명확히 구별될 수 있게 하여야 한다.

② 경비업자는 출동차량 등의 도색 및 표지를 정하고 이를 확인할 수 있는 사진을 첨부하여 주된 사무소를 관할하는 지방경찰청장에게 행정안전부령으로 정하는 바에 따라 신고하여야 한다.

③ 지방경찰청장은 제2항에 따라 제출받은 사진을 검토한 후 경비업자에게 도색 및 표지 변경 등에 대한 시정명령을 할 수 있다.

④ 제3항에 따른 시정명령을 받은 경비업자는 이를 이행하여야 하고, 지방경찰청장에게 행정안전부령으로 정하는 바에 따라 이행보고를 하여야 한다.

⑤ 그 밖에 출동차량 등에 필요한 사항은 행정안전부령으로 정한다.

2) 지방청장에 대한 신고

경비업법 제16조의3(출동차량 등)

② 경비업자는 출동차량 등의 도색 및 표지를 정하고 이를 확인할 수 있는 사진을 첨부하여 주된 사무소를 관할하는 지방경찰청장에게 행정안전부령으로 정하는 바에 따라 신고하여야 한다.

경비업법 시행규칙 제21조(출동차량 등의 신고 등)

① 법 제16조의3제2항에 따라 출동차량 등에 대한 신고(변경신고를 포함한다)를 하려는 경비업자는 출동차량 등을 운행하기 전에 별지 제13호의4서식의 출동차량등 신고서(전자문서로 된 신고서를 포함한다. 이하 같다)를 경비업자의 주된 사무소를 관할하는 지방경찰청장에게 제출하여야 한다.

② 법 제16조의3제4항에 따라 출동차량 등의 시정명령에 대한 이행보고를 하려는 경비업자는 별지 제13호의3서식의 시정명령 이행보고서에 이행사실을 입증할 수 있는 사진 등의 서류를 첨부하여 시정명령을 한 지방경찰청장에게 제출하여야 한다.

③ 경비업자는 제1항에 따른 신고서 및 제2항에 따른 이행보고서를 경비업자의 주된 사무소를 관할하는 지방경찰청장 소속의 경찰서장을 거쳐 제출할 수 있다. 이 경우 신고서 또는 이행보고서를 받은 경찰서장은 지체 없이 경비업자의 주된 사무소를 관할하는 지방경찰청장에게 해당 신고서 또는 이행보고서를 보내야 한다.

3) 도색 및 표지변경 등 시정명령

경비업법 제16조의3(출동차량 등)

③ 지방경찰청장은 제2항에 따라 제출받은 사진을 검토한 후 경비업자에게 도색 및 표지 변경 등에 대한 시정명령을 할 수 있다.

4) 이행 및 보고

경비업법 제16조의3(출동차량 등)

④ 제3항에 따른 시정명령을 받은 경비업자는 이를 이행하여야 하고, 지방경찰청장에게 행정안전부령으로 정하는 바에 따라 이행보고를 하여야 한다.

경비업법 시행규칙 제21조(출동차량 등의 신고 등)

② 법 제16조의3제4항에 따라 출동차량 등의 시정명령에 대한 이행보고를 하려는 경비업자는 별지 제13호의3서식의 시정명령 이행보고서에 이행 사실을 입증할 수 있는 사진 등의 서류를 첨부하여 시정명령을 한 지방경찰청장에게 제출하여야 한다.

5) 제출

경비업법 시행규칙 제21조(출동차량 등의 신고 등)

③ 경비업자는 제1항에 따른 신고서 및 제2항에 따른 이행보고서를 경비업자의 주된 사무소를 관할하는 지방경찰청장 소속의 경찰서장을 거쳐 제출할 수 있다. 이 경우 신고서 또는 이행보고서를 받은 경찰서장은 지체 없이 경비업자의 주된 사무소를 관할하는 지방경찰청장에게 해당 신고서 또는 이행보고서를 보내야 한다.

경비업법 제16조의3(출동차량 등)

⑤ 그 밖에 출동차량 등에 필요한 사항은 행정안전부령(규칙 제21조 제3항)으로 정한다.

경비업법령상 경비원의 장비 및 출동차량 등에 관한 설명이다. 바르지 않은 것은?

① 경비원이 휴대할 수 있는 장비는 근무 외에도 휴대할 수 있다.
② 지방경찰청장은 경비업자로부터 제출받은 출동차량 등의 사진을 검토한 후, 경비업자에게 그 도색 및 표지 변경 등에 대한 시정명령을 할 수 있다.
③ 경비원이 사용하는 방검복의 경우는 경찰공무원이 사용하는 방검복과 그 디자인이 구별될 필요가 없다.
④ 경비원은 지방경찰청장의 허가를 받아 장비를 임의로 개조하여 통상의 용법과 달리 사용할 수 있다.

정답 ②

■ 경비업법 시행규칙 [별표 5] <신설 2014.6.5>

경비원 휴대장비의 구체적인 기준(제20조제2항 관련)

장비	장비기준
1. 경적	금속이나 플라스틱 재질의 호루라기
2. 단봉	금속(합금 포함)이나 플라스틱 재질의 전장 700㎜ 이하의 호신용 봉
3. 분사기	「총포·도검·화약류 등 단속법」에 따른 분사기
4. 안전방패	플라스틱 재질의 폭 500㎜ 이하, 길이 1,000㎜이하의 방패로 경찰공무원이 사용하는 안전방패와 색상 및 디자인이 명확히 구분되어야 함
5. 무전기	무전기 송신 시 실시간으로 수신이 가능한 것
6. 안전모	안면을 가리지 아니하면서, 머리를 보호하는 장비로 경찰공무원이 사용하는 방석모와 색상 및 디자인이 명확히 구분되어야 함
7. 방검복	경찰공무원이 사용하는 방검복과 색상 및 디자인이 명확히 구분되어야 함

경비원 복장 등 신고서

접수번호	접수일자	처리기간	즉시

신고인	법인명칭		허가번호	
	소재지			
			(전화번호	)

복장 사진	상의	하의

표지장 사진	

「경비업법」 제16조제1항, 같은 법 시행규칙 제19조제1항에 따라 위와 같이 경비원의 복장을 신고합니다.

년   월   일

신고인(대표자)

(서명 또는 인)

○○ 지방경찰청장 귀하

첨부서류	없음	수수료 없음

작성요령

수 개의 복장을 신고할 경우에는 별지를 사용하시기 바랍니다.

210mm×297mm[백상지 80g/㎡(재활용품)]

■ 경비업법 시행규칙 [별지 제13호의3서식] <신설 2014.6.5>

[　]경비원 복장 등
[　]출동차량 도색 등　　시정명령 이행보고

접수번호	접수일자	처리기간　　즉시

신고인	법인명칭	허가번호
	소재지	
	（전화번호　　　　　　）	

시정명령 이행보고

시정 지시 사항

시정 결과

「경비업법」 제16조제4항, 제16조의3제4항 및 같은 법 시행규칙 제19조제2항, 제21조제2항에 따라 (복장 등·출동차량 도색 등)의 시정명령에 대한 이행을 위와 같이 보고합니다.

년　　　월　　　일

신고인(대표자)　　　　　　　　　　　（서명 또는 인）

○○ 지방경찰청장　　귀하

첨부서류	시정사항에 따른 시정결과 사진	수수료 없음

작성요령
수 개의 차량 디자인을 신고할 경우에는 별지를 사용하시기 바랍니다.

210㎜×297㎜[백상지 80g/㎡(재활용품)]

■ 경비업법 시행규칙 [별지 제13호의4서식] <신설 2014.6.5>

출동차량 등 신고서

접수번호	접수일자		처리기간	즉시

신고인	법인명칭		허가번호	
	소재지			
		(전화번호)		

차량 사진

전면	후면
좌측면	우측면

「경비업법」 제16조의3제2항 및 같은 법 시행규칙 제21조제1항에 따라 위와 같이 출동차량 등을 신고합니다.

년   월   일

신고인(대표자)   (서명 또는 인)

○○ 지방경찰청장 귀하

첨부서류	없음	수수료 없음

작성요령

수 개의 차량을 신고할 경우에는 별지를 사용하시기 바랍니다.

210mm×297mm[백상지 80g/㎡(재활용품)]

1. 경비원의 명부

경비업법 제18조(경비원의 명부와 배치허가 등)
① 경비업자는 행정안전부령으로 정하는 바에 따라 경비원의 명부를 작성 · 비치하여야 한다. 다만, 집단민원현장에 배치되는 일반경비원의 명부는 그 경비원이 배치되는 장소에도 작성 · 비치하여야 한다.

경비업법 제23조(경비원의 명부)
경비업자는 법 제18조제1항에 따라 다음 각 호의 장소에 별지 제14호서식의 경비원 명부를 작성 · 비치하여 두고, 이를 항상 정리하여야 한다.(제2호 및 제3호의 경우에는 해당 장소에 배치된 경비원의 명부를 말한다)
1. 주된 사무소
2. 영 제5조제3항에 따른 출장소
3. 집단민원현장

경비업법 시행령 제5조(폐업 또는 휴업 등의 신고)
③ 경비업법 제4조제3항제3호의 규정에 의하여 신설 · 이전 또는 폐지한 때에 신고를 하여야 하는 출장소는 주사무소 외의 장소로서 일상적으로 일정 지역 안의 경비업무를 지휘 · 총괄하는 영업거점인 지점 · 지사 또는 사업소 등의 장소로 한다.

경비업법 제4조(경비업의 허가)
③ 제1항의 규정에 의하여 경비업의 허가를 받은 법인은 다음 각 호의 1에 해당하는 때에는 지방경찰청장에게 신고하여야 한다.
    3. 법인의 주사무소나 출장소를 신설 · 이전 또는 폐지한 때

▼ 경비원 명부작성 관련 위반 시 조치사항

위반대상	구분	1차위반	2차위반	3차위반
경비업법 제18조 제1항 본문	경비원명부 미비치	100만원	200만원	400만원
	경비원명부 미작성	50만원	100만원	200만원
경비업법 제18조 제1항 단서	명부미작성, 미비치	영업정지 1월	영업정지 3월	영업취소
경비업법 제18조 제1항 본문	경비원명부 미비치	600만원	1,200만원	2,400만원
	경비원명부 미작성	300만원	600만원	1,200만원

2. 경비원의 배치 · 배치폐지신고

㉮ 배치신고

경비업법 제18조(경비원의 명부와 배치허가 등)

② 경비업자가 경비원을 배치하거나 배치를 폐지한 경우에는 행정안전부령으로 정하는 바에 따라 관할 경찰관서장에게 신고하여야 한다. (사후신고) 다만, 다음 제1호의 경우에는 경비원을 배치하기 48시간 전까지 행정안전부령으로 정하는 바에 따라 배치허가를 신청하고, 관할 경찰관서장의 배치허가를 받은 후에 경비원을 배치하여야 하며(제2호 및 제3호의 경우에는 경비원을 배치하기 전까지 신고하여야 한다), 이 경우 관할 경찰관서장은 배치허가를 함에 있어 필요한 조건을 붙일 수 있다.

1. 제2조제1호가목에 따른 시설경비업무 또는 같은 호 다목에 따른 신변보호업무 중 집단민원현장에 배치된 일반경비원

2. 집단민원현장이 아닌 곳에서 제2조제1호다목의 규정에 의한 신변보호업무를 수행하는 일반경비원

3. 특수경비원

경비업법 시행규칙 제24조(경비원의 배치 및 배치폐지의 신고)

① 경비업자는 법 제18조제2항에 따라 경비업무를 수행하기 위하여 20일 이상 경비원을 배치하거나 그 기간을 연장하려는 때에는 경비원을 배치한 후 7일 이내에 별지 제15호서식의 경비원 배치신고서(전자문서로 된 신고서를 포함한다)를 배치지를 관할하는 경찰관서장에게 제출하여야 한다. 다만, 법 제18조제2항제2호 및 제3호에 해당하는 경비원을 배치하는 경우에는 경비원을 배치하는 기간과 관계없이 경비원을 배치하기 전까지 제출하여야 한다.

② 제1항의 규정에 의하여 경비원의 배치신고를 한 경비업자가 경비원의 배치를 폐지한 때에는 배치폐지를 한 날부터 7일 이내에 별지 제15호서식의 경비원 배치폐지신고서(전자문서로 된 신고서를 포함한다)를 배치지의 관할경찰관서장에게 제출하여야 한다. 다만, 경비원 배치신고시에 기재한 배치폐지 예정일에 경비원의 배치를 폐지한 경우에는 그러하지 아니하다.

③ 지방경찰청장 또는 경찰서장은 일반경비원 또는 특수경비원이나 일반경비원 또는 특수경비원으로 근무했던 사람이 요청하는 경우에는 별지 제12호의2서식의 배치폐지 확인증을 발급할 수 있다.

⑭ 집단민원현장에의 일반경비원 배치허가 등

ⓐ 허가의 제출

경비업법 시행규칙 제24조의2(집단민원현장에의 일반경비원 배치허가 신청 등)

① 경비업법 제18조제2항 각 호 외의 부분 단서에 따라 집단민원현장에 일반경비원 배치허가를 신청하려는 경비업자는 별지 제15호의2서식의 집단민원현장 일반경비원 배치허가 신청서(전자문서에 의한 신청서를 포함하며, 이하 "배치허가 신청서"라 한다)에 집단민원현장에 배치될 일반경비원의 신임교육 이수증(영 제18조제2항에 따른 일반경비원 신임교육 면제 대상의 경우 신임교육 면제 대상에 해당함을 입증할 수 있는 서류를 말한다) 각 1부를 첨부하여 관할 경찰관서장에게 제출하여야 한다.

■ 경비업법 시행규칙 [별지 제15호서식] <개정 2013.10.22>

경비원 [ ] 배치
[ ] 배치폐지 신고서

접수번호		접수일자		처리기간	즉시

신고인	법인명칭		허가번호	
	소재지		(전화번호)	
	배치장소(구체적으로 기재)		(전화번호)	

경비원 배치(폐지) 내용	배치일시		배치폐지(예정)일시	
	경비의 목적 또는 내용(구체적으로 기재)			

경비원 명단	배치 경비업무	경비원 성명	주민등록번호	경비원 신임교육 이수증 번호

「경비업법」 제18조제2항, 같은 법 시행규칙 제24조에 따라 위와 같이 경비원의 (배치·배치폐지)를 신고합니다.

년   월   일

신고인(대표자)

(서명 또는 인)

○○ 경찰서장 귀하

첨부서류	없음	수수료 없음

유의사항

경비원 신임교육 이수증 번호는 신임교육을 받은 경비원만 기재합니다.

210mm×297mm[백상지 80g/㎡(재활용품)]

제   호

[ ] 신임교육 이수
[ ] 배치폐지   확인증

성명		생년월일	

1. 신임교육 이수 확인

위의 사람은 아래와 같이   [ ] 일반경비원   신임교육을 이수하였음을 확인합니다.
　　　　　　　　　　　　　　 [ ] 특수경비원

교육기관	교육일	교육이수증 교부번호

2. 배치폐지 확인

위의 사람에 대하여 경비원 최종 배치폐지일이 아래와 같음을 확인합니다.

○ 최종 배치폐지일 :　　　　 년　 월　 일

　　　　　　　　　　　　　　　　　　　　　　　 년　　　 월　　　 일

○○ 지방경찰청장(경찰서장)　　[직 인]

210mm×297mm[백상지(80g/㎡)]

경비업법 제18조(경비원의 명부와 배치허가 등)

② 경비업자가 경비원을 배치하거나 배치를 폐지한 경우에는 행정안전부령으로 정하는 바에 따라 관할 경찰관서장에게 신고하여야 한다.(사후신고) 다만, 다음 제1호의 경우에는 경비원을 배치하기 48시간 전까지 행정안전부령으로 정하는 바에 따라 배치허가를 신청하고, 관할 경찰관서장의 배치허가를 받은 후에 경비원을 배치하여야 하며(제2호 및 제3호의 경우에는 경비원을 배치하기 전까지 신고하여야 한다), 이 경우 관할 경찰관서장은 배치허가를 함에 있어 필요한 조건을 붙일 수 있다.

1. 제2조 제1호 가목에 따른 시설경비업무 또는 같은 호 다목에 따른 신변보호업무 중 집단민원현장에 배치된 일반경비원
2. 집단민원현장이 아닌 곳에서 제2조 제1호 다목의 규정에 의한 신변보호업무를 수행하는 일반경비원
3. 특수경비원

ⓑ 허가의 통보

경비업법 시행규칙 제24조의2(집단민원현장에의 일반경비원 배치허가 신청 등)

② 제1항에 따른 배치허가 신청서를 받은 관할 경찰관서장은 경비원 배치예정 일시 전까지 배치허가 여부를 결정하여 경비업자에게 통보하여야 한다.

ⓒ 배치기간 연장허가

경비업법 시행규칙 제24조의2(집단민원현장에의 일반경비원 배치허가 신청 등)

③ 제2항에 따라 일반경비원 배치허가를 받은 경비업자가 경비원 배치기간을 연장하려는 경우에는 배치기간이 만료되기 48시간 전까지 배치허가 신청서를 관할 경찰관서장에게 제출하여 허가를 받아야 한다.

ⓓ 추가배치 허가

경비업법 시행규칙 제24조의2(집단민원현장에의 일반경비원 배치허가 신

청 등)

④ 제2항에 따라 일반경비원 배치허가를 받은 경비업자가 집단민원 현장에 새로운 경비원을 배치하려는 경우에는 새로운 경비원을 배치하기 48시간 전까지 배치허가 신청서를 관할 경찰관서장에게 제출하여 허가를 받아야 한다.

ⓔ 배치폐지의 제출

경비업법 시행규칙 제24조의2(집단민원현장에의 일반경비원 배치허가 신청 등)

⑤ 제2항에 따라 일반경비원 배치허가를 받은 경비업자가 경비원의 배치를 폐지한 때에는 배치폐지를 한 날부터 48시간 이내에 별지 제15호의3서식의 집단민원현장 일반경비원 배치폐지 신고서 (전자문서로 된 신고서를 포함한다)를 관할 경찰관서장에게 제출하여야 한다.

ⓕ 경비지도사의 변경

경비업법 시행규칙 제24조의2(집단민원현장에의 일반경비원 배치허가 신청 등)

⑥ 제2항에 따라 일반경비원 배치허가를 받은 경비업자가 집단민원 현장에 배치된 경비지도사를 변경한 경우에는 변경된 내용을 관할 경찰관서장에게 통보하여야 한다.

3. 배치허가 금지사유 및 방문조사

경비업법 제18조(경비원의 명부와 배치허가 등)

③ 관할 경찰관서장은 제2항 각 호 외의 부분 단서에 따른 배치허가 신청을 받은 경우 다음 각 호의 사유에 해당하는 때에는 배치허가를 하여서는 아니 된다. 이 경우 관할 경찰관서장은 다음 각 호의 사유를 확인하기 위하여 소속 경찰관으로 하여금 그 배치장소를 방문하여 조사하게 할 수 있다.

1. 제15조의2제1항 및 제2항을 위반하여 경비업무의 범위를 벗어난 행위를 할 우려가 있는 경우

2. 경비원 중 제10조제1항 또는 제2항에 해당하는 결격자나 제13조에 따라 신임교육을 받지 아니한 사람이 대통령령으로 정하는 기준 이상으로 포함되어 있는 경우

3. 제24조에 따라 경비원의 복장·장비 등에 대하여 내려진 필요한 명령을 이행하지 아니하는 경우

기출문제 01

다음은 경비업법령상 경비원의 배치에 대한 설명이다. ( ) 안에 들어갈 내용을 순서대로 바르게 나열한 것은?

> 경비업자는 시설경비업무를 수행하기 위하여 ( )일 이상 경비원을 배치하거나 그 기간을 연장하려 하는 때에는 경비원을 배치한 후, ( ) 일 이내에 경비원 배치신고를 배치지를 관할하는 경찰관서장에게 제출 하여야 한다.

① 10, 5
② 20, 7
③ 10, 7
④ 20, 5

정답 ②

기출문제 02

다음은 경비업법령상 집단민원현장에 배치된 일반경비원에 관한 설명으로 바르지 못한 것은?

① 집단민원형장에 배치되는 일반경비원의 명부는 그 경비원이 배치되는 장소에 작성·비치해야 한다.

② 관할경찰서장은 배치허가를 함에 있어 필요한 조건을 붙일 수 없다.

③ 경비업자는 경비원을 배치하기 48시간 전까지 배치허가를 신청하고 관할 경찰관서장의 배치허가를 받은 후에 경비원을 배치해야 한다.

④ 관할 경찰서장은 배치허가 신청을 받은 경우, 불허가사유에 해당하는 때에는 이를 확인하기 위하여 소속 경찰관으로 하여금 그 배치장소를 방문하여 조사하게 할 수 있다.

정답 ②

■ 경비업법 시행규칙 [별지 제15호의2서식] <신설 2014.6.5>

집단민원현장 일반경비원 배치허가 신청서

접수번호		접수일자			처리기간	48시간

경비업체	법인명칭				허가번호	
	소재지			(전화번호)		

경비지도사	성명		자격번호		연락처	
집단민원현장 관리책임자	성명		직책		연락처	

경비원 배치 내용	배치 예정일시	배치허가의 요청 기간
	집단민원현장의 유형 및 배치 예정 경비원 수	
	경비의 목적 또는 내용(구체적으로 기재)	
	배치지 주소 및 경비원의 업무 활동의 범위(구체적으로 기재)	
	사용 예정 장비	
	경비계획	

경비업무 도급인	성명		연락처	

경비원 명단	연번	경비원 성명	주민등록번호	경비원 신임교육 이수증 번호

「경비업법」 제18조제2항 각 호 외의 부분 단서 및 같은 법 시행규칙 제24조의2에 따라 위와 같이 집단민원현장 일반경비원 배치허가를 신청합니다.

년   월   일

신청인(대표자)

(서명 또는 인)

○○ 경찰서장 귀하

첨부서류	배치될 경비원의 신임교육 이수증 또는 배치될 경비원이 신임교육 면제대상에 해당함을 입증할 수 있는 서류 각 1부	수수료 없음
유의사항		

1. 경비계획 기재 또는 배치할 경비원의 명단 작성 시 필요하면 별지를 사용하시기 바랍니다.
2. 집단민원현장 관리책임자는 선임한 경우만 적습니다.

210mm×297mm[백상지 80g/㎡(재활용품)]

4. 배치허가의 의무

제18조(경비원의 명부와 배치허가 등)

② 경비업자가 경비원을 배치하거나 배치를 폐지한 경우에는 행정안전부령으로 정하는 바에 따라 관할 경찰관서장에게 신고하여야 한다. 다만, 다음 제1호의 경우에는 경비원을 배치하기 48시간 전까지 행정안전부령으로 정하는 바에 따라 배치허가를 신청하고, 관할 경찰관서장의 배치허가를 받은 후에 경비원을 배치하여야 하며(제2호 및 제3호의 경우에는 경비원을 배치하기 전까지 신고하여야 한다), 이 경우 관할 경찰관서장은 배치허가를 함에 있어 필요한 조건을 붙일 수 있다.

1. 제2조제1호 가목에 따른 시설경비업무 또는 같은 호 다목에 따른 신변보호업무 중 집단민원현장에 배치된 일반경비원
2. 집단민원현장이 아닌 곳에서 제2조제1호 다목의 규정에 의한 신변보호업무를 수행하는 일반경비원
3. 특수경비원

---

④ 제2항 각 호 외의 부분 단서에 따른 배치허가 신청을 받은 관할 경찰관서장은 배치되는 경비원 중 제10조제1항(경비지도사 및 일반경비원의 결격사유) 또는 제2항(특수경비원의 결격사유)에 해당하는 결격자가 있는 경우에는 그 사람을 제외하고 배치허가를 하여야 한다.

---

5. 경비원근무상황 기록부

경비업법 제18조(경비원의 명부와 배치허가 등)

⑤ 경비업자는 경비원을 배치하여 경비업무를 수행하게 하는 때에는 행정안전부령으로 정하는 바에 따라 배치된 경비원의 인적사항과 배치일시·배치장소 등 근무상황을 기록하여 보관하여야 한다.

경비업법 시행규칙 제24조의3(경비원 근무상황 기록부)

① 경비업자는 법 제18조제5항에 따라 경비업무를 수행하는 경비원의 인
　적사항, 배치일시, 배치장소, 배차폐지일시 및 근무여부 등 근무상황을
　기록한 근무상황기록부(전자문서로 된 근무상황기록부를 포함한다. 이하 같
　다)를 작성하여 주된 사무소 및 출장소에 갖추어 두어야 한다.

② 경비업자는 제1항에 따른 근무상황기록부를 1년 동안 보관하여야 한다.

6. 배치금지 대상자

경비업법 제18조(경비원의 명부와 배치허가 등)

⑥ 경비업자는 다음 각 호의 어느 하나에 해당하는 죄를 범하여 벌금형을
　선고받고 5년이 지나지 아니하거나 금고 이상의 형을 선고받고 그 집
　행이 유예된 날부터 5년이 지나지 아니한 자를 집단민원현장에 일반경
　비원으로 배치하여서는 아니 된다.

　1.「형법」제257조부터 제262조까지(상해 등죄, 특수폭행, 폭행치사상 등),
　　제264조(상습범), 제276조부터 제281조까지의 죄(체포감금 등, 상습범),
　　제284조의 죄(특수협박), 제285조의 죄(상습범), 제320조의 죄(특수주거침
　　입), 제324조제2항의 죄(강요죄), 제350조의2의 죄(공갈), 제351조의 죄(제
　　350조, 제350조의2의 상습범으로 한정한다), 제369조제1항의 죄(특수손괴)

　2.「폭력행위 등 처벌에 관한 법률」제2조(상습폭행) 또는 제3조(집단폭
　　행)의 죄

7. 배치의 제한

경비업법 제18조(경비원의 명부와 배치허가 등)

⑦ 경비업자는 제1항에 따른 경비원 명부에 없는 자를 경비업무에 종사하
　게 하여서는 아니 되고, 제2항에 따라 경비원을 배치하는 경우에는 경
　비업법 제13조(경비원 등에 대한 교육)에 따른 신임교육을 이수한 자를
　배치하여야 한다.

8. 배치폐지 명령

경비업법 제18조(경비원의 명부와 배치허가 등)

⑧ 관할 경찰관서장은 경비업자가 다음 각 호의 어느 하나에 해당하는 때에는 배치폐지를 명할 수 있다.

1. 제2항 각 호 외의 부분 단서를 위반하여 배치허가를 받지 아니하고 경비원을 배치하거나 경비원 명단 및 배치일시 · 배치장소 등 배치허가 신청의 내용을 거짓으로 한 때

> **〈제2항 각 호 외의 부분 단서〉**
> 경비원을 배치하기 48시간 전까지 행정안전부령으로 정하는 바에 따라 배치허가를 신청하고, 관할 경찰관서장의 배치허가를 받은 후에 경비원을 배치하여야 하며

2. 제6항의 결격사유에 해당하는 자를 집단민원현장에 일반경비원으로 배치한 때
3. 제7항을 위반하여 신임교육을 이수하지 아니한 자를 제2항 각 호의 경비원으로 배치한 때
4. 경비업자 또는 경비원이 위력이나 흉기 또는 그 밖의 위험한 물건을 사용하여 집단적 폭력사태를 일으킨 때
5. 경비업자가 제2항 각 호 외의 부분 본문을 위반하여 신고하지 아니하고 일반경비원을 배치한 때

9. 경비원 배치폐지 신고

제24조(경비원의 배치 및 배치폐지의 신고)

① 경비업자는 법 제18조제2항에 따라 경비업무를 수행하기 위하여 20일 이상 경비원을 배치하거나 그 기간을 연장하려는 때에는 경비원을 배치한 후 7일 이내에 별지 제15호서식의 경비원 배치신고서(전자문서로 된 신고서를 포함한다)를 배치지를 관할하는 경찰관서장에게 제출하여야 한다. 다만, 법 제18조제2항제2호 및 제3호에 해당하는 경비원을 배치

하는 경우에는 경비원을 배치하는 기간과 관계없이 경비원을 배치하기 전까지 제출하여야 한다.

> ② 제1항의 규정에 의하여 경비원의 배치신고를 한 경비업자가 경비원의 배치를 폐지한 때에는 배치폐지를 한 날부터 7일 이내에 별지 제15호서식의 경비원 배치폐지신고서(전자문서로 된 신고서를 포함한다)를 배치지의 관할 경찰관서장에게 제출하여야 한다. 다만, 경비원 배치신고시에 기재한 배치폐지 예정일에 경비원의 배치를 폐지한 경우에는 그러하지 아니하다.

경비업법 시행규칙 제24조의2(집단민원현장에의 일반경비원 배치허가 신청 등)
⑤ 제2항에 따라 일반경비원 배치허가를 받은 경비업자가 경비원의 배치를 폐지한 때에는 배치폐지를 한 날부터 48시간 이내에 별지 제15호의3서식의 집단민원현장 일반경비원 배치폐지 신고서(전자문서로 된 신고서를 포함한다)를 관할 경찰관서장에게 제출하여야 한다.

10. 경비가 필요한 시설 등에 대한 경비의 요청

경비업법 시행령 제30조(경비가 필요한 시설 등에 대한 경비의 요청)
지방경찰청장은 행사장 그 밖에 많은 사람이 모이는 시설 또는 장소에서 혼잡 등으로 인한 위험의 발생을 방지하기 위하여 법 제2조제3호의 규정에 의한 경비원(일반경비원, 특수경비원)에 의한 경비가 필요하다고 인정되는 때에는 행사개최일 전에 당해 행사의 주최자에게 경비원에 의한 경비를 실시하거나 부득이한 사유로 그것을 실시할 수 없는 경우에는 행사개최 24시간 전까지 지방경찰청장에게 그 사실을 통지하여 줄 것을 요청할 수 있다.

■ 경비업법 시행규칙 [별지 제15호의3서식] <신설 2014.6.5>

집단민원현장 일반경비원 배치폐지 신고서

접수번호		접수일자			처리기간	즉시

경비업체	법인명칭			허가번호	
	소재지 (전화번호)				

경비지도사	성명		자격번호		연락처	
배치장소	주소					

	연번	경비원 성명	주민등록번호	배치폐지일시
배치폐지 경비원 명단				

「경비업법」 제18조제2항 각 호 외의 부분 본문 및 같은 법 시행규칙 제24조의2제5항에 따라 위와 같이 집단민원현장 일반경비원 배치폐지를 신고합니다.

년   월   일

신고인(대표자)

(서명 또는 인)

○○ 경찰서장 귀하

첨부서류	없음	수수료 없음

유의사항

배차폐지 경비원 명단 작성 시 필요하면 별지를 사용하시기 바랍니다.

210mm×297mm[백상지 80g/㎡(재활용품)]

▼ 경비원의 배치 및 폐지 신고 기한 등 정리

신고 기한	신고 요건	신고의 주체	신고 기관	신고 방법
배치 후 7일 이내 신고	20일 이상, 경비원을 배치하거나 그 기간을 연장하고자 하는 때	경비 업자	배치지 관할 경찰 서장	직접제출 우편제출 전자통신망 이용제출
경비원 배치 전 신고	특수 경비원			
배치 48시간 전 허가 신청	집단민원현장에 배치된 시설경비업무 및 신변보호업무 수행의 일반경비원 "집단민원현장"이란 다음의 장소를 말한다. • 「노동조합 및 노동관계조정법」에 따라 노동관계 당사자가 노동쟁의 조정신청을 한 사업장 또는 쟁의행위가 발생한 사업장 • 「도시 및 주거환경정비법」에 따른 정비사업과 관련하여 이해대립이 있어 다툼이 있는 장소 • 특정 시설물의 설치와 관련하여 민원이 있는 장소 • 주주총회와 관련하여 이해대립이 있어 다툼이 있는 장소 • 건물·토지 등 부동산 및 동산에 대한 소유권·운영권·관리권·점유권 등 법적 권리에 대한 이해대립이 있어 다툼이 있는 장소 • 100명 이상의 사람이 모이는 국제·문화·예술·체육 행사장 • 「행정대집행법」에 따라 대집행을 하는 장소			
폐지 후 7일 이내 신고	• 배치신고를 한 경비근무자 배치, 폐지의 경우 • 경비원 배치신고 시에 기재한 배치폐지 예정일에 경비원의 배치를 폐지한 경우에도 별도 신고할 필요 없음			

1. 범죄경력조회

1) 직권 또는 요청에 의한 조회

경비업법 제17조(결격사유 확인을 위한 범죄경력조회 등)

① 경찰청장, 지방경찰청장 또는 관할 경찰관서장은 직권으로 또는 제2항에 따른 범죄경력조회 요청이 있는 경우에는 경비업자의 임원, 경비지도사 또는 경비원이 제5조제3호·제4호(임원의 결격사유), 제10조제1항제3호부터 제8호까지 또는 같은 조 제2항제2호·제3호에 따른 결격사유(경비지도사 또는 경비원의 결격사유)에 해당하는지를 확인하기 위하여 「형의 실효 등에 관한 법률」 제6조에 따른 범죄경력조회를 할 수 있다.

2) 경비업자의 범죄경력조회의 요청

경비업법 제17조(결격사유 확인을 위한 범죄경력조회 등)

② 경비업자는 선출·선임·채용 또는 배치하려는 임원, 경비지도사 또는 경비원이 제5조제3호·제4호, 제10조제1항제3호부터 제8호까지 또는 같은 조 제2항제2호·제3호에 따른 결격사유에 해당하는지를 확인하기 위하여 주된 사무소, 출장소 또는 배치장소를 관할하는 지방경찰청장 또는 경찰관서장에게 「형의 실효 등에 관한 법률」 제6조에 따른 범죄경력조회를 요청할 수 있다.

경비업법 시행규칙 제22조(결격사유 확인을 위한 범죄경력조회 요청)

① 법 제17조제2항에 따른 범죄경력조회 요청은 별지 제13호의5서식의 범죄경력조회 신청서(전자문서로 된 신청서를 포함한다)에 따른다.

② 경비업자는 제1항에 따라 범죄경력조회를 요청하는 경우 다음 각 호의 서류를 첨부하여야 한다.

　1. 경비업 허가증 사본

　2. 별지 제13호의6서식의 취업자 또는 취업예정자 범죄경력조회 동의서

2. 범죄경력조회 결과 통보

1) 통보내용

경비업법 제17조(결격사유 확인을 위한 범죄경력조회 등)

③ 제2항에 따른 범죄경력조회 요청을 받은 지방경찰청장 또는 관할 경찰
관서장은 경비업자에게 그 결과를 통보할 때에는 경비업자의 임원, 경
비지도사 또는 경비원이 제5조제3호·제4호, 제10조제1항제3호부터 제
8호까지 또는 같은 조 제2항제2호·제3호에 따른 결격사유에 해당하는
지 여부만을 통보하여야 한다.

2) 통보의 대상

경비업법 제17조(결격사유 확인을 위한 범죄경력조회 등)

④ 지방경찰청장 또는 관할 경찰관서장은 경비업자의 임원, 경비지도사
또는 경비원이 제5조 각 호(임원의 결격사유), 제10조제1항 각 호 또는
제2항 각 호의 결격사유(경비원 또는 경비지도사의 결격사유)에 해당하는
사실을 알게 되거나 이 법 또는 이 법에 따른 명령을 위반한 때에는
경비업자에게 그 사실을 통보하여야 한다.

기출문제 01

다음 중 경비업법령상 경찰관서장이 경비원의 배치폐지를 명할 수 있는 경우가 아닌
것은?

① 경비원 신임교육을 이수하지 아니한 자를 경비원으로 배치한 경우
② 형법상 사기죄로 기소된 자를 경비원으로 배치한 경우
③ 경비업자가 경비업법을 위반하여 신고를 하지 아니하고 경비원을 배치한 경우
④ 경비업법상 배치허가를 필요로 하는 경우 배치허가 신청의 내용을 거짓으로 한
경우

정답 ②

다음 중 경비업법령상 경비원 등의 결격사유 확인을 위한 범죄경력조회 등에 관한 설명으로 옳지 않은 것은?

① 경찰청장, 지방경찰청장 또는 관할경찰서장은 직권으로 또는 경비업자의 요청에 의해 경비업자의 임원, 경비지도사, 경비원이 경비업법령상 결격사유가 있는지 여부를 확인키 위해 범죄경력조회를 할 수 있다.

② 법죄경력조회를 요청받은 지방경찰청장 또는 관할경찰서장은 경비업자에게 그 결과를 통보할 경우 경비업자의 임원, 경비지도사, 경비원이 경비업법령상 결격사유에 해당하는지 여부만을 통보해야 한다.

③ 지방경찰청장 또는 관할경찰서장은 경비업자의 임원, 경비지도사, 경비원의 경비업법령상 결격사유에 해당하는 사실을 알게 된 경우에는 그 사실을 경비업자에게 통보하여야 한다.

④ 범죄경력조회 요청은 범죄경력조회신청서(전자문서포함) 또는 구두로 할 수 있다.

정답 ④

형의 실효 등에 관한법률 제6조

제6조(범죄경력조회 · 수사경력조회 및 회보의 제한 등) ① 수사자료표에 의한 범죄경력조회 및 수사경력조회와 그에 대한 회보는 다음 각 호의 어느 하나에 해당하는 경우에 그 전부 또는 일부에 대하여 조회 목적에 필요한 최소한의 범위에서 할 수 있다.

1. 범죄 수사 또는 재판을 위하여 필요한 경우
2. 형의 집행 또는 사회봉사명령, 수강명령의 집행을 위하여 필요한 경우
3. 보호감호, 치료감호, 보호관찰 등 보호처분 또는 보안관찰업무의 수행을 위하여 필요한 경우
4. 수사자료표의 내용을 확인하기 위하여 본인이 신청하거나 외국 입국 · 체류 허가에 필요하여 본인이 신청하는 경우
5. 「국가정보원법」 제3조제2항에 따른 보안업무에 관한 대통령령에 근거하여 신원조사를 하는 경우
6. 외국인의 귀화 · 국적회복 · 체류 허가에 필요한 경우
7. 각군 사관생도의 입학 및 장교 · 준사관 · 부사관 · 군무원의 임용과 그 후보자의 선발에 필요한 경우
8. 병역의무 부과와 관련하여 현역병 및 사회복무요원의 입영(入營)에 필요한 경우
9. 다른 법령에서 규정하고 있는 공무원 임용, 인가 · 허가, 서훈(敍勳), 대통령 표창, 국

무총리 표창 등의 결격사유, 징계절차가 개시된 공무원의 구체적인 징계 사유(범죄경력조회와 그에 대한 회보에 한정한다) 또는 공무원연금 지급 제한 사유 등을 확인하기 위하여 필요한 경우

10. 그 밖에 다른 법률에서 범죄경력조회 및 수사경력조회와 그에 대한 회보를 하도록 규정되어 있는 경우

② 수사자료표를 관리하는 사람이나 직무상 수사자료표에 의한 범죄경력조회 또는 수사경력조회를 하는 사람은 그 수사자료표의 내용을 누설하여서는 아니 된다.

③ 누구든지 제1항에서 정하는 경우 외의 용도에 사용할 목적으로 범죄경력자료 또는 수사경력자료를 취득하여서는 아니 된다.

④ 제1항에 따라 범죄경력자료 또는 수사경력자료를 회보받거나 취득한 자는 법령에 규정된 용도 외에는 이를 사용하여서는 아니 된다.

⑤ 제1항 각 호에 따라 범죄경력조회 및 수사경력조회와 그에 대한 회보를 할 수 있는 구체적인 범위는 대통령령으로 정한다.

■ 경비업법 시행규칙 [별지 제13호의5서식] <신설 2014.6.5>

범죄경력조회 신청서

접수번호		접수일자	처리일자	처리기간	1일

신청인 (대표자)	업체명		허가번호	
	대표자		전화번호	
	주소지			

대상자	성 명	한글		
		한자		영문*
	주민등록번호 (여권번호 또는 외국인등록번호*)	－	국적*	
	주 소			
	취업(예정)직위			

「경비업법」 제17조제2항에 따라 우리 업체에 취업(예정)자인 (임원 • 경비원 • 경비지도사)에 대한 범죄경력조회를 요청하오니 그 결과를 회신해 주시기 바랍니다.

년　　　월　　　일

신청인(대표자)　　　　　　　(서명 또는 인)

_____지방경찰청장(경찰서장) 귀하

첨부서류	1. 경비업 허가증 사본 2. 취업자 또는 취업예정자 범죄경력조회 동의서 각 1부	수수료
		없 음

작성요령

1. 영문 성명 및 국적은 조회 대상자가 외국인인 경우만 적습니다.
2. 조회 대상자가 외국인인 경우 주민등록번호 대신 여권번호 또는 외국인등록번호를 적습니다.

처리절차

신청서 작성	→	접 수	→	대상자 확인 (적합, 부적합)	→	통보
신청인		경찰서장 / 지방경찰청장		경찰서장 / 지방경찰청장		

210mm×297mm[백상지 80g/㎡(재활용품)]

범죄경력조회 동의서

대상자	성 명	한글		
		한자		영문*
	주민등록번호 (여권번호 또는 외국인등록번호*)	-	국적*	
	주 소			
	전화번호	자택	휴대전화	

본인은 경비업체 ○○에 (임원・경비지도사・경비원)으로 취업한 사람(취업예정자)로서, 「경비업법」 제17조제2항에 따른 범죄경력조회에 동의합니다.

년   월   일

동의자   (서명 또는 인)

_____지방경찰청장(경찰서장) 귀하

작성요령
1. 영문 성명 및 국적은 조회 대상자가 외국인인 경우만 적습니다.
2. 조회 대상자가 외국인인 경우 주민등록번호 대신 여권번호 또는 외국인등록번호를 적습니다.

210㎜×297㎜[백상지 80g/㎡(재활용품)]

갖추어 두어야 하는 장부 또는 서류/경비전화

1. 시설주의 장부 및 서류 구비의무

경비업법 시행규칙 제26조(갖추어 두어야 하는 장부 또는 서류)
① 특수경비원을 배치한 시설주는 다음 각 호의 장부 및 서류를 갖추어
두어야 한다.
1. 근무일지
2. 근무상황카드
3. 경비구역배치도
4. 순찰표철
5. 무기탄약출납부
6. 무기장비운영카드

2. 특수경비원 배치 관할경찰서장의 장부 및 서류 구비의무

경비업법 시행규칙 제26조(갖추어 두어야 하는 장부 또는 서류)
② 특수경비원을 배치한 국가중요시설의 관할 경찰관서장은 다음 각 호의
장부 및 서류를 갖추어 두어야 한다.
1. 감독순시부
2. 특수경비원 전·출입관계철
3. 특수경비원 교육훈련실시부
4. 무기·탄약대여대장
5. 그 밖에 특수경비원의 관리 등을 위하여 필요한 장부 또는 서류

3. 갖추어 두어야 하는 서류의 서식

경비업법 시행규칙 제26조(갖추어 두어야 하는 장부 또는 서류)

③ 제1항 및 제2항의 규정에 의한 장부 또는 서류의 서식은 경찰관서에서
사용하는 서식을 준용한다.

4. 경비전화의 가설

경비업법 시행규칙 제25조(경비전화의 가설)

① 관할 경찰관서장은 시설주의 신청에 의하여 특수경비원이 배치된 국가
중요시설 등에 경비전화를 가설할 수 있다.

② 제1항의 규정에 의하여 경비전화를 가설하는 경우의 소요경비는 시설
주의 부담으로 한다.

제10절 행정처분 등

---

1. 경비업허가의 취소 등

1) 경비업허가의 취소사유

(1) 허가취소사유

경비업법 제19조(경비업 허가의 취소 등)

① 허가관청은 경비업자가 다음 각 호의 어느 하나에 해당하는 때에는 그 허가
를 취소하여야 한다.

1. 허위 그 밖의 부정한 방법으로 허가를 받은 때
2. 제7조제5항(허가받은 외 업무에 종사케 한 경우)의 규정에 위반하여 허
가받은 경비업무외의 업무에 경비원을 종사하게 한 때

3. 제7조제9항(경비관련업 외의 영업)의 규정에 위반하여 경비업 및 경비
   관련업 외의 영업을 한 때

4. 정당한 사유 없이 허가를 받은 날부터 2년 이내에 경비 도급실적이
   없거나 계속하여 1년 이상 휴업한 때

5. 정당한 사유 없이 최종 도급계약 종료일의 다음 날부터 2년 이내에
   경비 도급실적이 없을 때

6. 영업정지처분을 받고 계속하여 영업을 한 때

7. 제15조의2제2항(타인에게 위력과시, 경비업무 범위 벗어난 행위)을 위반
   하여 소속 경비원으로 하여금 경비업무의 범위를 벗어난 행위를 하
   게 한 때

8. 제18조제8항(배치·폐지 등 신고위반)에 따른 관할 경찰관서장의 배치
   폐지 명령에 따르지 아니한 때

경비업법시행령 제3조(허가신청 등)
② 제1항의 규정에 의하여 허가 또는 변경허가 신청서를 제출하는 법인은 별표 1의 규정
에 의한 경비인력·자본금·시설 및 장비를 갖추어야 한다. 다만, 경비업의 허가 또는
변경허가를 신청하는 때에 별표 1의 규정에 의한 시설 등(자본금을 제외한다. 이하 이
항에서 같다)을 갖출 수 없는 경우에는 허가 또는 변경허가의 신청 시 시설 등의 확보
계획서를 제출한 후 허가 또는 변경허가를 받은 날부터 1월 이내에 별표 1의 규정에
의한 시설 등을 갖추고 지방경찰청장의 확인을 받아야 한다.

경비업법시행령 제24조, 별표4/ 1-라
영업정지처분에 해당하는 위반행위가 적발된 날 이전 최근 2년간 같은 위반행위로 2회
영업정지처분을 받은 경우에는 제2호의 기준에도 불구하고 그 위반행위에 대한 행정처분
기준은 허가취소로 한다.

---

(2) 허가취소 또는 영업 정지의 사유

경비업법 제19조(경비업 허가의 취소 등)

② 허가관청은 경비업자가 다음 각 호의 어느 하나에 해당하는 때에는 대통령령
   (시행령 제24조, 행정처분의 기준, 별표 4)으로 정하는 행정처분의 기준에 따
   라 그 허가를 취소하거나 6개월 이내의 기간을 정하여 영업의 전부 또는 일

부에 대하여 영업정지를 명할 수 있다.

1. 제4조제1항 후단(도급 경비업무 무단변경)을 위반하여 지방경찰청장의 허가 없이 경비업무를 변경한 때

2. 제7조제2항(도급받은 업무가 위법, 부당한 때 거부의무)을 위반하여 도급을 의뢰받은 경비업무가 위법한 것임에도 이를 거부하지 아니한 때

3. 제7조제6항(경비지도사 배치의무)을 위반하여 경비지도사를 집단민원현장에 선임·배치하지 아니한 때

4. 제8조(경보에 대한 신속한 대응)를 위반하여 경비대상 시설에 관한 경보 대응체제를 갖추지 아니한 때

5. 제9조제2항(기계경비업자의 대응조치 등 관련 서류 작성·비치)을 위반하여 관련 서류를 작성·비치하지 아니한 때

6. 제10조제3항(결격 경비지도사, 경비원 배치)을 위반하여 결격사유에 해당하는 경비원을 배치하거나 결격사유에 해당하는 경비지도사를 선임·배치한 때

7. 제12조제1항(경비지도사 선임 및 수행업무)을 위반하여 경비지도사를 선임한 때

8. 제13조(경비원의 교육)를 위반하여 경비원으로 하여금 교육을 받게 하지 아니한 때

9. 제16조(경비원의 복장)에 따른 경비원의 복장 등에 관한 규정을 위반한 때

10. 제16조의2(경비원의 장비)에 따른 경비원의 장비 등에 관한 규정을 위반한 때

11. 제16조의3(출동차량)에 따른 경비원의 출동차량 등에 관한 규정을 위반한 때

12. 제18조제1항 단서(집단민원현장에서 경비원 명부 작성·비치)를 위반하여 집단민원현장에 일반경비원 명부를 작성·비치하지 아니한 때

13. 제18조제2항(경비원의 명부와 배치허가 등) 각 호 외의 부분 단서를 위반하여 배치허가를 받지 아니하고 경비원을 배치하거나 경비원 명단 및 배치일시·배치장소 등 배치허가 신청의 내용을 거짓으로 한 때

14. 제18조제6항(경비원의 명부와 배치허가 등 – 결격)을 위반하여 결격사유에 해당하는 일반경비원을 집단민원현장에 배치한 때

15. 제24조(감독)에 따른 감독상 명령에 따르지 아니한 때

16. 제26조(경비업자 등의 손해배상)를 위반하여 손해를 배상하지 아니한 때

기출문제 01

다음 보기 중 경비업법령상 경비업 허가취소대상에 해당하는 것을 맞게 골라 정리한 것은?

> ⓐ 허위 그 밖의 부정한 방법으로 허가를 받은 때
> ⓑ 허가받은 경비업무 외의 업무에 경비원을 종사케 한 때
> ⓒ 정당한 사유 없이 최종 도급계약 종료일의 다음 날부터 1년 이내에 경비도급실적이 없을 때
> ⓓ 영업정지처분을 받고 계속하여 영업을 한 때

① ⓐ ⓑ ⓒ ⓓ
② ⓐ ⓑ ⓒ
③ ⓐ ⓑ
④ ⓐ

정답 ①

기출문제 02

다음 보기 중 경비업법령상 경비업의 영업정지를 명할 수 있는 경우가 아닌 것은?

① 특수경비업자가 지방경찰청장의 감독상 명령에 따르지 아니한 경우
② 특수경비업자가 경비관련업 외의 영업을 한경우
③ 특수경비업자가 도급을 의뢰받은 경비업무가 위법한 것임에도 이를 거부하지 아니한 경우
④ 특수경비업자가 신임교육을 받지 않은 사람을 경비원을 배치한 경우

정답 ②

[별표 4] <개정 2014.6.3>

행정처분 기준(제24조 관련)

1. 일반기준

가. 제2호에 따른 행정처분이 영업정지인 경우에는 위반행위의 농기, 내용 및 위반의 정도 등을 고려하여 가중하거나 감경할 수 있다.

나. 위반행위가 2 이상인 경우로서 그에 해당하는 각각의 처분기준이 다른 경우에는 그 중 중한 처분기준에 따르며, 2 이상의 처분기준이 동일한 영업정지인 경우에는 중한 처분기준의 2분의 1까지 가중할 수 있다. 다만, 가중하는 경우에도 각 처분기준을 합산한 기간을 초과할 수 없다.

다. 위반행위의 횟수에 따른 행정처분 기준은 최근 2년간 같은 위반행위로 행정처분을 받은 경우에 적용한다. 이 경우 기준 적용일은 위반행위에 대한 행정처분일과 그 처분 후의 위반행위가 다시 적발된 날을 기준으로 한다.

라. 영업정지처분에 해당하는 위반행위가 적발된 날 이전 최근 2년간 같은 위반행위로 2회 영업정지처분을 받은 경우에는 제2호의 기준에도 불구하고 그 위반행위에 대한 행정처분기준은 허가취소로 한다.

2. 개별기준

위반행위	해당 법조문	행정처분 기준		
		1차 위반	2차 위반	3차 이상 위반
가. 법 제4조제1항 후단을 위반하여 지방경찰청장의 허가 없이 경비업무를 변경한 때	법 제19조제2항제1호	경고	영업정지 6개월	허가취소
나. 법 제7조제2항을 위반하여 도급을 의뢰받은 경비업무가 위법한 것임에도 이를 거부하지 않은 때	법 제19조제2항제2호	영업정지 1개월	영업정지 3개월	허가취소
다. 법 제7조제6항을 위반하여 경비지도사를 집단민원현장에 선임·배치하지 않은 때	법 제19조제2항제3호	영업정지 1개월	영업정지 3개월	허가취소
라. 법 제8조를 위반하여 경비대상시설에 관한 경보 대응체제를 갖추지 않은 때	법 제19조제2항제4호	경고	경고	영업정지 1개월
마. 법 제9조제2항을 위반하여 관련 서류를 작성·비치하지 않은 때	법 제19조제2항제5호	경고	경고	영업정지 1개월
바. 법 제10조제3항을 위반하여 결격사유에 해당하는 경비원을 배치하거나 결격사유에 해당하는 경비지도사를 선임·배치한 때	법 제19조제2항제6호	영업정지 1개월	영업정지 3개월	허가취소

사. 법 제12조제1항을 위반하여 경비지도사를 선임한 때	법 제19조제2항제7호	영업정지 1개월	영업정지 3개월	허가취소
아. 법 제13조를 위반하여 경비원으로 하여금 교육을 받게 하지 않은 때	법 제19조제2항제8호	경고	경고	영업정지 1개월
자. 법 제16조에 따른 경비원의 복장 등에 관한 규정을 위반한 때	법 제19조제2항제9호	경고	영업정지 1개월	영업정지 3개월
차. 법 제16조의2에 따른 경비원의 장비 등에 관한 규정을 위반한 때	법 제19조제2항제10호	경고	영업정지 1개월	영업정지 3개월
카. 법 제16조의3에 따른 경비원의 출동차량 등에 관한 규정을 위반한 때	법 제19조제2항제11호	경고	영업정지 1개월	영업정지 3개월
타. 법 제18조제1항 단서를 위반하여 집단민원현장에 일반경비원 명부를 작성·비치하지 않은 때	법 제19조제2항제12호	영업정지 1개월	영업정지 3개월	허가취소
파. 법 제18조제2항 각 호 외의 부분 단서를 위반하여 배치허가를 받지 아니하고 경비원을 배치하거나 경비원 명단 및 배치일시·배치장소 등 배치허가 신청의 내용을 거짓으로 한 때	법 제19조제2항제13호	영업정지 1개월	영업정지 3개월	허가취소
하. 법 제18조제6항을 위반하여 결격사유에 해당하는 일반경비원을 집단민원현장에 배치한 때	법 제19조제2항제14호	영업정지 1개월	영업정지 3개월	허가취소
거. 법 제24조에 따른 감독상 명령에 따르지 않은 때	법 제19조제2항제15호	경고	영업정지 3개월	허가취소
너. 법 제26조를 위반하여 손해를 배상하지 않은 때	법 제19조제2항제16호	경고	영업정지 3개월	영업정지 6개월

2. 허가관청의 처분범위

1) 처분의 원칙(경비업법 제19조3항 본문)

경비업자의 위반행위에 대해 허가취소 또는 영업정지처분을 하는 경우에는 경비업자가 허가받은 경비업무 중 허가취소 또는 영업정지사유에 해당하는 경비업무에 한하여 처분함이 원칙이다.

> 경비업법 제19조(경비업 허가의 취소 등)
> ③ 허가관청은 제1항 및 제2항에 의하여 허가취소 또는 영업정지처분을 하는 때에는 경비업자가 허가받은 경비업무 중 허가취소 또는 영업정지사유에 해당되는 경비업무에 한하여 처분을 하여야 한다. 다만, 제1항제2호(허가받은 외 업무에 종사케 한 경우) 및 제7호(타인에게 위력과시, 경비업무 범위 벗어난 행위)에 해당하여 허가취소를 하는 때에는 그러하지 아니하다.
> ※ 2002.12.18. 법률 제6787호에 의하여 2002.4.25. 헌법재판소에서 위헌 결정된 이 조를 개정.

2) 처분의 예외(경비업법 제19조3항 단서)

그러나, 제1항제2호(허가받은 외 업무에 종사케 한 경우) 및 제7호(타인에게 위력과시, 경비업무 범위 벗어난 행위)에 해당하여 허가취소를 하는 때에는 해당 경비업무 외에 허가받은 업무 전체 취소가 가능하다는 의미.

3. 허가관청의 처분의 기준

1) 일반기준: 경비업법시행령 제24조, 별표4

가. 제2호에 따른 행정처분이 영업정지인 경우에는 위반행위의 동기, 내용 및 위반의 정도 등을 고려하여 가중하거나 감경할 수 있다.

나. 위반행위가 2 이상인 경우로서 그에 해당하는 각각의 처분기준이 다른 경우에는 그중 중한 처분 기준에 따르며, 2 이상의 처분기준이 동일한

영업정지인 경우에는 중한 처분 기준의 2분의 1까지 가중할 수 있다. 다만, 가중하는 경우에도 각 처분기준을 합산한 기간을 초과할 수 없다.

다. 위반행위의 횟수에 따른 행정처분 기준은 최근 2년간 같은 위반행위로 행정처분을 받은 경우에 적용한다. 이 경우 기준 적용일은 위반행위에 대한 행정처분일과 그 처분 후의 위반행위가 다시 적발된 날을 기준으로 한다.

라. 영업정지처분에 해당하는 위반행위가 적발된 날 이전 최근 2년간 같은 위반행위로 2회 영업정지처분을 받은 경우에는 제2호의 기준에도 불구하고 그 위반행위에 대한 행정처분기준은 허가 취소로 한다.

2) 개별기준: 경비업법시행령 제24조, 별표4

위반행위	행정처분 기준		
	1차 위반	2차 위반	3차 이상 위반
가. 지방경찰청장의 허가 없이 경비업무를 변경한 때(법 제19조 제2항 제1호)	경고	영업정지 6개월	허가취소
나. 도급을 의뢰받은 경비업무가 위법한 것임에도 이를 거부하지 않은 때(법 제19조 제2항 제2호)	영업정지 1개월	영업정지 3개월	허가취소
다. 경비지도사를 집단민원현장에 선임·배치하지 않은 때(법 제19조 제2항 제3호)	영업정지 1개월	영업정지 3개월	허가취소
라. 경비대상 시설에 관한 경보 대응체제를 갖추지 않은 때(법 제19조 제2항 제4호)	경고	경고	영업정지 1개월
마. 관련 서류를 작성·비치하지 않은 때(법 제19조 제2항 제5호)	경고	경고	영업정지 1개월
바. 결격사유에 해당하는 경비원을 배치하거나 결격사유에 해당하는 경비지도사를 선임·배치한 때(법 제19조 제2항 제6호)	영업정지 1개월	영업정지 3개월	허가취소
사. 선임기준을 위반하여 경비지도사를 선임한 때(법 제19조 제2항 제7호)	영업정지 1개월	영업정지 3개월	허가취소
아. 경비원으로 하여금 교육을 받게 하지 않은 때(법 제19조 제2항 제8호)	경고	경고	영업정지 1개월
자. 경비원의 복장 등에 관한 규정을 위반한 때(법	경고	영업정지	영업정지

제19조 제2항 제9호)		1개월	3개월
차. 경비원의 장비 등에 관한 규정을 위반한 때(법 제19조 제2항 제10호)	경고	영업정지 1개월	영업정지 3개월
카. 경비원의 출동차량 등에 관한 규정을 위반한 때 법 제19조 제2항 제11호)	경고	영업정지 1개월	영업정지 3개월
타. 집단민원현장에 일반경비원 명부를 작성·비치 하지 않은 때(법 제19조 제2항 제12호)	영업정지 1개월	영업정지 3개월	허가취소
파. 배치허가를 받지 아니하고 경비원을 배치하거나 경비원 명단 및 배치일시·배치장소 등 배치허 가 신청의 내용을 거짓으로 한 때(법 제19조 제 2항 제13호)	영업정지 1개월	영업정지 3개월	허가취소
하. 결격사유에 해당하는 일반경비원을 집단민원현 장에 배치한 때(법 제19조 제2항 제14호)	영업정지 1개월	영업정지 3개월	허가취소
거. 감독상 명령에 따르지 않은 때(법 제19조 제2 항 제51호)	경고	영업정지 3개월	허가취소
너.(경비업자가 경비원의 고의 또는 과실로 경비대 상과 제3자에게 손해를 발생시킨 경우 손해배 상을 해야 하는데) 손해를 배상하지 않은 때(법 제19조 제2항 제16호)	경고	영업정지 3개월	영업정지 6개월

경찰청장 또는 지방경찰청장의 감독명령 위반의 조치
경비업법 제14조(특수경비원의 직무 및 무기사용 등)
⑥ 관할 경찰관서장은 무기의 적정한 관리를 위하여 제4항의 규정에 의하여 무기를 대여 받은 시설주에 대하여 필요한 명령을 발할 수 있다.

경비업법 제24조(감독)
① 경찰청장 또는 지방경찰청장은 경비업무의 적정한 수행을 위하여 경비업자 및 경비지 도사를 지도·감독하며 필요한 명령을 할 수 있다.
② 지방경찰청장 또는 관할 경찰관서장은 소속 경찰공무원으로 하여금 관할구역 안에 있 는 경비업자의 주사무소 및 출장소와 경비원배치장소에 출입하여 근무상황 및 교육훈 련상황 등을 감독하며 필요한 명령을 하게 할 수 있다. 이 경우 출입하는 경찰공무원 은 그 권한을 표시하는 증표를 관계인에게 내보여야 한다.
③ 지방경찰청장 또는 관할 경찰관서장은 경비업자 또는 배치된 경비원이 이 법이나 이 법에 따른 명령, 「폭력행위 등 처벌에 관한 법률」을 위반하는 행위를 하는 경우 그 위 반행위의 중지를 명할 수 있다.

④ 지방경찰청장 또는 관할 경찰관서장은 경비업무 장소가 집단민원현장으로 판단되는 경우에는 그 때부터 48시간 이내에 경비업자에게 경비원 배치허가를 받을 것을 고지하여야 한다.

경비업법 제20조
② 경찰청장은 경비지도사가 다음 각호의 1에 해당하는 때에는 대통령령이 정하는 바에 따라 1년의 범위 내에서 그 자격을 정지시킬 수 있다.
    1. 제12조 제3항의 규정에 위반하여 직무를 성실하게 수행하지 아니한 때
    2. **제24조의** 규정에 의한 경찰청장 또는 지방경찰청장의 명령을 위반한 때

▼ 경비업법 제20조 제2항, 경비업법 제24조 제1항

위반행위자	행정처분 기준		
	1차 위반	2차 위반	3차 위반
경비업자	경고	영업정지 3월	허가취소
경비지도사	자격정지 1월	자격정지 6월	자격정지 9월

기출문제 01

경비업법령상 행정처분의 일반기준에 관한 설명으로 옳은 것은?

① 위반행위가 2 이상인 경우로서 그에 해당하는 각각의 처분기준이 다른 경우에는 그중 경한 처분기준에 따른다.
② 2 이상의 처분기준이 동일한 영업정지인 경우에는 중한 처분기준의 3분의 1까지 가중할 수 있다.
③ 위반행위의 횟수에 따른 행정처분 기준은 최근 1년간 같은 위반행위로 행정처분을 받은 경우에 적용한다.
④ 영업정지처분에 해당하는 위반행위가 적발된 날 이전 최근 2년간 같은 위반행위로 2회 영업정지처분을 받은 경우에는 그 위반행위에 대한 행정처분기준은 허가취소로 한다.

정답 ④

다음은 경비업법 시행령 별표에서 정한 행정처분의 개별기준이다. ( ) 안에 들어갈 내용으로 옳은 것은?

▼ 경비업법 제20조 제2항, 경비업법 제24조 제1항

위반행위	1차 위반	2차 위반	3차 이상 위반
경비업법 지방경찰청장의 허가 없이 경비업무를 변경한 때	(ㄱ)	(ㄴ)	(ㄷ)

① ㄱ: 경고,   ㄴ: 영업정지 1개월,   ㄷ: 영업정지 3개월
② ㄱ: 경고,   ㄴ: 영업정지 6개월,   ㄷ: 허가취소
③ ㄱ: 영업정지 1개월,   ㄴ: 영업정지 3개월,   ㄷ: 영업정지 6개월
④ ㄱ: 영업정지 1개월,   ㄴ: 영업정지 3개월,   ㄷ: 허가취소

정답 ②

4. 경비지도사자격의 취소 등

1) 경비지도사 자격취소

(1) 자격취소의 사유

경비업법 제20조(경비지도사자격의 취소 등)

① 경찰청장은 경비지도사가 다음 각 호의 1에 해당하는 때에는 그 자격을 취소하여야 한다.

  1. 제10조제1항 각 호의 결격사유에 해당하게 된 때

★경비업법 제10조 제1항
1. 만 18세 미만인 자, 피성년후견인, 피한정후견인
2. 파산선고를 받고 복권되지 아니한 자
3. 금고 이상의 실형의 선고를 받고 그 집행이 종료(집행이 종료된 것으로 보는 경우를

포함한다)되거나 집행이 면제된 날부터 5년이 지나지 아니한 자

4. 금고 이상의 형의 집행유예선고를 받고 그 유예기간 중에 있는 자

5. 다음 각 목의 어느 하나에 해당하는 죄를 범하여 벌금형을 선고받은 날부터 10년이 지나지 아니하거나 금고 이상의 형을 선고받고 그 집행이 종료된(종료된 것으로 보는 경우를 포함한다) 날 또는 집행이 유예·면제된 날부터 10년이 지나지 아니한 자

　가. 「형법」 제114조의 죄

　나. 「폭력행위 등 처벌에 관한 법률」 제4조의 죄

　다. 「형법」 제297조, 제297조의2, 제298조부터 제301조까지, 제301조의2, 제302조, 제303조, 제305조, 제305조의2의 죄

　라. 「성폭력범죄의 처벌 등에 관한 특례법」 제3조부터 제11조까지 및 제15조(제3조부터 제9조까지의 미수범만 해당한다)의 죄

　마. 「아동·청소년의 성보호에 관한 법률」 제7조 및 제8조의 죄

　바. 다목부터 마목까지의 죄로서 다른 법률에 따라 가중처벌되는 죄

6. 다음 각 목의 어느 하나에 해당하는 죄를 범하여 벌금형을 선고받은 날부터 5년이 지나지 아니하거나 금고 이상의 형을 선고받고 그 집행이 유예된 날부터 5년이 지나지 아니한 자

　가. 「형법」 제329조부터 제331조까지, 제331조의2 및 제332조부터 제343조까지의 죄

　나. 가목의 죄로서 다른 법률에 따라 가중처벌되는 죄

7. 제5호 다목부터 바목까지의 어느 하나에 해당하는 죄를 범하여 치료감호를 선고받고 그 집행이 종료된 날 또는 집행이 면제된 날부터 10년이 지나지 아니한 자 또는 제6호 각 목의 어느 하나에 해당하는 죄를 범하여 치료감호를 선고받고 그 집행이 면제된 날부터 5년이 지나지 아니한 자

8. 이 법이나 이 법에 따른 명령을 위반하여 벌금형을 선고받은 날부터 5년이 지나지 아니하거나 금고 이상의 형을 선고받고 그 집행이 유예된 날부터 5년이 지나지 아니한 자

　2. 허위 그 밖의 부정한 방법으로 경비지도사자격증을 교부받은 때

　3. 경비지도사자격증을 다른 사람에게 빌려주거나 양도한 때

　4. 자격정지 기간 중에 경비지도사로 선임되어 활동한 때

(2) 자격정지의 사유

경비업법 제20조(경비지도사자격의 취소 등)

② 경찰청장은 경비지도사가 다음 각 호의 1에 해당하는 때에는 대통령령이 정하는 바에 따라 1년의 범위 내에서 그 자격을 정지시킬 수 있다.

　1. 제12조제3항(성실수행의무)의 규정에 위반하여 직무를 성실하게 수행

하지 아니한 때

    2. 제24조의 규정(경찰청장, 지방청장의 지시·감독명령)에 의한 경찰청장 또는 지방경찰청장의 명령을 위반한 때

③ 경찰청장은 제1항의 규정에 의하여 경비지도사의 자격을 취소한 때에는 경비지도사자격증을 회수하여야 하고, 제2항의 규정에 의하여 경비지도사의 자격을 정지한 때에는 그 정지기간 동안 경비지도사자격증을 회수하여 보관하여야 한다.

(3) 경비지도사의 자격정지처분의 기준

경비업법시행령 제25조(경비지도사의 자격정지처분의 기준)
경비업법 제20조제2항의 규정에 의한 경비지도사에 대한 자격정지처분의 기준은 별표 5와 같다.

[별표 5]

경비지도사 자격정지처분 기준(제25조관련)

위 반 행 위	해당법조문	행 정 처 분 기 준		
		1차	2차	3차이상
1. 법 제12조제3항의 규정에 위반하여 직무를 성실하게 수행하지 아니한 때	법 제20조제2항제1호	자격정지 3월	자격정지 6월	자격정지 12월
2. 법 제24조의 규정에 의한 경찰청장·지방경찰청장의 명령을 위반한 때	법 제20조제2항제2호	자격정지 1월	자격정지 6월	자격정지 9월

비고 : 위반행위의 횟수에 따른 행정처분의 기준은 당해 위반행위가 있은 이전 최근 2년간 같은 위반행위로 행정처분을 받은 경우에 적용한다.

(4) 자격증의 회수

제20조(경비지도사자격의 취소 등)
③ 경찰청장은 제1항의 규정에 의하여 경비지도사의 자격을 취소한 때에는 경비지도사자격증을 회수하여야 하고, 제2항의 규정에 의하여 경비지도사의 자격을 정지한 때에는 그 정지기간 동안 경비지도사자격증을

회수하여 보관하여야 한다.

경비업법령상 경찰청장이 경비지도사의 자격을 취소해야 하는 경우에 해당하지 않는 것은?

① 경비지도사로서의 결격사유에 해당하게 된 때
② 허위로 경비지도사자격증을 교부받은 때
③ 경비지도사자격증을 다른 사람에게 빌려준 때
④ 경찰청장이 경비업무의 적정한 수행을 위하여 경비지도사를 지도·감독하며 내린 필요한 명령을 경비지도사가 위반한 때

정답 ④

경비업법상 경비지도사 자격을 정지시킬 수 있는 경우는?

① 집단민원현장에 배치된 경비원에 대한 지도·감독 직무를 성실하게 수행하지 아니한 때
② 자격정지 기간 중에 경비지도사로 선임되어 활동한 때
③ 허위 그 밖의 부정한 방법으로 경비지도사 자격증을 교부받은 때
④ 경비지도사 자격증을 다른 사람에게 빌려주거나 양도한 때

정답 ①

1. 청문의 의의

　　청문이란 행정기관이 행정처분 등 절차에 앞서 처분의 대상자에게 유리한 증거를 제출하거나 진술을 할 수 있게 하는 행정행위를 말한다. 우리나라는 행정절차법에서 청문에 대한 조항을 명시하고 있다. 행정절차법 제22조는 다른 법령에서 청문제도를 실시하도록 명문화하고 있는 경우나 행정청이 청문이 필요하다고 인정하는 경우, 이해관계인이 청문을 신청하는 경우에 청문을 할 수 있도록 규정하고 있다.

　　경비업법 제21조(청문)

　　경찰청장 또는 지방경찰청장은 다음 각 호의 1에 해당하는 처분을 하고자 하는 경우에는 청문을 실시하여야 한다.

　　1. 제19조(경비업 허가의 취소 등)의 규정에 의한 경비업 허가의 취소 또는 영업정지

　　2. 제20조제1항(경비지도사의 결격사유, 부정한 방법으로 자격 취소 등) 또는 제2항(성실의무위반, 경찰청장 등 지시위반)의 규정에 의한 경비지도사자격의 취소 또는 정지

2. 청문의 대상

1) 경비업 허가의 취소 또는 영업정지(경비업법 제19조)

　　법 제19조(경비업 허가의 취소 등)

　　① 허가관청은 경비업자가 다음 각 호의 어느 하나에 해당하는 때에는 그 허가를 취소하여야 한다.

　　　1. 허위 그 밖의 부정한 방법으로 허가를 받은 때

2. 제7조제5항의 규정에 위반하여 허가받은 경비업무 외의 업무에 경비원을 종사하게 한 때

3. 제7조제9항의 규정에 위반하여 경비업 및 경비관련업 외의 영업을 한 때

4. 정당한 사유 없이 허가를 받은 날부터 2년 이내에 경비 도급실적이 없거나 계속하여 1년 이상 휴업한 때

5. 정당한 사유 없이 최종 도급계약 종료일의 다음 날부터 2년 이내에 경비 도급실적이 없을 때

6. 영업정지처분을 받고 계속하여 영업을 한 때

7. 제15조의2제2항을 위반하여 소속 경비원으로 하여금 경비업무의 범위를 벗어난 행위를 하게 한 때

8. 제18조제8항에 따른 관할 경찰관서장의 배치폐지 명령에 따르지 아니한 때

② 허가관청은 경비업자가 다음 각 호의 어느 하나에 해당하는 때에는 대통령령으로 정하는 행정처분의 기준에 따라 그 허가를 취소하거나 6개월 이내의 기간을 정하여 영업의 전부 또는 일부에 대하여 영업정지를 명할 수 있다. 〈신설 2013.6.7.〉

1. 제4조제1항 후단을 위반하여 지방경찰청장의 허가 없이 경비업무를 변경한 때

2. 제7조제2항을 위반하여 도급을 의뢰받은 경비업무가 위법한 것임에도 이를 거부하지 아니한 때

3. 제7조제6항을 위반하여 경비지도사를 집단민원현장에 선임 · 배치하지 아니한 때

4. 제8조를 위반하여 경비대상 시설에 관한 경보 대응체제를 갖추지 아니한 때

5. 제9조제2항을 위반하여 관련 서류를 작성 · 비치하지 아니한 때

6. 제10조제3항을 위반하여 결격사유에 해당하는 경비원을 배치하거나 결격사유에 해당하는 경비지도사를 선임 · 배치한 때

7. 제12조제1항을 위반하여 경비지도사를 선임한 때

8. 제13조를 위반하여 경비원으로 하여금 교육을 받게 하지 아니한 때

9. 제16조에 따른 경비원의 복장 등에 관한 규정을 위반한 때

10. 제16조의2에 따른 경비원의 장비 등에 관한 규정을 위반한 때

11. 제16조의3에 따른 경비원의 출동차량 등에 관한 규정을 위반한 때

12. 제18조제1항 단서를 위반하여 집단민원현장에 일반경비원 명부를 작성·비치하지 아니한 때

13. 제18조제2항 각 호 외의 부분 단서를 위반하여 배치허가를 받지 아니하고 경비원을 배치하거나 경비원 명단 및 배치일시·배치장소 등 배치허가 신청의 내용을 거짓으로 한 때

14. 제18조제6항을 위반하여 결격사유에 해당하는 일반경비원을 집단민원현장에 배치한 때

15. 제24조에 따른 감독상 명령에 따르지 아니한 때

16. 제26조를 위반하여 손해를 배상하지 아니한 때

③ 허가관청은 제1항 및 제2항에 의하여 허가취소 또는 영업정지처분을 하는 때에는 경비업자가 허가받은 경비업무중 허가취소 또는 영업정지사유에 해당되는 경비업무에 한하여 처분을 하여야 한다. 다만, 제1항제2호 및 제7호에 해당하여 허가취소를 하는 때에는 그러하지 아니하다. 〈개정 2013.6.7.〉

2) 경비지도사자격의 취소 또는 정지(경비업법 제20조 제1항 또는 제2항)

제20조(경비지도사자격의 취소 등)

① 경찰청장은 경비지도사가 다음 각 호의 1에 해당하는 때에는 그 자격을 취소하여야 한다.

1. 제10조제1항 각 호의 결격사유에 해당하게 된 때

2. 허위 그 밖의 부정한 방법으로 경비지도사자격증을 교부받은 때

3. 경비지도사자격증을 다른 사람에게 빌려주거나 양도한 때

4. 자격정지 기간 중에 경비지도사로 선임되어 활동한 때

② 경찰청장은 경비지도사가 다음 각 호의 1에 해당하는 때에는 대통령령이 정하는 바에 따라 1년의 범위 내에서 그 자격을 정지시킬 수 있다.

1. 제12조제3항의 규정에 위반하여 직무를 성실하게 수행하지 아니한 때
2. 제24조의 규정에 의한 경찰청장 또는 지방경찰청장의 명령을 위반한 때

③ 경찰청장은 제1항의 규정에 의하여 경비지도사의 자격을 취소한 때에는 경비지도사자격증을 회수하여야 하고, 제2항의 규정에 의하여 경비지도사의 자격을 정지한 때에는 그 정지기간 동안 경비지도사자격증을 회수하여 보관하여야 한다.

기출문제 01

경비업법령상 청문절차를 반드시 거쳐야만 하는 경우가 아닌 것은?

① 현장배치 경비원에 대한 감독을 수행하지 않아 받은 경비지도사의 자격정지처분
② 경비원의 업무수행 중 제3자에게 입힌 손해에 대한 경비업자의 배상
③ 허가 없이 경비업무를 변경하여 받은 경비업의 영업정지처분
④ 결격사유에 해당되는 경비원 채용이 적발되어 받은 경비업 허가의 취소처분

정답 ②

기출문제 02

경비업법령상 경찰청장 또는 지방경찰청장이 해당 처분을 하기 위해 청문을 실시하여야 하는 경우가 아닌 것은?

① 특수경비원의 징계
② 경비지도사 자격의 취소
③ 경비지도사 자격의 정지
④ 경비업 허가의 취소 또는 영업정지

정답 ①

1. 경비협회의 설립

1) 경비협회의 설립목적 등

경비업법 제22조(경비협회)

① 경비업자는 경비업무의 건전한 발전과 경비원의 자질향상 및 교육훈련 등을 위하여 대통령령이 정하는 바에 따라 경비협회를 설립할 수 있다.

② 경비협회는 법인으로 한다.

③ 경비협회의 업무는 다음과 같다.

  1. 경비업무의 연구

  2. 경비원 교육·훈련 및 그 연구

  3. 경비원의 후생·복지에 관한 사항

  4. 경비진단에 관한 사항

  5. 그 밖에 경비업무의 건전한 운영과 육성에 관하여 필요한 사항

④ 경비협회에 관하여 이 법에 특별한 규정이 있는 것을 제외하고는 민법 중 사단법인에 관한 규정을 준용한다.

2) 정관의 작성

경비업법시행령 제26조(경비협회)

① 경비업자가 법 제22조제1항(경비협회 설립목적)에 따라 경비협회(이하 "협회"라 한다)를 설립하려는 경우에는 정관을 작성하여야 한다.

3) 회비의 징수

경비업법시행령 제26조(경비협회)

② 협회는 정관이 정하는 바에 의하여 회원으로부터 회비를 징수할 수 있다.

4) 경비협회의 법적 성격

(1) 경비협회는 법인으로 한다.

경비업법 제22조(경비협회)

② 경비협회는 법인으로 한다.

(2) 사단법인의 성격

경비업법 제22조(경비협회)

④ 경비협회에 관하여 이 법에 특별한 규정이 있는 것을 제외하고는 「민법」 중 사단법인에 관한 규정을 준용한다.

5) 경비협회의 업무

경비업법 제22조(경비협회)

③ 경비협회의 업무는 다음과 같다.
  1. 경비업무의 연구
  2. 경비원 교육·훈련 및 그 연구
  3. 경비원의 후생·복지에 관한 사항
  4. 경비진단에 관한 사항
  5. 그 밖에 경비업무의 건전한 운영과 육성에 관하여 필요한 사항

2. 공제사업

1) 사업

(1) 사업내용

경비업법 제23조(공제사업)

① 경비협회는 다음 각 호의 공제사업을 할 수 있다.
  1. 제26조에 따른 경비업자의 손해배상책임을 보장하기 위한 사업
  2. 경비업자가 경비업을 운영할 때 필요한 입찰보증, 계약보증(이행보증

을 포함한다), 하도급보증을 위한 사업

3. 경비원의 복지향상과 업무상 재해로 인한 손실을 보상하는 사업

4. 경비업무와 관련한 연구 및 경비원 교육·훈련에 관한 사업

(2) 회계의 구분

경비업법 시행령 제27조(공제사업)

① 협회는 법 제23조제1항의 규정에 의하여 공제사업을 하는 경우 공제사업의 회계는 다른 사업의 회계와 구분하여 경리하여야 한다.

2) 공제규정의 제정

경비업법 제23조(공제사업)

② 경비협회는 제1항의 규정에 의한 공제사업을 하고자 하는 때에는 공제규정을 제정하여야 한다.

3) 공제사업의 범위

경비업법 제23조(공제사업)

③ 제2항의 공제규정에는 공제사업의 범위, 공제계약의 내용, 공제금, 공제료 및 공제금에 충당하기 위한 책임준비금 등 공제사업의 운영에 관하여 필요한 사항을 정하여야 한다.

4) 공제사업에 대한 감독

(1) 감독에 관한 기준3

경비업법 제23조(공제사업)

④ 경찰청장은 제1항에 따른 공제사업의 건전한 육성과 가입자의 보호를 위하여 공제사업의 감독에 관한 기준을 정할 수 있다.

(2) 협의

경비업법 제23조(공제사업)

⑤ 경찰청장은 제2항에 따른 공제규정을 승인하거나 제4항에 따라 공제사업의 감독에 관한 기준을 정하는 경우에는 미리 금융위원회와 협의하여야 한다.

(3) 검사의 요청

경비업법 제23조(공제사업)

⑥ 경찰청장은 제1항에 따른 공제사업에 대하여 「금융위원회의 설치 등에 관한 법률」에 따른 금융감독원의 원장에게 검사를 요청할 수 있다.

기출문제 01

경비업법령상 경비협회의 업무 등에 관한 내용으로 옳지 않은 것은?

① 경비협회의 업무에는 경비원의 후생·복지에 관한 사항이 포함된다.
② 경비협회는 경비업자가 경비업을 운영할 때 필요한 이행보증을 포함한 계약보증을 위한 공제사업을 할 수 있다.
③ 경비업자는 경비업무의 건전한 발전과 경비원의 자질향상 및 교육훈련 등을 위하여 행정자치부령이 정하는 바에 따라 경비협회를 설립할 수 있다.
④ 경찰청장은 경비업법에 따른 공제사업의 건전한 육성과 가입자의 보호를 위하여 공제사업의 감독에 관한 기준을 정할 수 있다.

정답 ③

기출문제 02

경비업법령상 경비협회, 공제사업에 관한 설명으로 옳지 않은 것은?

① 경비협회는 법인으로 한다.
② 경비협회는 정관이 정하는 바에 의하여 회원으로부터 회비를 징수할 수 있다.
③ 경찰청장은 경비협회의 공제규정을 승인하는 때에는 미리 금융위원회와 협의하여야 한다.
④ 경비협회에 관하여 경비업법에 특별한 규정이 있는 것을 제외하고는 민법 중 재단법인에 관한 규정을 준용한다.

정답 ④

경비업법령상 경비협회에 관한 설명으로 옳은 것은?

① 경비협회를 설립하려면 경비업자 10인 이상으로 구성된 발기인을 필요로 한다.
② 경비협회의 업무에는 경비진단에 관한 사항도 포함된다.
③ 경비협회는 공익법인이므로 회원으로부터 회비를 징수할 수 없다.
④ 경비협회에 관하여 경비업법에 특별한 규정이 있는 것을 제외하고는 민법 중 재단법인에 관한 규정을 준용한다.

정답 ②

경비업법령상 경비협회가 할 수 있는 공제사업에 해당하지 않는 것은?

① 경비지도사의 손해배상책임과 형사책임을 보장하기 위한 사업
② 경비원의 복지향상과 업무상 재해로 인한 손실을 보상하는 사업
③ 경비업무와 관련한 연구 및 경비원의 교육·훈련에 관한사업
④ 경비업자가 경비업을 운영할 때 필요한 입찰보증, 계약보증, 하도급보증을 위한 사업

정답 ①

제13절 보칙

1. 경찰청장 등의 감독 등

1) 지도·감독

경비업법 제24조(감독)
① 경찰청장 또는 지방경찰청장은 경비업무의 적정한 수행을 위하여 경비업자 및 경비지도사를 지도·감독하며 필요한 명령을 할 수 있다.

② 지방경찰청장 또는 관할 경찰관서장은 소속 경찰공무원으로 하여금 관할구역 안에 있는 경비업자의 주사무소 및 출장소와 경비원배치장소에 출입하여 근무상황 및 교육훈련상황 등을 감독하며 필요한 명령을 하게 할 수 있다. 이 경우 출입하는 경찰공무원은 그 권한을 표시하는 증표를 관계인에게 내보여야 한다.

③ 지방경찰청장 또는 관할 경찰관서장은 경비업자 또는 배치된 경비원이 이 법이나 이 법에 따른 명령, 「폭력행위 등 처벌에 관한 법률」을 위반하는 행위를 하는 경우 그 위반행위의 중지를 명할 수 있다.

④ 지방경찰청장 또는 관할 경찰관서장은 경비업무 장소가 집단민원현장으로 판단되는 경우에는 그때부터 48시간 이내에 경비업자에게 경비원 배치 허가를 받을 것을 고지하여야 한다.

2) 지방경찰청장의 보안지도 · 점검

경비업법 제25조(보안지도 · 점검 등)
지방경찰청장은 대통령령이 정하는 바에 따라 특수경비업자에 대하여 보안지도 · 점검을 실시하여야 하고, 필요한 경우 관계기관에 보안측정을 요청하여야 한다.

경비업법시행령 제29조(보안지도점검)
지방경찰청장은 법 제25조의 규정에 의하여 특수경비업자에 대하여 연 2회 이상의 보안지도 · 점검을 실시하여야 한다

3) 경비업자의 손해배상

경비업법 제26조(손해배상 등)
① 경비업자는 경비원이 업무수행 중 고의 또는 과실로 경비대상에 손해가 발생하는 것을 방지하지 못한 때에는 그 손해를 배상하여야 한다.

② 경비업자는 경비원이 업무수행 중 고의 또는 과실로 제3자에게 손해를 입힌 경우에는 이를 배상하여야 한다.

2. 권한의 위임 등

1) 위임 및 위탁

(1) 권한의 위임

경비업법 제27조(위임 및 위탁)
① 이 법에 의한 경찰청장의 권한은 대통령령이 정하는 바에 따라 그 일부를 지방경찰청장에게 위임할 수 있다.

경비업법 시행령 제31조(권한의 위임 및 위탁)
① 경찰청장은 법 제27조제1항의 규정에 의하여 다음 각 호의 권한을 지방경찰청장에게 위임한다.
    1. 법 제20조(경비지도사자격의 취소 등)의 규정에 의한 경비지도사의 자격의 취소 및 정지에 관한 권한
    2. 법 제21조제2호(경비지도사자격의 취소 또는 정지)의 규정에 의한 경비지도사 자격의 취소 및 정지에 관한 청문의 권한

(2) 업무의 위탁

경비업법 제27조(위임 및 위탁)
② 경찰청장은 제11조(경비지도사의 시험 등)의 규정에 의한 경비지도사의 시험 및 교육에 관한 업무를 대통령령이 정하는 바에 따라 관계전문기관 또는 단체에 위탁할 수 있다.

경비업법시행령 제31조(권한의 위임 및 위탁)
② 경찰청장 또는 경찰관서장은 법 제27조제2항(경비지도사 시험의 위탁 등)의 규정에 의하여 법 제11조제1항의 규정에 의한 경비지도사시험의 관리와 경비지도사의 교육에 관한 업무를 경비업무에 관한 인력과 전문성을 갖춘 기관으로서 경찰청장이 지정하여 고시하는 기관 또는 단체에 위탁한다.

2) 허가증 등의 수수료

경비업법 제27조의2(수수료)

이 법에 따른 경비업의 허가를 받거나 허가증을 재교부받고자 하는 자는 대통령령이 정하는 바에 따라 수수료를 납부하여야 한다.

(1) 수수료

경비업법시행령 제28조(허가증 등의 수수료)

① 법에 의한 경비업의 허가를 받거나 허가증을 재교부받고자 하는 자는 다음 각 호의 수수료를 납부하여야 한다.
  1. 법 제4조제1항 및 법 제6조제2항의 규정에 의한 경비업의 허가(추가·변경·갱신허가를 포함한다)의 경우에는 1만 원
  2. 허가사항의 변경신고로 인한 허가증 재교부의 경우에는 2천 원

(2) 납부방법

경비업법시행령 제28조(허가증 등의 수수료)

② 제1항의 규정에 의한 수수료는 허가 등의 신청서에 수입인지를 첨부하여 납부한다.

(3) 시험응시 수수료

제28조(허가증 등의 수수료)

③ 시험에 응시하고자 하는 자는 경찰청장이 정하여 고시하는 수수료를 납부하여야 한다.

★ 경비지도사 시험위탁 및 응시수수료 책정고시

1. 경비지도사시험 위탁

　가. 근거

　　－「경비업법」제27조(위임 및 위탁) 및 「경비업법 시행령」제31조(권한의 위임
　　　 및 위탁)

　나. 위탁기관

　　1) 기관명칭: 한국산업인력공단

　　2) 소 재 지: 울산광역시 중구 종가로 345 한국산업인력공단

　다. 위탁사유

　　－ 경비지도사 자격시험을 검정시행의 전문기관인 한국산업인력공단에 위탁, 유능
　　　 한 인력배출 등 자격시험의 내실화 추구

　라. 위탁사항

　　(1) 시험의 공고(「경비업법 시행령」제11조제2항 및 제3항)

　　(2) 시험의 실시(「경비업법 시행령」제12조)

　　(3) 시험의 일부면제자에 대한 검토·확인(「경비업법 시행령」제13조)

　　(4) 시험 합격자의 결정(「경비업법 시행령」제14조제1항 및 제2항)

　　(5) 시험출제위원의 임명·위촉 등(「경비업법 시행령」제15조)

　　(6) 기타 시험관리에 관한 사항

2. 응시수수료

　가. 근거

　　－「경비업법 시행령」제28조(허가증 등의 수수료)

　나. 경비지도사 시험에 응시하고자 하는 자는 28,000원의 응시수수료를 납부하여야
　　 한다. 단, 1차 시험이 면제되는 자는 18,000원의 응시수수료를 납부한다.

3. 재검토기한

이 고시는 「훈령·예규 등의 발령 및 관리에 관한 규정」(대통령 훈령 제334호)에 따라
2019년 1월 1일 기준으로 매 3년이 되는 시점(매 3년째의 12월 31일까지를 말한다)마
다 그 타당성을 검토하여 개선 등의 조치를 하여야 한다.

(4) 응시수수료의 반환

경비업법시행령 제28조(허가증 등의 수수료)

④ 경찰청장은 다음 각 호의 어느 하나에 해당하는 경우에는 제3항에 따
　라 받은 응시수수료의 전부 또는 일부를 다음 각 호의 구분에 따라 반
　환하여야 한다.

　1. 응시수수료를 과오납한 경우: 과오납한 금액 전액

2. 시험시행기관의 귀책사유로 시험에 응시하지 못한 경우: 응시수수료 전액

3. 시험시행일 20일 전까지 접수를 취소하는 경우: 응시수수료 전액

4. 시험시행일 10일 전까지 접수를 취소하는 경우: 응시수수료의 100분의 50

(5) 전자결제

경비업법시행령 제28조(허가증 등의 수수료)
⑤ 경찰청장 및 지방경찰청장은 제2항 및 제3항의 규정에 불구하고 정보통신망을 이용하여 전자화폐·전자결제 등의 방법으로 수수료를 납부하게 할 수 있다.

3) 민감정보 및 고유식별정보의 처리

제31조의2(민감정보 및 고유식별정보의 처리)

경찰청장, 지방경찰청장, 경찰서장 및 경찰관서장(제31조에 따라 경찰청장 및 경찰관서장의 권한을 위임·위탁받은 자를 포함한다)은 다음 각 호의 사무를 수행하기 위하여 불가피한 경우 「개인정보 보호법 시행령」 제18조제2호에 따른 범죄경력자료에 해당하는 정보와 같은 영 제19조제1호 또는 제4호에 따른 주민등록번호 또는 외국인등록번호가 포함된 자료를 처리할 수 있다.

1. 법 제4조 및 제6조에 따른 경비업의 허가 및 갱신허가 등에 관한 사무
2. 법 제11조에 따른 경비지도사 시험 등에 관한 사무
3. 법 제13조에 따른 경비원의 교육 등에 관한 사무
4. 법 제14조에 따른 특수경비원의 직무 및 무기사용 등에 관한 사무
5. 법 제17조에 따른 결격사유 확인을 위한 범죄경력조회 등에 관한 사무
6. 법 제18조에 따른 경비원 배치허가 등에 관한 사무
7. 법 제19조 및 제20조에 따른 행정처분에 관한 사무
8. 법 제24조에 따른 경비업자 및 경비지도사의 지도·감독에 관한 사무
9. 법 제25조에 따른 보안지도·점검 및 보안측정에 관한 사무
10. 제1호부터 제9호까지의 규정에 따른 사무를 수행하기 위하여 필요한 사무

4) 규제의 재검토

제31조의3(규제의 재검토)

경찰청장은 다음 각 호의 사항에 대하여 다음 각 호의 기준일을 기준으로 3년마다(매 3년이 되는 해의 기준일과 같은 날 전까지를 말한다) 그 타당성을 검토하여 개선 등의 조치를 하여야 한다.

1. 제3조제2항 및 별표 1(경비업의 시설 등 기준)에 따른 경비업의 시설 등의 기준: 2014년 6월 8일
2. 제22조에 따른 집단민원현장 배치 불허가 기준: 2014년 6월 8일
3. 제24조 및 별표 4(행정처분의 기준)에 따른 행정처분 기준: 2014년 6월 8일
4. 제32조제1항 및 별표 6(과태료의 부과기준)에 따른 과태료의 부과기준: 2014년 6월 8일

[별표 6] <개정 2014.6.3>

과태료의 부과기준(제32조제1항 관련)

위반행위	해당 법조문	과태료 금액(단위: 만원)		
		1회 위반	2회 위반	3회 이상
1. 법 제4조제3항 또는 제18조제2항을 위반하여 신고를 하지 않은 경우	법 제31조제2항제1호			
가. 1개월 이내의 기간 경과		50		
나. 1개월 초과 6개월 이내의 기간 경과		100		
다. 6개월 초과 12개월 이내의 기간 경과		200		
라. 12개월 초과의 기간 경과		400		
2. 법 제7조제7항을 위반하여 경비대행업자 지정신고를 하지 않은 경우	법 제31조제2항제2호			
가. 허위로 신고한 경우		400		
나. 그 밖의 사유로 신고하지 않은 경우		300		
3. 법 제9조제1항을 위반하여 설명의무를 이행하지 않은 경우	법 제31조제2항제3호	100	200	400
4. 법 제10조제3항을 위반하여 결격사유에 해당하는 경비원을 배치하거나 결격사유에 해당하는 경비지도사를 선임·배치한 경우	법 제31조제2항제6호	100	200	400
5. 법 제12조제1항을 위반하여 경비지도사를 선임하지 않은 경우	법 제31조제2항제4호	100	200	400
6. 법 제14조제6항에 따른 감독상 필요한 명령을 정당한 이유없이 이행하지 않은 경우	법 제31조제2항제5호		500	
7. 법 제16조제1항을 위반하여 복장 등에 관한 신고규정을 위반하여 신고를 하지 않은 경우	법 제31조제2항제7호	100	200	400
8. 법 제16조제1항을 위반하여 경비원의 복장에 관한 신고를 하지 않고 집단민원현장에 경비원을 배치한 경우	법 제31조제1항제1호	600	1200	2400

위반행위	해당 법조문		1회	2회	3회 이상
9. 법 제16조제2항을 위반하여 이름표를 부착하게 하지 않거나, 신고된 동일 복장을 착용하게 하지 않고 경비원을 경비업무에 배치한 경우	법 호	제31조제2항제8	100	200	400
10. 법 제16조제2항을 위반하여 이름표를 부착하게 하지 않거나, 신고된 동일 복장을 착용하게 하지 않고 집단민원현장에 경비원을 배치한 경우	법 호	제31조제1항제2	600	1200	2400
11. 법 제18조제1항 본문을 위반하여 명부를 작성·비치하지 않은 경우	법 호	제31조제2항제9			
가. 경비원 명부를 비치하지 않은 경우			100	200	400
나. 경비원 명부를 작성하지 않은 경우			50	100	200
12. 법 제18조제1항 단서를 위반하여 집단민원현장에 배치되는 일반경비원의 명부를 그 배치 장소에 작성·비치하지 않은 경우	법 호	제31조제1항제3			
가. 경비원 명부를 비치하지 않은 경우			600	1200	2400
나. 경비원 명부를 작성하지 않은 경우			300	600	1200
13. 법 제18조제2항 각 호 외의 부분 단서를 위반하여 배치허가를 받지 않고 경비원을 배치하거나, 경비원 명단 및 배치일시·배치장소 등 배치허가 신청의 내용을 거짓으로 한 경우	법 호	제31조제1항제4	1000	2000	3000
14. 법 제18조제5항을 위반하여 경비원의 근무상황을 기록하여 보관하지 않은 경우	법 호	제31조제2항제10	50	100	200
15. 법 제18조제7항을 위반하여 법 제13조에 따른 신임교육을 이수하지 않은 자를 법 제18조제2항 각 호의 경비원으로 배치한 경우	법 호	제31조제1항제5	600	1200	2400

비고: 위반행위의 횟수에 따른 과태료의 부과기준은 최근 2년간 같은 위반행위로 과태료 부과처분을 받은 경우에 적용한다. 이 경우 기준 적용일은 위반행위에 대한 과태료 부과처분일과 그 처분 후의 위반행위가 다시 적발된 날을 기준으로 한다.

1. 경비원 등에 대한 벌칙

1) 행정형벌

(1) 7년 이하의 징역 또는 5천만 원 이하의 벌금

경비업법 제28조(벌칙)

① 법 제14조제2항의 규정에 위반하여 국가중요시설의 정상적인 운영을 해치는 장해를 일으킨 특수경비원은 5년 이하의 징역 또는 5천만 원 이하의 벌금에 처한다

> **경비업법 제14조(특수경비원의 직무 및 무기사용 등)**
> ② 특수경비원은 국가중요시설에 대한 경비업무 수행 중 국가중요시설의 정상적인 운영을 해치는 장해를 일으켜서는 아니 된다.

(2) 3년 이하의 징역 또는 3천만 원 이하의 벌금

경비업법 제28조(벌칙)

② 다음 각 호의 어느 하나에 해당하는 자는 3년 이하의 징역 또는 3천만 원 이하의 벌금에 처한다.

1. 제4조제1항의 규정에 의한 허가를 받지 아니하고 경비업을 영위한 자

2. 제7조제4항의 규정에 위반하여 직무상 알게 된 비밀을 누설하거나 부당한 목적을 위하여 사용한 자

3. 제7조제8항의 규정에 위반하여 경비업무의 중단을 통보하지 아니하거나 경비업무를 즉시 인수하지 아니한 특수경비업자 또는 경비대행업자

4. 집단민원현장에 경비원을 배치하면서 제7조의2제1항을 위반하여 제4조제1항에 따른 허가를 받지 아니한 자에게 경비업무를 도급한 자

5. 제7조의2제2항을 위반하여 집단민원현장에 20명 이상의 경비인력

을 배치하면서 그 경비인력을 직접 고용한 자

6. 제7조의2제3항을 위반하여 경비업자의 경비원 채용 시 무자격자나 부적격자 등을 채용하도록 관여하거나 영향력을 행사한 도급인

7. 과실로 인하여 제14조제2항의 규정에 위반하여 국가중요시설의 정상적인 운영을 해치는 장해를 일으킨 특수경비원

8. 특수경비원으로서 경비구역 안에서 시설물의 절도, 손괴, 위험물의 폭발 등의 사유로 인한 위급사태가 발생한 때에 제15조제1항 또는 제2항의 규정에 위반한 자

> 가. 제15조 제1항(**직무상 복종의무**: 특수경비원은 직수를 수행함에 있어 시설주·관할경찰관서장 및 소속상사의 직무상 명령에 복종하여야 한다.)
> 나. 제2항(**근무지역 이탈금지 의무**: 특수경비원은 소속상사의 허가 또는 정당한 사유 없이 경비구역을 벗어나서는 아니 된다.)

9. 제15조의2제2항의 규정을 위반하여 경비원에게 경비업무의 범위를 벗어난 행위를 하게 한 자

(3) 2년 이하의 징역 또는 2천만 원 이하의 벌금

경비업법 제28조(벌칙)

③ 법 제14조제4항 후단의 규정에 위반하여 정당한 사유 없이 무기를 소지하고 배치된 경비구역을 벗어난 특수경비원은 2년 이하의 징역 또는 2천만 원 이하의 벌금에 처한다.

> **제14조(특수경비원의 직무 및 무기사용 등)**
> ④ 지방경찰청장은 국가중요시설에 대한 경비업무의 수행을 위하여 필요하다고 인정하는 때에는 관할경찰관서장으로 하여금 시설주의 신청에 의하여 시설주로부터 국가에 기부 채납된 무기를 대여하게 하고, 시설주는 이를 특수경비원으로 하여금 휴대하게 할 수 있다. 이 경우 특수경비원은 정당한 사유 없이 무기를 소지하고 배치된 경비구역을 벗어나서는 아니 된다.

(4) 1년 이하의 징역 또는 1천만 원 이하의 벌금

경비업법 제28조(벌칙)

④ 다음 각 호의 어느 하나에 해당하는 자는 1년 이하의 징역 또는 1천만
　원 이하의 벌금에 처한다.

　1. 제14조제7항의 규정에 위반한 관리책임자

경비업법 제14조

⑦ 시설주로부터 무기의 관리를 위하여 지정받은 책임자(이하 "관리책임자"라 한다)는 다
　음 각 호에 의하여 이를 관리하여야 한다.
1. 무기출납부 및 무기장비운영카드를 비치 · 기록하여야 한다.
2. 무기는 관리책임자가 직접 지급 · 회수하여야 한다.

---

　2. 제15조제3항의 규정에 위반하여 쟁의행위를 한 특수경비원

경비업법 제15조(특수경비원의 의무)

③ 특수경비원은 파업 · 태업 그 밖에 경비업무의 정상적인 운영을 저해하는 일체의 쟁의
　행위를 하여서는 아니 된다.

---

　3. 제15조의2제1항을 위반하여 경비업무의 범위를 벗어난 행위를 한 경비원

제15조의2(경비원 등의 의무)

① 경비원은 직무를 수행함에 있어 타인에게 위력을 과시하거나 물리력을 행사하는 등 경
　비업무의 범위를 벗어난 행위를 하여서는 아니 된다.

---

　4. 제16조의2제1항에서 정한 장비 외에 흉기 또는 그 밖의 위험한 물건
　　을 휴대하고 경비업무를 수행한 경비원 또는 경비원에게 이를 휴대
　　하고 경비업무를 수행하게 한 자

제16조의2(경비원의 장비 등)

① 경비원이 휴대할 수 있는 장비의 종류는 경적 · 단봉 · 분사기 등 행정안전부령으로 정
　하되, 근무 중에만 이를 휴대할 수 있다.

---

2) 형의 가중

(1) 특수경비원

경비업법 제29조(형의 가중처벌)

① 특수경비원이 무기를 휴대하고 경비업무를 수행 중에 제14조제8항(특수경비원의 직무 및 무기의 사용)의 규정 및 제15조제4항(특수경비원의 의무)의 규정에 의한 무기의 안전수칙을 위반하여

- 「형법」 제258조의2 제1항(제257조제1항의 죄로 한정한다)/특수상해(일반상해죄에 한정)
- 「형법」 제258조의2 제2항(제258조제1항, 제2항의 죄로 한정한다)/특수상해(일반 중상해 등)
- 제259조제1항: 상해치사
- 제260조제1항: 폭행
- 제262조: 폭행치사상
- 제268조: 업무상과실, 업무상과실 치사상
- 제276조제1항: 체포, 감금, 존속체포, 존속감금
- 제277조제1항: 중체포, 중감금, 존속중체포, 존속중감금
- 제281조제1항: 체포·감금 치사상
- 제283조제1항: 협박, 존속협박
- 제324조제2항: 강요
- 제350조의2: 특수공갈
- 제366조의 죄: 재물손괴 등 범죄를 범한 때에는
  그 죄에 정한 형의 2분의 1까지 가중처벌한다.

(2) 경비원

경비업법 제29조(형의 가중처벌)

② 경비원이 경비업무 수행 중에 법 제16조의2제1항(경비원의 휴대장비)에서 정한 장비 외에 흉기 또는 그 밖의 위험한 물건을 휴대하고

- 「형법」 제258조의2 제1항(제257조제1항의 죄로 한정한다)/특수상해(일

반상해죄에 한정)
- 「형법」 제258조의2 제2항(제258조제1항·제2항의 죄로 한정한다)/특수 상해(일반 중상해 등)
- 제259조제1항: 상해치사
- 제261조: 특수폭행
- 제262조: 폭행치사상
- 제268조: 업무상과실·중과실 치사상
- 제276조제1항: 체포, 감금, 존속체포, 존속감금
- 제277조제1항: 중체포, 중감금, 존속중체포, 존속중감금
- 제281조제1항: 체포·감금 치사상
- 제283조제1항: 협박, 존속협박
- 제324조제2항: 강요
- 제350조의2: 특수공갈
- 제366조의 죄: 재물손괴 등 범죄를 범한 때에는 그 죄에 정한 형의 2분의 1까지 가중처벌한다.

3) 양벌규정

경비업법 제30조(양벌규정)

법인의 대표자나 법인 또는 개인의 대리인, 사용인, 그 밖의 종업원이 그 법인 또는 개인의 업무에 관하여 제28조(벌칙)의 위반행위를 하면 그 행위자를 벌하는 외에 그 법인 또는 개인에게도 해당 조문의 벌금형을 과(科)한다. 다만, 법인 또는 개인이 그 위반행위를 방지하기 위하여 해당 업무에 관하여 상당한 주의와 감독을 게을리하지 아니한 경우에는 그러하지 아니하다.

2. 과태료

1) 과태료의 의의

과태료라 함은 행정 법규 등 형벌의 성질을 가지지 않는 법령위반에 대해 시청, 군청 등이 부과하는 '금전적 징계'를 가리킨다.(전입신고의 해태, 주차위반

등에 가해지는 금전적 징계) 즉, 과태료는 벌금이나 과료와 달리 형벌의 성격은 아니며, 법령위반에 대하여 과해지는 금전적 징계벌의 성격을 갖는다.

2) 3천만 원 이하의 과태료

경비업법 제31조(과태료)

① 다음 각 호의 어느 하나에 해당하는 경비업자에게는 3천만 원 이하의 과태료를 부과한다.

    1. 제16조제1항을 위반하여 경비원의 복장에 관한 신고를 하지 아니하고 집단민원현장에 경비원을 배치한 자

    2. 제16조제2항을 위반하여 이름표를 부착하게 하지 아니하거나, 신고된 동일 복장을 착용하게 하지 아니하고 집단민원현장에 경비원을 배치한 자

    3. 제18조제1항 단서를 위반하여 집단민원현장에 일반경비원을 배치하면서 경비원의 명부를 배치장소에 작성·비치하지 아니한 자

    4. 제18조제2항 각 호 외의 부분 단서를 위반하여 배치허가를 받지 아니하고 경비원을 배치하거나 경비원 명단 및 배치일시·배치장소 등 배치허가 신청의 내용을 거짓으로 한 자

    5. 제18조제7항을 위반하여 제13조에 따른 신임교육을 이수하지 아니한 자를 제18조 제2항 각 호의 경비원으로 배치한 자

경비업법 제18조(경비원의 명부와 배치허가 등)

② 경비업자가 경비원을 배치하거나 배치를 폐지한 경우에는 행정안전부령으로 정하는 바에 따라 관할 경찰관서장에게 신고하여야 한다. 다만, 다음 제1호의 경우에는 경비원을 배치하기 48시간 전까지 행정안전부령으로 정하는 바에 따라 배치허가를 신청하고, 관할 경찰관서장의 배치허가를 받은 후에 경비원을 배치하여야 하며(제2호 및 제3호의 경우에는 경비원을 배치하기 전까지 신고하여야 한다), 이 경우 관할 경찰관서장은 배치허가를 함에 있어 필요한 조건을 붙일 수 있다.

    1. 제2조제1호가목에 따른 시설경비업무 또는 같은 호 다목에 따른 신변보호업무 중 집단민원현장에 배치된 일반경비원

    2. 집단민원현장이 아닌 곳에서 제2조제1호 다목의 규정에 의한 신변보호업무를 수행하는 일반경비원

    3. 특수경비원

---

3) 500만 원 이하의 과태료

경비업법 제31조(과태료)

② 다음 각 호의 어느 하나에 해당하는 경비업자 또는 시설주에게는 500만 원 이하의 과태료를 부과한다.

1. 제4조제3항 또는 제18조제2항의 규정에 위반하여 신고를 하지 아니한 자

2. 제7조제7항의 규정에 위반하여 경비대행업자 지정신고를 하지 아니한 자

3. 제9조제1항의 규정에 위반하여 설명의무를 이행하지 아니한 자

4. 제12조제1항의 규정에 위반하여 경비지도사를 선임하지 아니한 자

5. 제14조제6항의 규정에 의한 감독상 필요한 명령을 정당한 이유 없이 이행하지 아니한 자

6. 제10조제3항을 위반하여 결격사유에 해당하는 경비원을 배치하거나 결격사유에 해당하는 경비지도사를 선임·배치한 자

7. 제16조제1항의 복장 등에 관한 신고규정을 위반하여 신고를 하지 아니한 자

8. 제16조제2항을 위반하여 이름표를 부착하게 하지 아니하거나, 신고된 동일 복장을 착용하게 하지 아니하고 경비원을 경비업무에 배치한 자

9. 제18조제1항 본문을 위반하여 명부를 작성·비치하지 아니한 자

10. 제18조제5항을 위반하여 경비원의 근무상황을 기록하여 보관하지 아니한 자

4) 부과 기준

(1) 경비업법 제31조(과태료)

③ 제1항 및 제2항의 규정에 의한 과태료는 대통령령이 정하는 바에 의하여 지방경찰청장 또는 경찰관서장이 부과·징수한다.

(2) 부과기준(경비업법시행령 제32조 제1항 관련 별표6)

경비업법시행령 제32조(과태료의 부과기준 등)

① 법 제31조제1항 및 제2항에 따른 과태료의 부과기준은 별표 6과 같다.

② 지방경찰청장 또는 경찰관서장은 「질서위반행위규제법」 제14조 각 호의 사항을 고려하여 별표 6에 따른 금액의 100분의 50의 범위에서 경감하거나 가중할 수 있다. 다만, 가중하는 때에는 법 제31조제1항 및 제2항에 따른 과태료 금액의 상한을 초과할 수 없다.

「질서위반행위규제법」 제14조(과태료의 산정)
행정청 및 법원은 과태료를 정함에 있어서 다음 각 호의 사항을 고려하여야 한다.
1. 질서위반행위의 동기 · 목적 · 방법 · 결과
2. 질서위반행위 이후의 당사자의 태도와 정황
3. 질서위반행위자의 연령 · 재산상태 · 환경
4. 그 밖에 과태료의 산정에 필요하다고 인정되는 사유

▼ 과태료의 부과기준 [별표6]

위반행위	과태료 금액(단위: 만원)		
	1회 위반	2회 위반	3회 이상
1.(①영업을 폐업하거나 휴업한 때 ②법인의 명칭이나 대표자 · 임원을 변경한 때 ③법인의 주사무소나 출장소를 신설 · 이전 또는 폐지한 때 ④기계경비업무의 수행을 위한 관제시설을 신설 · 이전 또는 폐지한 때 ⑤특수경비업무를 개시하거나 종료한 때) 위반하여 신고를 하지 않은 경우 ← 신고의무 불이행			
가. 1개월 이내의 기간 경과	50		
나. 1개월 초과 6개월 이내의 기간 경과	100		
다. 6개월 초과 12개월 이내의 기간 경과	200		
라. 12개월 초과의 기간 경과	400		
2. 경비대행업자 지정신고를 하지 않은 경우			
가. 허위로 신고한 경우	400		
나. 그 밖의 사유로 신고하지 않은 경우	300		
3. 설명의무를 이행하지 않은 경우	100	200	400

위반행위			
4. 결격사유에 해당하는 경비원을 배치하거나 결격사유에 해당하는 경비지도사를 선임·배치한 경우	100	200	400
5. 경비지도사를 선임하지 않은 경우	100	200	400
6. 무기의 적정관리를 위한 감독상 필요한 명령을 정당한 이유 없이 이행하지 않은 경우	500		
7. 복장 등에 관한 신고규정을 위반하여 신고를 하지 않은 경우	100	200	400
8. 경비원의 복장에 관한 신고를 하지 않고 집단민원현장에 경비원을 배치한 경우	600	1200	2400
9. 이름표를 부착하게 하지 않거나, 신고된 동일 복장을 착용하게 하지 않고 경비원을 경비업무에 배치한 경우	100	200	400
10. 이름표를 부착하게 하지 않거나, 신고된 동일 복장을 착용하게 하지 않고 집단민원현장에 경비원을 배치한 경우	600	1200	2400
11. 명부를 작성·비치하지 않은 경우			
가. 경비원 명부를 비치하지 않은 경우	100	200	400
나. 경비원 명부를 작성하지 않은 경우	50	100	200
12. 집단민원현장에 배치되는 일반경비원의 명부를 그 배치 장소에 작성·비치하지 않은 경우			
가. 경비원 명부를 비치하지 않은 경우	600	1200	2400
나. 경비원 명부를 작성하지 않은 경우	300	600	1200
13. 배치허가를 받지 않고 경비원을 배치하거나, 경비원 명단 및 배치일시·배치장소 등 배치허가 신청의 내용을 거짓으로 한 경우	1000	2000	3000
14. 경비원의 근무상황을 기록하여 보관하지 않은 경우	50	100	200
15. 신임교육을 이수하지 않은 자를 경비원으로 배치한 경우	600	1200	2400

* 비고: 위반행위의 횟수에 따른 과태료의 부과기준은 최근 2년간 같은 위반행위로 과태료 부과처분을 받은 경우에 적용한다. 이 경우 기준 적용일은 위반행위에 대한 과태료 부과처분일과 그 처분 후의 위반행위가 다시 적발된 날을 기준으로 한다.

경비업법령상 벌칙에 관한 설명으로 옳은 것은?

① 국가중요시설에 대한 경비업무 수행 중 국가중요시설의 정상적인 운영을 해치는 장해를 일으킨 특수경비원은 7년 이하의 징역 또는 5천만 원 이하의 벌금에 처한다.

② 허가를 받지 아니하고 경비업을 영위한 자는 2년 이하의 징역 또는 2천만 원 이하의 벌금에 처한다.

③ 국가중요시설에 대한 경비업무의 수행 중 정당한 사유 없이 무기를 소지하고 배치된 경비구역을 벗어난 특수경비원은 3년 이하의 징역 또는 3천만 원 이하의 벌금에 처한다.

④ 경비업법 규정에 위반하여 쟁의행위를 한 특수경비원은 2년 이하의 징역 또는 2천만 원 이하의 벌금에 처한다.

정답 ①

경비업법령상 특수경비원의 형의 가중처벌 대상에 해당되는 형법상 범죄는?

① 특수강도죄
② 특수주거침입죄
③ 살인죄
④ 중체포죄

정답 ④

경비업법령상 법인이나 개인에게도 벌금형을 과하는 양벌규정이 적용되는 행위자가 될 수 없는 자는?

① 법인의 대표자
② 법인의 대리인
③ 개인의 대리인
④ 개인의 직계비속

정답 ④

01 개설

1. 청원경찰의 개념

　청원경찰은 우리나라의 독특한 경비제도로서 직장 내의 자위방범 사상과 북한의 남침으로부터 국가중요시설 등을 보호하기 위해 1962년 「청원경찰법」으로 제정되었다.[1] 불안한 안보 상황 속에서 경찰인력을 계속적으로 증원하기 어려운 한계점으로 인해 법의 제정을 통해 도입되었다.[2]

　청원경찰은 「청원경찰법」에 명시된 바에 따라 일체의 경비를 청원주가 부담하고 배치된 경비구역 안에서 경비업무를 수행할 수 있다. 또한 청원경찰의 임용권을 비롯한 각종 권한들이 경찰기관에서 점차 청원주에게 상당부분 위임되어 운영되고 있다.[3]

　이러한 청원경찰의 직무는 「청원경찰법」제3조에 따라 청원주와 기관·시설 또는 사업장의 구역을 관할하는 경찰서장의 감독을 받아 그 경비구역만의 경비를 목적으로 필요한 범위에서 「경찰관 직무집행법」에 따른 경찰관의 직무를 수행한다고 명시되어 있다.

　청원경찰의 배치대상은 안전행정부령에 따라 ①선박, 항공기 등의 수송시설 ②금융 또는 보험을 업(業)으로 하는 시설 또는 사업장 ③언론, 통신, 방송

---

1) 신현기외 8인, 2012, 경찰학사전, 법문사
2) 구성원, 2016, 청원경찰제도의 개선방안, 충북대학교 석사학위 논문. p.3
3) 이상훈, 2015, 청원경찰제도의 문제점과 개선방안, 한국민간경비학회보, 14(3), p.94

또는 인쇄를 업으로 하는 시설 또는 사업장 ④학교 등 육영시설 ⑤의료기관과 그 밖에 질서유지와 국민경제를 위하여 고도의 경비가 필요한 중요시설, 사업체 또는 장소로 규정하고 있다.

청원경찰의 직무는 「경찰관직무집행법」에 의한 불심검문, 보호조치, 위험발생의 방지 그리고 범죄의 예방과 제지의 주요업무를 수행하며, 경찰장구 및 무기의 사용이 가능하다. 따라서 다른 표현으로 준경찰제도 또는 민간경비제도로 인식되기도 한다.4)

그러나 청원경찰이 공무수탁사인으로 보기는 어렵다. 공무수탁사인으로 인정되려면 직무를 독립적으로 의사결정하고 처분을 할 수 있는 권한과 지위를 가져야 하지만 청원주와 경찰의 감독을 받아 업무를 수행하는 청원경찰은 독립된 기관으로 보기 어렵기 때문이다.5) 또한 청원경찰은 수사업무의 권한이 없으며 벌칙을 적용하는 경우를 제외하고는 공무원으로 보지 않는 것이 일반적이다.

2. 청원경찰제도의 연혁

민간경비와 공경비가 혼합된 형태의 독특한 우리나라 청원경찰제도는 1962년 4월 3일 제정·시행되었다. 이 제도는 부족한 경찰인력을 보완하고 건물 등의 경비 및 공안업무에 만전을 위해 도입된 것으로 해석된다. 1962년 제정 이후로 지금까지 13차례 개정이 실시되었으며 주요 내용은 다음과 같다.

3. 청원경찰제도 도입 배경

청원경찰제도는 우리나라만의 독특한 제도로서 내 직장은 내가 지킨다는 자위 방범사상과 북한 정권의 남침 위협으로부터 국가기관의 중요 시설 등을 보호하기 1962년 「청원경찰법」 제정을 통해 시행되었다. 청원경찰은 「청원경

---

4) 김현일, 2004, 경찰행정보조에 관한 연구, 국민대학교 대학원 석사학위논문, p.21
5) 한승훈, 2017, 공행정 수행 사인으로서 청원경찰의 법적지위와 법률관계, 국가법연구, 13(3), p.102

찰법」에 따라 청원주가 일체의 경비를 부담하고 배치된 경비구역 내에서만 경비업무를 수행할 수 있으며, 청원경찰의 직무는 「경찰관직무집행법」에 의한 직무를 수행하므로 불심검문, 보호조치, 위험발생의 방지조치, 범죄의 예방과 제지, 경찰장구의 사용, 무기의 사용 등을 할 수 있다. 청원경찰의 특수성에 따라 형법이나 법령에 의한 벌칙의 적용과 법 내지 대통령령으로 규정한 경우를 제외하고는 공무원으로 보지 않는다.

4. 공경비 및 일반경비원과의 비교

1) 공경비(경찰)와의 비교

▼ 경비업법상의 경비업무의 종류

비교 항목	청원경찰	공경비(경찰)
수행 직무	청원경찰은 청원주와 배치된 기관·시설 또는 사업장 등 구역을 관할하는 경찰서장의 감독을 받아 그 경비구역만의 경비를 목적으로 필요한 범위에서 「경찰관직무집행법」에 따른 경찰관의 직무를 수행한다.	일반경찰은 그 직무를 수행함에 있어 헌법과 법률에 따라 국민의 자유와 권리를 존중하고, 국민 전체에 대한 봉사자로서 공정한 법집행과 정치적중립, 권한남용의 금지 등의 의무를 준수하여야 한다.
주요 임무	경찰관직무집행법 제2조(직무의 범위) 경찰관은 다음 각 호의 직무를 수행한다. 1. 국민의 생명·신체 및 재산의 보호 2. 범죄의 예방·진압 및 수사 3. 경비, 주요 인사(人士) 경호 4. 위해의 방지 5. 그 밖에 공공의 안녕과 질서 유지	경찰관직무집행법 제2조(직무의 범위) 경찰관은 다음 각 호의 직무를 수행한다. 1. 국민의 생명·신체 및 재산의 보호 2. 범죄의 예방·진압 및 수사 2의2. 범죄피해자 보호 3. 경비, 주요 인사(人士) 경호 및 대간첩·대테러 작전 수행 4. 치안정보의 수집·작성 및 배포 5. 교통 단속과 교통 위해(危害)의 방지 6. 외국 정부기관 및 국제기구와의 국제협력 7. 그 밖에 공공의 안녕과 질서 유지

비용 부담	청원주	국가
근거 법률	「청원경찰법」	「경찰법」, 「경찰공무원법」, 「경찰관직무집행법」
특수경비업무	공항(항공기를 포함한다) 등 대통 령이 정하는 국가중요시설(이하 "국 가중요시설"이라 한다)의 경비 및 도 난·화재 그 밖의 위험발생을 방지하 는 업무	

2) 민간경비원과의 비교

(1) 공통점

양자 모두 국민의 생명과 재산을 보호하는 범죄예방활동을 주요 임무로
하고 있다.

(2) 차이점

① 활동영역
- 청원경찰: 기관장이나 시설주의 요구(요청)에 의하여 특정분야(공공,
준공공)에서 범죄예방활동
- 민간경비: 고객과의 도급계약에 의하여 고급계약에 따른 특정된 사적
인 분야에서 범죄예방활동

② 업무내용
- 청원경찰: 원칙적으로는 민간인(사인)이나 근무지역 내에서는 준경찰
관의 신분으로 「경찰관직무집행법」에 의해 경찰관의 업무를 수행
- 민간경비: 온전히 사인의 자격으로 시설주가 요구하는 경비시설물 내
에서 경비업무를 수행

1. 청원경찰법의 목적

청원경찰법 제1조(목적)

이 법은 청원경찰의 직무·임용·배치·보수·사회보장 및 그 밖에 필요한 사항을 규정함으로써 청원경찰의 원활한 운영을 목적으로 한다.

2. 청원경찰법의 구조 및 주요개정

1) 청원경찰법의 구조

법률 제15765호로 2018년 9월 18일 일부개정되어 시행되고 있는 청원경찰법은 12개의 조항, 부칙으로 이루어져 있다.

▼ 청원경찰법의 구성

제1조	목적
제2조	정의
제3조	청원경찰의 직무
제4조	청원경찰의 배치
제5조	청원경찰의 임용
제6조	청원경찰의 징계
제7조	청원경찰경비
제8조	제복 착용과 무기 휴대
제9조	감독
제10조	직권남용 금지
제11조	벌칙
제12조	과태료

2) 주요개정

청원경찰법
[시행 1962.4.3] [법률 제1049호, 1962.4.3, 제정]

【제정 · 개정이유】
[신규제정]
소요경비를 부담할 것을 조건으로 경찰관의 배치를 신청하는 경우에 이에 응하여 청원경찰관을 배치하는 제도를 신설함으로써 경찰인력의 부족을 보완하고 건물 등의 경비 및 공안업무에 만전을 기하려는 것임.
① 청원경찰관의 배치를 신청할 수 있는 자로 중요산업시설 또는 중요사업장의 경영자와 국내주재의 외국기관으로 함.
② 청원경찰관배치의 통지를 받은 자는 청원경찰경비를 국고에 납입하도록 함.
③ 청원경찰관의 직종 · 임용 · 교육 · 보수와 상벌 등은 각령으로 정하도록 함.

청원경찰법
[시행 1973.12.31] [법률 제2666호, 1973.12.31, 전부개정]

【제정 · 개정이유】
[전문개정]
현행 청원경찰법에 의하면, 청원경찰관의 배치를 받은 시설 또는 사업장의 경영자는 그 경비를 미리 국고에 선납하게 되어 있어 그 회계절차가 복잡할 뿐만 아니라 사업자금의 불필요한 동결현상까지를 초래하고 있으므로 경비의 선납제를 폐지하고 직불제로 하는 한편 청원경찰관의 배치범위를 조정하고 그에 대한 무기의 대여규정과 사회보장규정 등을 명문화함으로써 청원경찰제도의 합리적인 운영을 기하려는 것임.
① 법률의 목적규정을 신설함.
② 청원경찰을 배치할 수 있는 대상을 확대함.
③ 청원경찰은 관할경찰서장의 감독하에 그 경비구역에 한하여 경찰권을 행사하도록 함.
④ 청원경찰의 배치결정 및 임용은 청원주의 신청과 추천에 의하여 도지사(서울특별시장 · 부산시장 포함)가 행하도록 함.
⑤ 청원경찰의 경비는 내무부장관이 고시하는 기준에 따라 청원자가 직접 지불하도록 함.

청원경찰법
[시행 1980.4.5] [법률 제3228호, 1980.1.4, 일부개정]

【제정 · 개정이유】
[일부개정]
청원경찰관에게 퇴직금을 지급하도록 하고, 도지사로 하여금 청원경찰의 해임을 명할 수 있도록 하는 등 청원경찰제도를 합리적으로 보완하려는 것임.
① 청원경찰은 도지사가 임용하던 것을 청원주가 임용하도록 하되 미리 도지사의 승인을 얻도록 함.
② 청원경찰이 퇴직할 때에는 퇴직금을 지급하도록 명문화함.
③ 도지사는 청원경찰이 법령에 위반하거나 결격사유에 해당하게 된 때에는 청원주에 대하여 그 청원경찰의 해임을 명할 수 있도록 함.
④ 도지사는 청원주를 지도하며, 감독상 필요한 명령을 할 수 있도록 함.
⑤ 도지사의 승인을 얻지 아니하고 청원경찰을 임용한 자등 이 법 위반자에 대하여는 100만 원 이하의 과태료에 처할 수 있도록 함.

청원경찰법
[시행 1977.2.1] [법률 제2949호, 1976.12.31, 일부개정]

【제정 · 개정이유】
[일부개정]
청원경찰의 배치가 필요한 기관 · 시설 · 사업장등에 대하여 청원경찰의 배치요청을 할 수 있도록 함으로써 주요시설 등의 자체경비에 만전을 기하려는 것으로, 도지사는 청원경찰의 배치가 필요한 기관 · 시설 · 사업장에 대하여 청원경찰의 배치를 요청할 수 있게 함.

청원경찰법
[시행 1981.2.14] [법률 제3371호, 1981.2.14, 일부개정]

【제정 · 개정이유】
[일부개정]
청원경찰의 배치 · 임용승인 · 배치의 중지 · 해임명령 및 감독에 관한 도지사의 권한의 일부를 관할경찰서장에게 위임하여 업무의 신속과 간소화를 기하려는 것임.

청원경찰법
[시행 1984.1.31] [법률 제3677호, 1983.12.30, 일부개정]

【제정 · 개정이유】
[일부개정]
청원경찰이 배치된 시설이 축소되거나 그 시설의 중요도가 저하되는 등 청원경찰의 배치인원을 감축할 필요가 있는 경우 도지사는 그 배치인원을 감축할 수 있도록 하고 기타 다른 법률과 관계되는 조문을 정비하려는 것임.

청원경찰법
[시행 1999.10.1] [법률 제5937호, 1999.3.31, 일부개정]

【제정 · 개정이유】
[일부개정]
• 개정이유 및 주요골자
행정규제기본법에 의한 규제정비계획에 따라 청원경찰 배치의 중지 · 폐지 및 배치인원의 감축에 대한 지방경찰청장의 권한을 폐지하려는 것임.

청원경찰법
[시행 2001.7.8] [법률 제6466호, 2001.4.7, 일부개정]

【제정 · 개정이유】
[일부개정]
• 개정이유
청원경찰의 직권남용방지 등을 위하여 직무범위를 명확히 하고, 지방경찰청장의 청원경찰 해임명령규정을 삭제하여 규제를 완화하는 등 현행 제도의 운영상 나타난 일부 미비점을 개선 · 보완하려는 것임.

• 주요골자
　가. 청원경찰은 경비목적을 위하여 필요한 범위 안에서 경찰관직무집행법에 의한 경찰의 직무를 수행하도록 명시하여 직권남용의 소지를 줄임.(법 제3조)
　나. 청원경찰의 과도한 복무규정을 완화하기 위하여 경찰공무원에 관한 규정을 포괄적으로 준용하던 청원경찰의 복무의무에 관하여 앞으로는 국가공무원법상의 복종의무, 직장이탈금지의무, 비밀엄수의무, 집단행위금지의무 및 경찰공무원법상의 허위

보고금지의무규정을 준용하도록 함.(법 제5조제4항)

다. 지방경찰청장의 청원경찰 해임명령규정과 그에 따른 청원주의 청원경찰 해임의무규정을 삭제함.(현행 제9조의2 삭제)

라. 청원경찰의 신분보장을 위하여 형의 선고ㆍ징계처분 또는 신체ㆍ정신상의 이상으로 직무를 감당하지 못하는 때를 제외하고는 그 의사에 반하여 면직되지 아니하도록 함.(법 제10조의4 신설)

청원경찰법
[시행 2005.11.5] [법률 제7662호, 2005.8.4, 일부개정]

【제정ㆍ개정이유】
[일부개정]
• 개정이유 및 주요내용
국가기관 또는 지방자치단체에 근무하는 청원경찰의 휴직 및 명예퇴직에 관하여 국가공무원법의 관련 규정을 준용하도록 하려는 것임.

청원경찰법
[시행 2010.7.1] [법률 제10013호, 2010.2.4, 일부개정]

【제정ㆍ개정이유】
[일부개정]
• 청원경찰법 개정이유
공무원 신분이 아님에도 직무의 특수성으로 인하여 복무상 공무원에 준하는 여러 가지 의무를 부담하고 있는 청원경찰에 대한 처우개선을 위하여 청원경찰의 징계에 관한 사항과 국가기관 또는 지방자치단체에 근무하는 청원경찰의 보수에 관한 사항을 법률로 규정하고, 청원경찰의 당연퇴직 연령을 59세에서 60세로 조정하며, 「질서위반행위규제법」의 제정(법률 제8725호, 2007.12.21. 공포, 2008.6.22. 시행) 취지에 맞게 관련 규정을 하는 한편, 법적 간결성ㆍ함축성과 조화를 이루는 범위에서, 법 문장의 표기를 한글화하고 어려운 용어를 쉬운 우리말로 풀어쓰며 복잡한 문장은 체계를 정리하여 간결하게 다듬음으로써 쉽게 읽고 잘 이해할 수 있으며 국민의 언어생활에도 맞는 법률이 되도록 하려는 것임.

• 주요내용
가. 청원주는 청원경찰이 직무상의 의무를 위반하는 등의 경우에는 대통령령으로 정하는

징계절차를 거쳐 징계처분을 하도록 함.(법 제5조의2 신설)
　나. 국가기관 또는 지방자치단체에 근무하는 청원경찰의 보수는 같은 재직기간에 해당하는 경찰공무원의 보수를 감안하여 대통령령으로 정하도록 함.(법 제6조제2항 신설)
　다. 청원경찰의 퇴직연령을 59세에서 60세로 함.(법 제10조의6제3호)

청원경찰법
[시행 2014.12.30] [법률 제12921호, 2014.12.30, 일부개정]

【제정·개정이유】
[일부개정]
• 개정이유
국가 또는 지방자치단체에 근무하는 청원경찰은 그 복무에 있어서는 공무원에 준하는 여러 가지 규율과 제약을 받고 있으나 그 신분에 있어서는 공무원이 아니기 때문에 인사상의 처우나 보수 등 근무여건이 열악한 실정이고, 특히 청원경찰의 보수체계가 상위 보수단계로 올라가는 데에 비교적 장기간이 소요되고 있는 실정인바, 이에 청원경찰의 보수를 상향조정하여 청원경찰의 근무여건을 개선하고 장기근무를 유도하려는 것임.
한편, 청원경찰이 배치된 기관·시설 또는 사업장 등이 다른 장소로 이전하는 경우에도 그 기관·시설 또는 사업장에 대한 경비는 지속적으로 필요하기 때문에 건물의 이전을 시설 폐쇄의 일종으로 보아 배치폐지 사유로 보는 것은 부적절하므로 배치인원의 변동 사유 없이 단순히 그 기관·시설 또는 사업장을 이전하는 경우 청원주가 배치를 폐지하거나 배치인원을 감축할 수 없도록 하고, 시설의 폐쇄나 축소로 청원경찰의 배치를 폐지하거나 배치인원을 감축하는 경우에도 그 청원주에게 과원이 되는 청원경찰 인원을 그 기관·시설 또는 사업장 내의 유사 업무에 종사하게 하거나 다른 시설·사업장 등에 재배치하는 등 청원경찰의 고용이 보장될 수 있도록 노력해야 할 의무를 부여함으로써 청원경찰의 고용 불안을 해소하고 신분상의 불이익이 발생하지 않도록 하려는 것임.

• 주요내용
　가. 국가기관 및 지방자치단체에 근무하는 청원경찰의 보수단계별 재직기간을 단축하고 보수단계를 한 단계 더 신설하여 보수를 상향조정함.(제6조제2항 각 호)
　나. 기관·시설 또는 사업장 등을 청원경찰 배치인원의 변동 사유 없이 단순히 이전하는 경우 청원주가 청원경찰의 배치를 폐지하거나 배치인원을 감축할 수 없도록 명시적으로 규정함.(제10조의5제1항)
　다. 시설의 폐쇄나 축소로 청원경찰의 배치를 폐지하거나 배치인원을 감축하는 경우 그 청원주는 과원이 되는 청원경찰 인원을 그 기관·시설 또는 사업장 내의 유사 업무에 종사하게 하거나 다른 시설·사업장 등에 재배치하는 등 청원경찰의 고용이 보장될 수 있도록 노력하여야 함.(제10조의5제3항 신설)

청원경찰법
[시행 2017.7.26] [법률 제14839호, 2017.7.26, 타법개정]

【제정ㆍ개정이유】
[일부개정]
• 개정이유

중소기업 육성과 과학기술 융합을 기반으로 미래 성장동력 확충과 일자리 창출 등 경제 활성화를 뒷받침할 수 있도록 정부 조직체계를 재설계하고, 안전ㆍ재난 분야의 유기적 연계와 현장 기관의 전문 역량을 강화하기 위하여 국가 안전관리 체계를 재조정하는 한편, 통상행정 분야를 효율화하고, 국가보훈 및 대통령 경호 시스템을 환경변화에 맞게 조정하는 등 국민들의 요구에 신속하게 반응하는 열린 민주 정부를 구현할 수 있도록 정부기능을 재배치하려는 것임.

• 주요내용
  가. 대통령 경호수행 체계를 합리화하기 위하여 대통령경호실(장관급)을 대통령경호처(차관급)로 개편함.(제16조)
  나. 국가유공자 예우와 지원 등 보훈기능을 강화하기 위하여 국가보훈처를 장관급 기구로 격상함.(제22조의2)
  다. 기술창업활성화 관련 창조경제 진흥 업무의 중소벤처기업부 이관 및 과학기술ㆍ정보통신 정책의 중요성을 고려하여 미래창조과학부의 명칭을 과학기술정보통신부로 변경하는 한편, 과학기술의 융합과 혁신을 가속화하고 연구개발의 전문성과 독립성을 보장하기 위하여 과학기술정보통신부에 과학기술혁신본부를 설치함.(제29조제1항, 제29조제2항 신설)
  라. 국가 재난에 대한 대응 역량을 강화하고 안전에 대한 국가와 지방자치단체 간 유기적 연계가 가능하도록 국민안전처와 행정자치부를 통합하여 행정안전부를 신설하고, 신설되는 행정안전부에 재난 및 안전 관리를 전담할 재난안전관리본부를 설치함.(제34조제1항, 제34조제3항 신설)
  마. 소방 정책과 구조구급 등 소방에 대한 현장 대응 역량을 강화하기 위하여 행정안전부장관 소속으로 소방청을 신설함.(제34조제7항 신설)
  바. 보호무역주의 확산에 대응하기 위한 통상교섭 역량을 강화하기 위하여 산업통상자원부에 통상교섭본부를 설치함.(제37조제2항)
  사. 해양경찰의 역할을 재정립하여 해양안전을 확보하고, 해양주권 수호 역량을 강화하기 위하여 해양수산부장관 소속으로 해양경찰청을 신설함.(제43조제2항 신설)
  아. 중소기업 중심의 경제구조와 창업 생태계 조성을 위하여 중소기업청을 중소벤처기업부로 격상하여 창업ㆍ벤처기업의 지원 및 대ㆍ중소기업 간 협력 등에 관한 사무를 관장하도록 함.(제44조 신설)

청원경찰법
[시행 2018.9.18] [법률 제15765호, 2018.9.18, 일부개정]

【제정·개정이유】
[일부개정]
• 개정이유 및 주요내용
현행법 제5조제4항에서는 '청원경찰의 복무에 관하여는 「국가공무원법」 제66조제1항을 준용한다'고 규정하고 있음. 이에 따라 해당 조항의 노동운동 금지가 청원경찰에게 적용되어, 청원경찰은 단결권, 단체교섭권 및 단체행동권을 제한받고 있는 상황임.
이와 관련 최근 헌법재판소는 교원과 일부 공무원도 단결권과 단체교섭권을 인정받고 있는 상황에서 일반근로자인 청원경찰의 근로3권을 모두 제한하는 것은 입법 목적 달성을 위해 필요한 범위를 넘어서 침해의 최소성 원칙에 위배되고 법익의 균형성도 인정되지 아니한다고 하여 헌법불합치결정을 선고하고 2018년 12월 31일까지 잠정적용을 결정하였음.(2017.9.28. 2015헌마653)
이에 청원경찰에 대한 단체행동권은 제외한 단결권과 단체교섭권을 인정하도록 관련 규정을 정비함으로써 헌법재판소의 헌법불합치 결정 취지에 따라 현행법의 흠결을 보완하려는 것임.

／기출문제 01

다음은 청원경찰법 제1조의 내용이다. ( ) 안에 들어갈 용어로 옳은 것은?

> 청원경찰법은 청원경찰의 직무·임용·배치·보수·( ) 및 그 밖에 필요한 사항을 규정함으로써 청원경찰의 원활한 운영을 목적으로 한다.

① 무기휴대   ② 신분보장
③ 사회보장   ④ 징계

정답 ③

3. 용어의 정의

청원경찰법 제2조(정의)
이 법에서 "청원경찰"이란 다음 각 호의 어느 하나에 해당하는 기관의 장 또는 시설·사업장 등의 경영자가 경비{이하 "청원경찰경비"(請願警察經費)

라 한다)를 부담할 것을 조건으로 경찰의 배치를 신청하는 경우 그 기관·시설 또는 사업장 등의 경비(警備)를 담당하게 하기 위하여 배치하는 경찰을 말한다.

1. 국가기관 또는 공공단체와 그 관리하에 있는 중요 시설 또는 사업장
2. 국내 주재(駐在) 외국기관
3. 그 밖에 행정안전부령으로 정하는 중요 시설, 사업장 또는 장소

02 청원경찰법 총칙

제1절 청원경찰의 직무 및 배치신청

1. 청원경찰의 직무

1) 직무의 범위와 주의사항 및 보고

청원경찰법 제3조(청원경찰의 직무)
청원경찰은 제4조제2항에 따라 청원경찰의 배치 결정을 받은 자{이하 "청원주"(請願主)라 한다}와 배치된 기관·시설 또는 사업장 등의 구역을 관할하는 경찰서장의 감독을 받아 그 경비구역만의 경비를 목적으로 필요한 범위에서 「경찰관 직무집행법」에 따른 경찰관의 직무를 수행한다.

청원경찰법시행규칙 제21조(주의사항)
① 청원경찰이 법 제3조에 따른 직무를 수행할 때에는 경비 목적을 위하여 필요한 최소한의 범위에서 하여야 한다.
② 청원경찰은 「경찰관 직무집행법」에 따른 직무 외의 수사활동 등 사법경찰관리의 직무를 수행해서는 아니 된다.(대간첩작전 수행, 치안정보의 수집·작성 및 배포, 교통단속 등 제외)

청원경찰법시행규칙 제22조(보고)
청원경찰이 법 제3조에 따라 직무를 수행할 때에 「경찰관 직무집행법」 및 같은 법 시행령에 따라 하여야 할 모든 보고는 관할 경찰서장에게 서면으로 보고하기 전에 지체 없이 구두로 보고하고 그 지시에 따라야 한다.

2) 근무요령

(1) 입초근무자

청원경찰법시행규칙 제14조(근무요령)

① 자체경비를 하는 입초근무자는 경비구역의 정문이나 그 밖의 지정된 장소에서 경비구역의 내부, 외부 및 출입자의 움직임을 감시한다.

(2) 소내근무자

청원경찰법시행규칙 제14조(근무요령)

② 업무처리 및 자체경비를 하는 소내근무자는 근무 중 특이한 사항이 발생하였을 때에는 지체 없이 청원주 또는 관할 경찰서장에게 보고하고 그 지시에 따라야 한다.

(3) 순찰근무자

청원경찰법시행규칙 제14조(근무요령)

③ 순찰근무자는 청원주가 지정한 일정한 구역을 순회하면서 경비 임무를 수행한다. 이 경우 순찰은 단독 또는 복수로 정선순찰(定線巡察)을 하되, 청원주가 필요하다고 인정할 때에는 요점순찰(要點巡察) 또는 난선순찰(亂線巡察)을 할 수 있다.

(4) 대기근무자

청원경찰법시행규칙 제14조(근무요령)

④ 대기근무자는 소내근무에 협조하거나 휴식하면서 불의의 사고에 대비한다.

2. 청원경찰의 배치

1) 청원경찰의 배치신청

(1) 배치신청

청원경찰법 제4조(청원경찰의 배치)
① 청원경찰을 배치받으려는 자는 대통령령으로 정하는 바에 따라 관할 지방경찰청장에게 청원경찰 배치를 신청하여야 한다.

청원경찰법시행령 제2조(청원경찰의 배치 신청 등)
「청원경찰법」제4조제1항에 따라 청원경찰의 배치를 받으려는 자는 청원경찰 배치신청서에 다음 각 호의 서류를 첨부하여 법 제2조 각 호의 기관·시설·사업장 또는 장소의 소재지를 관할하는 경찰서장을 거쳐 지방경찰청장에게 제출하여야 한다. 이 경우 배치 장소가 둘 이상의 도(특별시, 광역시, 특별자치시 및 특별자치도를 포함한다. 이하 같다)일 때에는 주된 사업장의 관할 경찰서장을 거쳐 지방경찰청장에게 한꺼번에 신청할 수 있다.
1. 경비구역 평면도 1부
2. 배치계획서 1부

(2) 배치 여부 결정

청원경찰법 제4조(청원경찰의 배치)
② 지방경찰청장은 제1항의 청원경찰 배치 신청을 받으면 지체 없이 그 배치 여부를 결정하여 신청인에게 알려야 한다.

(3) 청원경찰의 배치요청

청원경찰법 제4조(청원경찰의 배치)
③ 지방경찰청장은 청원경찰 배치가 필요하다고 인정하는 기관의 장 또는 시설·사업장의 경영자에게 청원경찰을 배치할 것을 요청할 수 있다.

2) 근무배치 등의 위임

(1) 위임

청원경찰법 시행령 제19조(근무 배치 등의 위임)
① 「경비업법」에 따른 경비업자(이하 이 조에서 "경비업자"라 한다)가 중요시설의 경비를 도급받았을 때에는 청원주는 그 사업장에 배치된 청원경찰의 근무 배치 및 감독에 관한 권한을 해당 경비업자에게 위임할 수 있다.

(2) 불이익조치 금지

청원경찰법 시행령 제19조(근무 배치 등의 위임)
② 청원주는 제1항에 따라 경비업자에게 청원경찰의 근무 배치 및 감독에 관한 권한을 위임한 경우에 이를 이유로 청원경찰의 보수나 신분상의 불이익을 주어서는 아니 된다.

(3) 문제점(인사권과 실질적 지휘·감독권)

청원주로부터 청원경찰의 근무배치 및 감독의 권한을 청원주로부터 위임받은 경비업자는 청원경찰에 대한 임용 및 해임 등의 인사권이 없기 때문에 실질적인 지휘·감독이 실현되기 어려운 실정이다.

기출문제 01

청원경찰법령상 청원경찰 배치 대상 기관·시설·사업장에 해당하는 것을 모두 고른 것은?

> ㄱ. 국내 주재 외국기관
> ㄴ. 선박, 항공기 등 수송시설
> ㄷ. 언론, 통신, 방송을 업으로 하는 시설
> ㄹ. 공공의 안녕질서 유지와 국민경제를 위하여 고도의 경비가 필요한 장소

① ㄱ, ㄴ
② ㄱ, ㄷ, ㄹ
③ ㄴ, ㄷ, ㄹ
④ ㄱ, ㄴ, ㄷ, ㄹ

정답 ④

다음은 청원경찰법령상 청원경찰의 근무요령에 대한 설명이다. 옳은 것은?

① 대기근무자는 소내근무에 협조하거나 휴식하면서 불의의 사고에 대비한다.
② 소내근무자는 근무 중 특이한 사항이 발생하였을 때에는 지체 없이 관할 지방경찰청장에게 보고하고 그 지시에 따라야 한다.
③ 순찰근무자는 요점순찰(要點巡察) 또는 난선순찰(亂線巡察)을 하되, 청원주가 필요하다고 인정할 때에는 정선순찰(定線巡察)을 할 수 있다.
④ 소내근무자는 경비구역의 정문이나 그 밖의 지정된 장소에서 경비구역의 내부, 외부 및 출입자의 움직임을 감시한다.

정답 ①

다음은 청원경찰법령상 청원경찰의 직무 및 배치에 관한 설명이다. 옳지 않은 것은?

① 청원경찰을 배치받으려는 자는 관할 지방경찰청장에게 청원경찰 배치를 신청해야 한다.
② 지방경찰청장은 청원경찰 배치 신청을 받으면 지체 없이 그 배치 여부를 결정하여 신청인에게 알려야 한다.
③ 청원경찰이 직무를 수행할 때에 경찰관직무집행법령에 따라 하여야 할 모든 보고는 관할 지방경찰청장에게 서면으로 해야 한다.
④ 지방경찰청장은 청원경찰 배치가 필요하다고 인정하는 기관의 장에게 청원경찰을 배치할 것을 요청할 수 있다.

정답 ③

다음은 청원경찰법령상 청원경찰의 배치 및 임용방법 등에 관한 설명이다. 옳지 않은 것은?

① 청원경찰의 배치를 받으려는 자는 청원경찰 배치신청서에 경비구역 평면도 1부와 배치계획서 1부를 첨부해야 한다.

② 청원주는 청원경찰 배치 결정의 통지를 받은 날부터 30일 이내에 청원경찰 임용승인을 지방경찰청장에게 신청해야 한다.

③ 청원주가 청원경찰을 임용하였을 때에는 임용한 날부터 10일 이내에 그 임용사항을 관할 경찰서장을 거쳐 지방경찰청장에게 보고해야 한다.

④ 청원주는 청원경찰이 퇴직하였을 때에는 그 퇴직한 날부터 14일 이내에 지방경찰청장에게 보고해야 한다.

정답 ④

03 청원경찰의 임용

제1절 ▶ 청원경찰의 임용과 교육

1. 청원경찰의 임용과 교육

1) 청원경찰의 임용

(1) 임용권자

청원경찰법 제5조(청원경찰의 임용 등)

① 청원경찰은 청원주가 임용하되, 임용을 할 때에는 미리 지방경찰청장의 승인을 받아야 한다.

② 「국가공무원법」 제33조 각 호의 어느 하나의 결격사유에 해당하는 사람은 청원경찰로 임용될 수 없다.

③ 청원경찰의 임용자격·임용방법·교육 및 보수에 관하여는 대통령령으로 정한다.

④ 청원경찰의 복무에 관하여는 「국가공무원법」 제57조(복종의 의무), 제58조제1항(직장이탈 금지의무), 제60조(비밀엄수의 의무) 및 「경찰공무원법」 제18조(거짓보고 등 금지)를 준용한다.

(2) 임용승인권자

청원경찰법 제5조(청원경찰의 임용 등)

① 청원경찰은 청원주가 임용하되, 임용을 할 때에는 미리 지방경찰청장의 승인을 받아야 한다.

2) 청원경찰의 임용자격

(1) 「국가공무원법」상 임용요건

청원경찰법 제5조(청원경찰의 임용 등)

② 「국가공무원법」 제33조 각 호의 어느 하나의 결격사유에 해당하는 사람은 청원경찰로 임용될 수 없다.

국가공무원법 제33조(결격사유)

다음 각 호의 어느 하나에 해당하는 자는 공무원으로 임용될 수 없다.

1. 피성년후견인 또는 피한정후견인
2. 파산선고를 받고 복권되지 아니한 자
3. 금고 이상의 실형을 선고받고 그 집행이 종료되거나 집행을 받지 아니하기로 확정된 후 5년이 지나지 아니한 자
4. 금고 이상의 형을 선고받고 그 집행유예 기간이 끝난 날부터 2년이 지나지 아니한 자
5. 금고 이상의 형의 선고유예를 받은 경우에 그 선고유예 기간 중에 있는 자
6. 법원의 판결 또는 다른 법률에 따라 자격이 상실되거나 정지된 자
6의2. 공무원으로 재직기간 중 직무와 관련하여 「형법」 제355조 및 제356조에 규정된 죄를 범한 자로서 300만원 이상의 벌금형을 선고받고 그 형이 확정된 후 2년이 지나지 아니한 자
6의3. 「성폭력범죄의 처벌 등에 관한 특례법」 제2조에 규정된 죄를 범한 사람으로서 100만원 이상의 벌금형을 선고받고 그 형이 확정된 후 3년이 지나지 아니한 사람
6의4. 미성년자에 대한 다음 각 목의 어느 하나에 해당하는 죄를 저질러 파면·해임되거나 형 또는 치료감호를 선고받아 그 형 또는 치료감호가 확정된 사람(집행유예를 선고받은 후 그 집행유예기간이 경과한 사람을 포함한다)
　가. 「성폭력범죄의 처벌 등에 관한 특례법」 제2조에 따른 성폭력범죄
　나. 「아동·청소년의 성보호에 관한 법률」 제2조제2호에 따른 아동·청소년대상 성범죄
7. 징계로 파면처분을 받은 때부터 5년이 지나지 아니한 자
8. 징계로 해임처분을 받은 때부터 3년이 지나지 아니한 자

---

(2) 「청원경찰법」상 임용요건

① 청원경찰의 임용자격

청원경찰법 제5조(청원경찰의 임용 등)

③ 청원경찰의 임용자격·임용방법·교육 및 보수에 관하여는 대통령령

으로 정한다.

청원경찰법 시행령 제3조(임용자격)

청원경찰법 제5조제3항에 따른 청원경찰의 임용자격은 다음 각 호와 같다.

1. 18세 이상인 사람. 다만, 남자의 경우에는 군복무를 마쳤거나 군복무가 면제된 사람으로 한정한다.
2. 행정안전부령으로 정하는 신체조건에 해당하는 사람

청원경찰법 시행규칙 제4조(임용의 신체조건)

영 제3조제2호에 따른 신체조건은 다음 각 호와 같다.

1. 신체가 건강하고 팔다리가 완전할 것
2. 시력(교정시력을 포함한다)은 양쪽 눈이 각각 0.8 이상일 것

▼ 임용요건기준 청원경찰과 특수경비원과의 비교

항목	청원경찰	특수경비원
연령	• 18세 이상(남자는 병역필) • 60세 이하(연령제한)	만 18세 이상, 만 60세 미만
신체조건	신체건강하고 사지가 완전해야 한다.	팔다리가 완전해야 한다.
시력	교정시력 포함 0.8 이상	나안시력 0.2 이상, 교정시력 0.8 이상

② 청원경찰의 임용절차

㉮ 임용승인 신청

청원경찰법 시행령 제4조(임용방법 등)

① 청원경찰법 제4조제2항에 따라 청원경찰의 배치 결정을 받은 자(이하 "청원주"라 한다)는 청원경찰법 제5조제1항에 따라 그 배치 결정의 통지를 받은 날부터 30일 이내에 배치 결정된 인원수의 임용예정자에 대하여 청원경찰 임용승인을 지방경찰청장에게 신

청하여야 한다.

청원경찰법 시행규칙 제5조(임용승인신청서 등)/첨부서류

① 법 제4조제2항에 따라 청원경찰의 배치 결정을 받은 자[이하 "청원주"(請願主)라 한다]가 영 제4조제1항에 따라 지방경찰청장에게 청원경찰 임용승인을 신청할 때에는 별지 제3호서식의 청원경찰 임용승인신청서에 그 해당자에 관한 다음 각 호의 서류를 첨부하여야 한다.

1. 이력서 1부
2. 주민등록증 사본 1부
3. 민간인 신원진술서 1부
4. 최근 3개월 이내에 발행한 채용신체검사서 또는 취업용 건강진단서 1부
5. 가족관계등록부 중 기본증명서 1부

청원경찰법 시행규칙 제5조(임용승인신청서 등)/병적증명서

② 제1항에 따른 신청서를 제출받은 지방경찰청장은 「전자정부법」 제36조제1항에 따라 행정정보의 공동이용을 통하여 해당자의 병적증명서를 확인하여야 한다. 다만, 그 해당자가 확인에 동의하지 아니 할때에는 해당 서류를 첨부하도록 하여야 한다.

⑭ 임용의 보고
청원경찰법 시행령 제4조(임용방법 등)

② 청원주가 법 제5조제1항에 따라 청원경찰을 임용하였을 때에는 임용한 날부터 10일 이내에 그 임용사항을 관할 경찰서장을 거쳐 지방경찰청장에게 보고하여야 한다. 청원경찰이 퇴직하였을 때에도 또한 같다.

다음은 청원경찰 임용신청 시 신청서에 첨부해야 하는 서류이다. 옳지 않은 것은?

① 주민등록증 사본 1부
② 가족관계등록부 중 가족관계증명서 1부
③ 민간인 신원진술서 1부
④ 최근 3개월 이내에 발행한 채용신체검사서 또는 취업용 건강진단서 1부

정답 ②

2. 청원경찰의 교육

1) 청원경찰의 신임교육

(1) 교육시기

청원경찰법 시행령 제5조(교육)

① 청원주는 청원경찰로 임용된 사람으로 하여금 경비구역에 배치하기 전
에 경찰교육기관에서 직무 수행에 필요한 교육을 받게 하여야 한다. 다
만, 경찰교육기관의 교육계획상 부득이하다고 인정할 때에는 우선 배
치하고 임용 후 1년 이내에 교육을 받게 할 수 있다.

(2) 교육면제

청원경찰법 시행령 제5조(교육)

② 경찰공무원(의무경찰을 포함한다) 또는 청원경찰에서 퇴직한 사람이 퇴
직한 날부터 3년 이내에 청원경찰로 임용되었을 때에는 제1항에 따른
교육을 면제할 수 있다.

(3) 교육기간 및 과목 등

청원경찰법 시행령 제5조(교육)

③ 제1항의 교육기간·교육과목·수업시간 및 그 밖에 교육의 시행에 필요
한 사항은 행정안전부령으로 정한다.

① 교육기간
   청원경찰법 시행규칙 제6조(교육기간 등)
   영 제5조제3항에 따른 교육기간은 2주로 하고, 교육과목 및 수업시간은
   별표 1과 같다.
② 교육과목 및 수업시간(청원경찰법 시행규칙 제6조, 별표1)

[별표 1]
청원경찰의 교육과목 및 수업시간표(제6조 관련)

학 과 별		과 목	시 간
정 신 교 육		정신교육	8
학 술 교 육		형 사 법	10
		청원경찰법	5
실 무 교 육	경 무	경찰관직무집행법	5
	방 범	방범업무	3
		경범죄처벌법	2
	경 비	시설경비	6
		소 방	4
	정 보	대공이론	2
		불심검문	2
	민방위	민 방 공	3
		화 생 방	2
	기본훈련		5
	총기조작		2
	총검술		2
	사 격		6
술 과		체포술 및 호신술	6
기 타		입교·수료 및 평가	3

2) 청원경찰의 직무교육

(1) 교육시간

청원경찰법 시행규칙 제13조(직무교육)

① 청원주는 소속 청원경찰에게 그 직무집행에 필요한 교육을 매월 4시간 이상 하여야 한다.

(2) 소속공무원의 파견교육

청원경찰법 시행규칙 제13조(직무교육)

② 청원경찰이 배치된 사업장의 소재지를 관할하는 경찰서장(이하 "관할 경찰서장"이라 한다)은 필요하다고 인정하는 경우에는 그 사업장에 소속 공무원을 파견하여 직무집행에 필요한 교육을 할 수 있다.

▼ 청원경찰관 교육시간

구분	교육시간	교육시기	교육면제	교육기관
신임교육	2주간 (76시간)	• 경비구역 배치 전 • 부득이한 경우 우선배치하고 임용 후 1년 이내 교육	경찰공무원(의무경찰) 또는 청원경찰에서 퇴직한 날로부터 3년 이내에 청원경찰로 임용된 때	경찰교육기관
직무교육	4시간 이상	매월 교육실시	없음	청원주/관할하는 경찰서장은 필요하다고 인정하는 경우에 그 사업장에 소속 공무원을 파견하여 직무집행에 필요한 교육을 할 수 있다.

다음은 청원경찰법령상 청원경찰의 교육에 관한 설명이다. 옳지 않은 것은?

① 청원경찰은 배치하기 전에 직무수행에 필요한 교육을 받게 해야 한다.
다만 부득이한 경우에는 임용 후 2년 이내에 교육을 받게 할 수 있다.
② 청원경찰의 신임교육기간은 2주이다.
③ 청원주는 소속 청원경찰에게 매월 4시간 이상의 직무교육을 실시해야 한다.
④ 청원경찰의 신임교육과목에는 형사법, 경찰관 직무집행법, 화생방 등이 있다.

정답 ①

다음은 청원경찰법령상 청원경찰의 교육 및 배치 등에 관한 설명이다. 옳은 것은?

① 청원경찰의 교육기간은 2주이며, 수업시간은 76시간이다.
② 경찰공무원으로 퇴직한 사람이 퇴직한 날부터 5년 이내에 청원경찰로 임용되었을 때에는 청원경찰 교육을 면제해야 한다.
③ 청원주의 사정상 부득이하다고 인정될 때에는 청원경찰을 우선 배치하고 임용후 1년 이내에 청원경찰 교육을 받게 할 수 있다.
④ 청원경찰을 이동배치하여 이동배치지가 다른 관할구역에 속할 때에는 청원주는 전입지를 관할하는 경찰서장에게 그 사실을 통보해야 한다.

정답 ①

1. 청원경찰의 배치

1) 청원경찰의 배치통보

(1) 배치통보

청원경찰법 시행령 제6조(배치 및 이동)

① 청원주는 청원경찰을 신규로 배치하거나 이동배치하였을 때에는 배치지(이동배치의 경우에는 종전의 배치지)를 관할하는 경찰서장에게 그 사실을 통보하여야 한다.

(2) 전입지통보

청원경찰법 시행령 제6조(배치 및 이동)

② 제1항의 통보를 받은 경찰서장은 이동배치지가 다른 관할구역에 속할 때에는 전입지를 관할하는 경찰서장에게 이동배치한 사실을 통보하여야 한다.

2) 청원경찰 배치의 폐지 등

(1) 청원경찰 배치폐지

청원경찰법 제10조의5(배치의 폐지 등)

① 청원주는 청원경찰이 배치된 시설이 폐쇄되거나 축소되어 청원경찰의 배치를 폐지하거나 배치인원을 감축할 필요가 있다고 인정하면 청원경찰의 배치를 폐지하거나 배치인원을 감축할 수 있다. 다만, 청원주는 다음 각 호의 어느 하나에 해당하는 경우에는 청원경찰의 배치를 폐지하거나 배치인원을 감축할 수 없다.
    1. 청원경찰을 대체할 목적으로 「경비업법」에 따른 특수경비원을 배치하는 경우

2. 청원경찰이 배치된 기관·시설 또는 사업장 등이 배치인원의 변동사
유 없이 다른 곳으로 이전하는 경우

(2) 배치폐지의 통지

청원경찰법 제10조의5(배치의 폐지 등)
② 제1항에 따라 청원주가 청원경찰을 폐지하거나 감축하였을 때에는 청
원경찰 배치 결정을 한 경찰관서의 장에게 알려야 하며, 그 사업장이
제4조제3항에 따라 지방경찰청장이 청원경찰의 배치를 요청한 사업장
일 때에는 그 폐지 또는 감축 사유를 구체적으로 밝혀야 한다.

(3) 청원경찰의 고용보장

청원경찰법 제10조의5(배치의 폐지 등)
③ 제1항에 따라 청원경찰의 배치를 폐지하거나 배치인원을 감축하는 경
우 해당 청원주는 배치폐지나 배치인원 감축으로 과원(過員)이 되는 청
원경찰 인원을 그 기관·시설 또는 사업장 내의 유사 업무에 종사하게
하거나 다른 시설·사업장 등에 재배치하는 등 청원경찰의 고용이 보
장될 수 있도록 노력하여야 한다.

2. 청원경찰의 신분 및 복무

1) 청원경찰의 신분

(1) 신분

청원경찰법 시행령 제18조(청원경찰의 신분)
청원경찰은 「형법」이나 그 밖의 법령에 따른 벌칙을 적용하는 경우와 청
원경찰법이나 시행령에서 특별히 규정한 경우를 제외하고는 공무원으로
보지 아니한다.

(2) 신분증명서

청원경찰법 시행규칙 제11조(신분증명서)

① 청원경찰의 신분증명서는 청원주가 발행하며, 그 형식은 청원주가 결정하되 사업장별로 통일하여야 한다.

② 청원경찰은 근무 중에는 항상 신분증명서를 휴대하여야 한다.

2) 청원경찰의 복무

(1) 「국가공무원법」 등 준용

청원경찰법 제5조(청원경찰의 임용 등)

④ 청원경찰의 복무에 관하여는 「국가공무원법」 제57조(복종의 의무), 제58조제1항(직장이탈 금지의무), 제60조(비밀엄수의 의무) 및 「경찰공무원법」 제18조(거짓보고 등 금지)를 준용한다.

(2) 취업규칙

청원경찰법 시행령 제7조(복무)

청원경찰법 제5조제4항에서 규정한 사항 외에 청원경찰의 복무에 관하여는 해당 사업장의 취업규칙에 따른다.

04 청원경찰의 경비, 무기, 제복

1. 청원경찰의 경비의 부담 등

1) 청원주의 부담경비

(1) 청원주의 부담의무(부담경비의 구성)

청원경찰법 제6조(청원경찰경비)

① 청원주는 다음 각 호의 청원경찰경비를 부담하여야 한다.

1. 청원경찰에게 지급할 봉급과 각종 수당
2. 청원경찰의 피복비
3. 청원경찰의 교육비
4. 제7조에 따른 보상금 및 제7조의2에 따른 퇴직금

2) 보수 및 수당

(1) 국가기관 또는 지방자치단체에 근무하는 청원경찰

청원경찰법 제6조(청원경찰경비)

② 국가기관 또는 지방자치단체에 근무하는 청원경찰의 보수는 다음 각 호의 구분에 따라 같은 재직기간에 해당하는 경찰공무원의 보수를 감안하여 대통령령으로 정한다.

1. 재직기간 15년 미만: 순경

2. 재직기간 15년 이상 23년 미만: 경장

3. 재직기간 23년 이상 30년 미만: 경사

4. 재직기간 30년 이상: 경위

청원경찰법 시행령 제9조(국가기관 또는 지방자치단체에 근무하는 청원경찰의 보수)

① 법 제6조 제2항에 따른 국가기관 또는 지방자치단체에 근무하는 청원경찰의 봉급은 별표 1과 같다.

② 법 제6조 제2항에 따른 국가기관 또는 지방자치단체에 근무하는 청원경찰의 각종 수당은 「공무원수당 등에 관한 규정」에 따른 수당 중 가계보전수당, 실비변상 등으로 하며, 그 세부 항목은 경찰청장이 정하여 고시한다.

(2) 국가기관 또는 지방자치단체에 근무하는 청원경찰 외의 청원경찰

㉮ 부담기준액 고시

청원경찰법 제6조(청원경찰경비) /고시권자

③ 청원주의 제1항 제1호에 따른 봉급·수당의 최저부담기준액(국가기관 또는 지방자치단체에 근무하는 청원경찰의 봉급·수당은 제외한다)과 같은 항 제2호(피복비) 및 제3호(교육비)에 따른 비용의 부담기준액은 경찰청장이 정하여 고시(告示)한다.

청원경찰법 시행령 제12조(청원경찰경비의 고시 등) /고시시기

② 법 제6조제3항에 따른 청원경찰경비의 최저부담기준액 및 부담기준액은 경찰공무원 중 순경의 것을 고려하여 다음 연도분을 매년 12월에 고시하여야 한다. 다만, 부득이한 사유가 있을 때에는 수시로 고시할 수 있다.

㉯ 지급기준

• 원칙

제10조(국가기관 또는 지방자치단체에 근무하는 청원경찰 외의 청원경찰

의 보수)

국가기관 또는 지방자치단체에 근무하는 청원경찰 외의 청원경찰의 봉급과 각종 수당은 법 제6조제3항에 따라 경찰청장이 고시한 최저부담 기준액 이상으로 지급하여야 한다.(본문)

• 예외

제10조(국가기관 또는 지방자치단체에 근무하는 청원경찰 외의 청원경찰의 보수)

다만, 고시된 최저부담기준액이 배치된 사업장에서 같은 종류의 직무나 유사 직무에 종사하는 근로자에게 지급하는 임금보다 적을 때에는 그 사업장에서 같은 종류의 직무나 유사 직무에 종사하는 근로자에게 지급하는 임금에 상당하는 금액을 지급하여야 한다.(단서)

(3) 보수의 산정 기준

㉮ 원칙

청원경찰법 시행령 제11조(보수 산정 시의 경력 인정 등) /전문

① 청원경찰의 보수 산정에 관하여 그 배치된 사업장의 취업규칙에 따른다.

㉯ 예외

청원경찰법 시행령 제11조(보수 산정 시의 경력 인정 등) /후문

청원경찰의 보수산정에 관하여 그 배치된 사업장의 취업규칙에 특별한 규정이 없는 경우에는 다음 각 호의 경력을 봉급 산정의 기준이 되는 경력에 산입(算入)하여야 한다.

1. 청원경찰로 근무한 경력
2. 군 또는 의무경찰에 복무한 경력
3. 수위·경비원·감시원 또는 그 밖에 청원경찰과 비슷한 직무에 종사하던 사람이 해당 사업장의 청원주에 의하여 청원경찰로 임용된 경우에는 그 직무에 종사한 경력
4. 국가기관 또는 지방자치단체에서 근무하는 청원경찰에 대해서는 국가기관 또는 지방자치단체에서 상근(常勤)으로 근무한 경력

3) 승급준용

(1) 국가기관 또는 지방자치단체에 근무하는 청원경찰

청원경찰법 시행령 제11조(보수 산정 시의 경력 인정 등)
② 국가기관 또는 지방자치단체에 근무하는 청원경찰 보수의 호봉 간 승급기간은 경찰공무원의 승급기간에 관한 규정을 준용한다.

(2) 국가기관 또는 지방자치단체에 근무하는 청원경찰 외의 청원경찰

청원경찰법 시행령 제11조(보수 산정 시의 경력 인정 등)
③ 국가기관 또는 지방자치단체에 근무하는 청원경찰 외의 청원경찰 보수의 호봉 간 승급기간 및 승급액은 그 배치된 사업장의 취업규칙에 따르며, 이에 관한 취업규칙이 없을 때에는 순경의 승급에 관한 규정을 준용한다.

기출문제 01

다음 중 청원경찰법령상 청원경찰의 봉급과 각종 수당을 부담해야 하는 자는 누구인가?

① 청원주
② 지방경찰청장
③ 관할 경찰서장
④ 지방자치단체장

정답 ①

기출문제 02

다음은 청원경찰법령상 청원경찰의 경비와 보상 등에 관한 설명이다. 옳은 것은?

① 지방자치단체에 근무하는 청원경찰의 봉급·수당의 최저부담기준액은 경찰청장이 정하여 고시한다.
② 지방자치단체에 근무하는 청원경찰의 퇴직금에 관하여는 따로 안전행정부령으로 정한다.
③ 청원경찰이 퇴직할 때에는 급여품 및 대여품을 청원주에게 반납해야 한다.
④ 국가기관에 근무하는 청원경찰의 보수는 재직기간 15년 이상 30년 미만인 경우, 경장에 해당하는 경찰공무원의 보수를 감안하여 대통령령으로 정한다.

정답 ④

국가기관 또는 지방자치단체에 근무하는 청원경찰의 봉급표

(제9조제1항 관련)

(월 지급액, 단위: 원)

재직기간 호봉	15년 미만	15년 이상 23년 미만	23년 이상 30년 미만	30년 이상
1	1,642,800	–	–	–
2	1,688,000	–	–	–
3	1,769,000	–	–	–
4	1,854,800	–	–	–
5	1,941,500	–	–	–
6	2,030,000	–	–	–
7	2,114,800	–	–	–
8	2,196,500	–	–	–
9	2,274,800	–	–	–
10	2,350,000	–	–	–
11	2,421,900	–	–	–
12	2,493,100	–	–	–
13	2,561,600	2,702,800	–	–
14	2,628,000	2,771,900	–	–
15	2,691,500	2,838,400	–	–
16	2,752,900	2,902,500	–	–
17	2,813,100	2,962,300	–	–
18	2,869,000	3,020,500	–	–
19	2,924,000	3,076,100	3,386,300	–
20	2,976,400	3,129,300	3,443,400	–
21	3,025,700	3,180,100	3,497,900	–
22	3,073,300	3,228,800	3,549,400	–
23	3,118,500	3,275,200	3,599,100	–
24	3,162,000	3,319,900	3,646,300	3,904,200
25	3,203,300	3,362,400	3,691,000	3,950,900
26	3,240,800	3,403,600	3,733,900	3,993,500
27	3,273,000	3,437,900	3,770,200	4,030,000
28	3,304,000	3,471,000	3,803,900	4,065,200
29	3,334,000	3,502,200	3,836,600	4,098,400
30	3,363,200	3,532,500	3,867,800	4,129,800
31	3,391,700	3,561,900	3,897,100	4,159,600

2019년도 청원경찰 경비기준액 고시

[시행 2019.5.17.] [경찰청고시 제2019-2호, 2019.5.17., 제정]

1. 국가기관 또는 지방자치단체에 근무하는 청원경찰
   가. 청원경찰 경비기준액
      • 감독자 직책 수당(월지급액)
         - 대장: 50,000원
         - 반장: 40,000원
         - 조장: 30,000원
   나. 청원경찰 수당의 최저부담기준액은 제1호의 가목으로 한다.
   다. 제1호 나목의 최저부담기준액 외에 정근수당, 가족수당, 정근수당가산금, 정액급
      식비, 초과근무수당, 직급보조비, 명절휴가비, 자녀학비보조수당, 연가보상비, 성
      과상여금을 「청원경찰법」제6조제2항 각 호의 재직기간에 따라 경찰공무원 중 순
      경·경장·경사·경위에 준하여 지급한다.
   라. 다목에 규정된 수당 이외의 다른 수당은 자체 예산이 편성된 항목 범위 안에서 지
      급한다.

2019년도 청원경찰 경비기준액 고시

[시행 2019.5.17.] [경찰청고시 제2019-2호, 2019.5.17., 제정]

2. 국가기관 또는 지방자치단체에 근무하는 청원경찰 외의 청원경찰

　가. 청원경찰 경비기준액

　　(1) 봉급

(월지급액, 단위: 원)

호봉	금 액	호봉	금 액
1	1,592,400	16	2,668,400
2	1,636,200	17	2,726,700
3	1,714,700	18	2,780,900
4	1,797,900	19	2,834,200
5	1,881,900	20	2,885,000
6	1,967,700	21	2,932,800
7	2,049,900	22	2,979,000
8	2,129,100	23	3,022,800
9	2,205,000	24	3,064,900
10	2,277,900	25	3,105,000
11	2,347,600	26	3,141,300
12	2,416,600	27	3,172,500
13	2,483,000	28	3,202,600
14	2,547,300	29	3,231,700
15	2,608,900	30	3,260,000
		31	3,287,600

　　(2) 감독자 직책 수당(월지급액)
　　　• 대장: 50,000원
　　　• 반장: 40,000원
　　　• 조장: 30,000원

2. 청원경찰 경비의 지급 및 납부

1) 지급 및 납부방법

청원경찰법 시행령 제12조(청원경찰경비의 고시 등)
① 법 제6조제1항 제1호부터 제3호까지의 청원경찰경비의 지급방법 또는 납부방법은 행정안전부령으로 정한다.

(1) 봉급과 각종 수당

청원경찰법 시행규칙 제8조(청원경찰경비의 지급방법 등)
영 제12조에 따른 청원경찰경비의 지급방법 및 납부방법은 다음 각 호와 같다.
1. 봉급과 각종 수당은 청원주가 그 청원경찰이 배치된 기관·시설·사업장 또는 장소(이하 "사업장"이라 한다)의 직원에 대한 보수 지급일에 청원경

찰에게 직접 지급한다.

(2) 피복

청원경찰법 시행규칙 제8조(청원경찰경비의 지급방법 등)
영 제12조에 따른 청원경찰경비의 지급방법 및 납부방법은 다음 각 호와
같다.

2. 피복은 청원주가 제작하거나 구입하여 별표 2에 따른 정기지급일 또는
   신규 배치 시에 청원경찰에게 현품으로 지급한다.
   ㉮ 청원경찰에게 지급하는 급여품은 [별표 2]와 같으며, 대여품은 [별
     표 3]과 같다.
   ㉯ 청원경찰이 퇴직할 때에는 대여품을 청원주에게 반납하여야 한다.

청원경찰법 시행규칙 제12조(급여품 및 대여품)
① 청원경찰에게 지급하는 급여품은 [별표 2]와 같고, 대여품은 [별표 3]과
  같다.
② 청원경찰이 퇴직할 때에는 대여품을 청원주에게 반납하여야 한다.

(3) 교육비

청원경찰법 시행규칙 제8조(청원경찰경비의 지급방법 등)
영 제12조에 따른 청원경찰경비의 지급방법 및 납부방법은 다음 각 호와
같다.

3. 교육비는 청원주가 해당 청원경찰의 입교(入校) 3일 전에 해당 경찰교육
   기관에 낸다.

2) 보상금

(1) 지급 사유

청원주는 청원경찰이 다음의 어느 하나에 해당하게 되면 대통령령으로 정
하는 바에 따라 청원경찰 본인 또는 그 유족에게 보상금을 지급하여야 한다.

청원경찰법 제7조(보상금)

청원주는 청원경찰이 다음 각 호의 어느 하나에 해당하게 되면 대통령령으로 정하는 바에 따라 청원경찰 본인 또는 그 유족에게 보상금을 지급하여야 한다.

1. 직무수행으로 인하여 부상을 입거나, 질병에 걸리거나 또는 사망한 경우
2. 직무상의 부상·질병으로 인하여 퇴직하거나, 퇴직 후 2년 이내에 사망한 경우

(2) 재원

청원경찰법 시행령 제13조(보상금)

청원주는 법 제7조에 따른 보상금의 지급을 이행하기 위하여 「산업재해보상보험법」에 따른 산업재해보상보험에 가입하거나, 「근로기준법」에 따라 보상금을 지급하기 위한 재원(財源)을 따로 마련하여야 한다.

3) 퇴직금

청원경찰법 제7조의2(퇴직금)

청원주는 청원경찰이 퇴직할 때에는 「근로자퇴직급여 보장법」에 따른 퇴직금을 지급하여야 한다. 다만, 국가기관이나 지방자치단체에 근무하는 청원경찰의 퇴직금에 관하여는 따로 대통령령으로 정한다.

[별표 2] <개정 2013.2.26>
청원경찰 급여품표(제12조 관련)

품 명	수 량	사 용 기 간	정 기 지 급 일
근무복(하복)	1	1년	5월 5일
근무복(동복)	1	1년	9월 25일
성 하 복	1	1년	6월 5일
외투·방한복 또는 점퍼	1	2~3년	9월 25일
기동화 또는 단화	1	단화 1년 기동화 2년	9월 25일
비 옷	1	3년	5월 5일
정 모	1	3년	9월 25일
기 동 모	1	3년	필요할 때
기 동 복	1	2년	필요할 때
방 한 화	1	2년	9월 25일
장 갑	1	2년	9월 25일
호 루 라 기	1	2년	9월 25일

[별표 3] <개정 2013.2.26>

청원경찰 대여품표(제12조 관련)

품 명	수 량
허 리 띠	1
경 찰 봉	1
가 슴 표 장	1
분 사 기	1
포 승	1

기출문제 01

다음은 청원경찰법령상 청원경찰의 보수 등에 관한 설명이다. 옳지 않은 것은?

① 국가기관에 근무하는 청원경찰의 각종 수당은 공무원수당 등에 관한 규정에 따른 수당 중 가계보전수당, 실비변상 등으로 하며, 그 세부 항목은 경찰청장이 정하여 고시한다.

② 국가기관에 근무하는 청원경찰의 보수산정을 위한 재직기간은 청원경찰로서 근무한 기간으로 한다.

③ 국가기관에 근무하는 청원경찰 보수의 호봉 간 승급기간은 경찰공무원의 승급기간에 관한 규정을 준용한다.

④ 국가기관 또는 지방자치단체에 근무하는 청원경찰 외의 청원경찰 보수의 호봉 간 승급기간 및 승급액은 순경의 승급에 관한 규정을 사업장의 취업규칙보다 우선 준용한다.

정답 ④

기출문제 01

다음 중 청원경찰법령상 청원경찰경비의 지급방법 또는 납부방법을 행정자치부령으로 정하지 않는 것은?

① 청원경찰의 피복비
② 청원경찰의 교육비
③ 청원경찰의 퇴직금
④ 청원경찰에게 지급할 봉급과 각종 수당

정답 ③

1. 청원경찰의 제복 착용

1) 청원경찰의 제복

(1) 제복착용

제8조(제복 착용과 무기 휴대)

① 청원경찰은 근무 중 제복을 착용하여야 한다.

② 지방경찰청장은 청원경찰이 직무를 수행하기 위하여 필요하다고 인정하면 청원주의 신청을 받아 관할 경찰서장으로 하여금 청원경찰에게 무기를 대여하여 지니게 할 수 있다.

③ 청원경찰의 복제(服制)와 무기 휴대에 필요한 사항은 대통령령으로 정한다.

(2) 제복 착용기간

청원경찰법 시행규칙 제10조(제복의 착용시기)

하복·동복의 착용시기는 사업장별로 청원주가 결정하되, 착용시기를 통일하여야 한다.

2) 청원경찰의 복제

청원경찰법 제8조(제복 착용과 무기 휴대)

③ 청원경찰의 복제(服制)와 무기 휴대에 필요한 사항은 대통령령으로 정한다.

(1) 복제

청원경찰법 시행령 제14조(복제)

① 청원경찰의 복제(服制)는 제복·장구(裝具) 및 부속물로 구분한다.

② 청원경찰의 제복·장구 및 부속물에 관하여 필요한 사항은 행정안전부

령으로 정한다.

③ 청원경찰이 그 배치지의 특수성 등으로 특수복장을 착용할 필요가 있을 때에는 청원주는 지방경찰청장의 승인을 받아 특수복장을 착용하게 할 수 있다.

청원경찰법 시행규칙 제9조(복제)

① 영 제14조에 따른 청원경찰의 제복·장구(裝具) 및 부속물의 종류는 다음 각 호와 같다.

    1. 제복: 정모(正帽), 기동모, 근무복(하복, 동복), 성하복(盛夏服), 기동복, 점퍼, 비옷, 방한복, 외투, 단화, 기동화 및 방한화

    2. 장구: 허리띠, 경찰봉, 호루라기 및 포승(捕繩)

    3. 부속물: 모자표장, 가슴표장, 휘장, 계급장, 넥타이핀, 단추 및 장갑

② 영 제14조에 따른 청원경찰의 제복·장구(裝具) 및 부속물의 제식(制式)과 재질은 다음 각 호와 같다.

    1. 제복의 제식 및 재질은 청원주가 결정하되, 경찰공무원 또는 군인 제복의 색상과 명확하게 구별될 수 있어야 하며, 사업장별로 통일하여야 한다. 다만, 기동모와 기동복의 색상은 진한 청색으로 하고, 기동복의 제식은 [별도 1]과 같이 한다.

    2. 장구의 제식과 재질은 경찰 장구와 같이 한다.

    3. 부속물의 제식과 재질은 다음 각 목과 같이 한다.

        가. 모자표장의 제식과 재질은 [별도 2]와 같이 하되, 기동모의 표장은 정모 표장의 2분의 1 크기로 할 것.

        나. 가슴표장, 휘장, 계급장, 넥타이핀 및 단추의 제식과 재질은 [별도 3]부터 [별도 7]까지와 같이 할 것.

③ 청원경찰은 평상근무 중에는 정모, 근무복, 단화, 호루라기, 경찰봉 및 포승을 착용하거나 휴대하여야 하고, 총기를 휴대하지 아니할 때에는 분사기를 휴대하여야 하며, 교육훈련이나 그 밖의 특수근무 중에는 기동모, 기동복, 기동화 및 휘장을 착용하거나 부착하되, 허리띠와 경찰봉은 착용하거나 휴대하지 아니할 수 있다.

④ 가슴표장, 휘장 및 계급장을 달거나 부착할 위치는 [별도 8]과 같다.

청원경찰법 시행령 제14조(복제)

③ 청원경찰이 그 배치지의 특수성 등으로 특수복장을 착용할 필요가 있을 때에는 청원주는 지방경찰청장의 승인을 받아 특수복장을 착용하게 할 수 있다.

[별도 1]

기동복의 제식

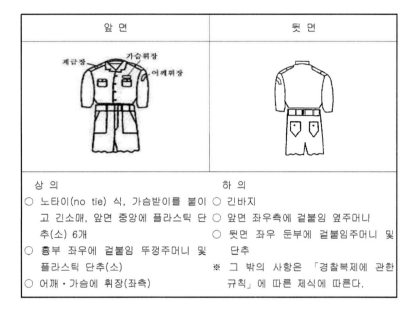

앞 면	뒷 면

상 의
○ 노타이(no tie) 식, 가슴받이를 붙이고 긴소매, 앞면 중앙에 플라스틱 단추(소) 6개
○ 흉부 좌우에 겉붙임 뚜껑주머니 및 플라스틱 단추(소)
○ 어깨·가슴에 휘장(좌측)

하 의
○ 긴바지
○ 앞면 좌우측에 겉붙임 옆주머니
○ 뒷면 좌우 둔부에 겉붙임주머니 및 단추
※ 그 밖의 사항은 「경찰복제에 관한 규칙」에 따른 제식에 따른다.

[별도 2]

모 자 표 장

색상 및 재질: 금색 금속지

[별도 3]

가 슴 표 장

색상 및 재질: 금색 금속지
"청원경찰"은 음각으로 새겨 넣는다.
"번호"에는 소속 기관과 그 일련번호를 새겨 넣는다(예: 체신 112).

[별도 4] <개정 2013.2.26>

휘장

어깨휘장(좌측)	가슴휘장(좌측)
청원경찰	청원경찰
○ 너비 2cm, 바깥지름 10cm의 반원형 ○ 바탕색: 상의 색상과 동일 ○ 글자(청원경찰)색: 바탕이 밝은 색일 경우 검은색, 바탕이 어두운 색일 경우 흰색 ○ 글씨의 굵기는 2mm, 크기는 한 글자 기준으로 가로 1.7cm, 세로 1.9cm ○ 모든 제복 왼쪽 어깨에 부착	○ 가로 10cm, 세로 6.5cm ○ 흰색 바탕에 글자(청원경찰)는 검은색 ○ 글씨의 굵기는 4mm, 크기는 한 글자 기준으로 가로 2cm, 세로 5.5cm ○ 기동복, 점퍼, 비옷, 방한복 및 외투 왼쪽 가슴에 부착

[별도 5]

계급장

조원(신임)   조원(8년 이상 근속)   조장

반장   대장

색상 및 재질: 금색 금속지

[별도 6]

넥타이핀

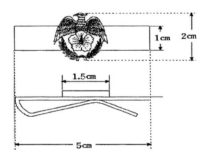

색상 및 재질: 은색 금속지

[별도 7]

단추

색상 및 재질: 은색 금속지

[별도 8]

부속물의 위치

2. 무기휴대 및 관리

1) 무기 등의 휴대

(1) 분사기 휴대

청원경찰법 시행령 제15조(분사기 휴대)
청원주는 「총포·도검·화약류 등의 안전관리에 관한 법률」에 따른 분사기
의 소지허가를 받아 청원경찰로 하여금 그 분사기를 휴대하여 직무를 수
행하게 할 수 있다.

(2) 무기의 대여 및 휴대

청원경찰법 제8조(제복 착용과 무기 휴대)

② 지방경찰청장은 청원경찰이 직무를 수행하기 위하여 필요하다고 인정하면 청원주의 신청을 받아 관할 경찰서장으로 하여금 청원경찰에게 무기를 대여하여 지니게 할 수 있다.

③ 청원경찰의 복제(服制)와 무기 휴대에 필요한 사항은 대통령령으로 정한다.

청원경찰법 시행령 제16조(무기 휴대)

① 청원주가 법 제8조제2항에 따라 청원경찰이 휴대할 무기를 대여받으려는 경우에는 관할 경찰서장을 거쳐 지방경찰청장에게 무기대여를 신청하여야 한다.

② 제1항의 신청을 받은 지방경찰청장이 무기를 대여하여 휴대하게 하려는 경우에는 청원주로부터 국가에 기부채납된 무기에 한정하여 관할 경찰서장으로 하여금 무기를 대여하여 휴대하게 할 수 있다.

③ 제1항에 따라 무기를 대여하였을 때에는 관할 경찰서장은 청원경찰의 무기관리 상황을 수시로 점검하여야 한다.

④ 청원주 및 청원경찰은 행정안전부령으로 정하는 무기관리수칙을 준수하여야 한다.

청원경찰법 시행규칙 제16조(무기관리수칙)

① 영 제16조에 따라 무기와 탄약을 대여받은 청원주는 다음 각 호에 따라 무기와 탄약을 관리하여야 한다.

  1. 청원주가 무기와 탄약을 대여받았을 때에는 경찰청장이 정하는 무기·탄약 출납부 및 무기장비 운영카드를 갖춰 두고 기록하여야 한다.

  2. 청원주는 무기와 탄약의 관리를 위하여 관리책임자를 지정하고 관할 경찰서장에게 그 사실을 통보하여야 한다.

  3. 무기고 및 탄약고는 단층에 설치하고 환기·방습·방화 및 총가(銃架) 등의 시설을 하여야 한다.

4. 탄약고는 무기고와 떨어진 곳에 설치하고, 그 위치는 사무실이나 그 밖에 여러 사람을 수용하거나 여러 사람이 오고 가는 시설로부터 격리되어야 한다.

5. 무기고와 탄약고에는 이중 잠금장치를 하고, 열쇠는 관리책임자가 보관하되, 근무시간 이후에는 숙직책임자에게 인계하여 보관시켜야 한다.

6. 청원주는 경찰청장이 정하는 바에 따라 매월 무기와 탄약의 관리 실태를 파악하여 다음 달 3일까지 관할 경찰서장에게 통보하여야 한다.

7. 청원주는 대여받은 무기와 탄약에 분실·도난·피탈(被奪) 또는 훼손 등의 사고가 발생하였을 때에는 지체 없이 그 사유를 관할 경찰서장에게 통보하여야 한다.

8. 청원주는 무기와 탄약이 분실·도난·피탈 또는 훼손되었을 때에는 경찰청장이 정하는 바에 따라 그 전액을 배상하여야 한다. 다만, 전시·사변·천재지변이나 그 밖의 불가항력적인 사유가 있다고 지방경찰청장이 인정하였을 때에는 그러하지 아니하다.

② 영 제16조에 따라 무기와 탄약을 대여받은 청원주가 청원경찰에게 무기와 탄약을 출납하려는 경우에는 다음 각 호에 따라야 한다. 다만, 관할 경찰서장의 지시에 따라 제2호에 따른 탄약의 수를 늘리거나 줄일 수 있고, 무기와 탄약의 출납을 중지할 수 있으며, 무기와 탄약을 회수하여 집중관리할 수 있다.

1. 무기와 탄약을 출납하였을 때에는 무기·탄약 출납부에 그 출납사항을 기록하여야 한다.

2. 소총의 탄약은 1정당 15발 이내, 권총의 탄약은 1정당 7발 이내로 출납하여야 한다. 이 경우 생산된 후 오래된 탄약을 우선하여 출납하여야 한다.

3. 청원경찰에게 지급한 무기와 탄약은 매주 1회 이상 손질하게 하여야 한다.

4. 수리가 필요한 무기가 있을 때에는 그 목록과 무기장비 운영카드를

첨부하여 관할 경찰서장에게 수리를 요청할 수 있다.

③ 청원주로부터 무기와 탄약을 지급받은 청원경찰은 다음 각 호의 사항을 준수하여야 한다.
1. 무기를 지급받거나 반납할 때 또는 인계인수할 때에는 반드시 "앞에 총" 자세에서 "검사 총"을 하여야 한다.
2. 무기와 탄약을 지급받았을 때에는 별도의 지시가 없으면 무기와 탄약을 분리하여 휴대하여야 하며, 소총은 "우로 어깨 걸어 총"의 자세를 유지하고, 권총은 "권총집에 넣어 총"의 자세를 유지하여야 한다.
3. 지급받은 무기는 다른 사람에게 보관 또는 휴대하게 할 수 없으며 손질을 의뢰할 수 없다.
4. 무기를 손질하거나 조작할 때에는 반드시 총구를 공중으로 향하게 하여야 한다.
5. 무기와 탄약을 반납할 때에는 손질을 철저히 하여야 한다.
6. 근무시간 이후에는 무기와 탄약을 청원주에게 반납하거나 교대근무자에게 인계하여야 한다.

④ 청원주는 다음 각 호의 어느 하나에 해당하는 청원경찰에게 무기와 탄약을 지급해서는 아니 되며, 지급한 무기와 탄약은 회수하여야 한다.
1. 직무상 비위(非違)로 징계 대상이 된 사람
2. 형사사건으로 조사 대상이 된 사람
3. 사의(辭意)를 밝힌 사람
4. 평소에 불평이 심하고 염세적인 사람
5. 주벽(酒癖)이 심한 사람
6. 변태적 성벽(性癖)이 있는 사람

다음 중 청원경찰법령상 청원경찰이 퇴직할 때 청원주에게 반납해야 하는 것은?

① 장갑   ② 허리띠
③ 방한화   ④ 호루라기

정답 ②

청원경찰법령상 청원경찰의 복제와 무기휴대에 관한 설명으로 옳지 않은 것은?

① 지방경찰청장은 청원경찰이 직무를 수행하기 위하여 필요하다고 인정하면 청원주의 신청을 받아 관할 경찰서장으로 하여금 청원경찰에게 무기를 대여하여 지니게 할 수 있다.
② 청원주가 청원경찰이 휴대할 무기를 대여받으려는 경우에는 관할 경찰서장을 거쳐 지방경찰청장에게 무기대여를 신청해야 한다.
③ 청원주는 대여받은 무기와 탄약에 분실·도난·피탈(被奪) 또는 훼손 등의 사고가 발생하였을 때에는 지체 없이 그 사유를 관할 군부대장에게 통보해야 한다.
④ 청원주로부터 무기와 탄약을 지급받은 청원경찰은 무기를 인계인수할 때에는 반드시 "앞에 총" 자세에서 "검사 총"을 해야 한다.

정답 ③

다음은 청원경찰법령상 무기관리수칙에 관한 설명이다. 옳지 않은 것은?

① 청원주는 청원경찰에게 지급한 무기와 탄약을 매주 1회 이상 손질하게 하여야 한다.
② 청원주는 사의(辭意)를 밝힌 청원경찰에게 무기와 탄약을 지급해서는 안 된다.
③ 청원주는 수리가 필요한 무기가 있을 때에는 그 목록과 무기장비 운영카드를 첨부하여 관할 지방경찰청장에게 수리를 요청할 수 있다.
④ 청원경찰은 무기를 지급받거나 반납할 때 또는 인계인수할 때에는 반드시 '앞에 총' 자세에서 '검사 총'을 하여야 한다.

정답 ③

다음은 청원경찰법령상 청원주가 무기와 탄약을 지급해서는 아니되는 자를 열거하였다. 옳지 않은것은?

① 민사소송의 피고로 소송 계류 중인 사람
② 사의(辭意)를 밝힌 사람
③ 주벽(酒癖)이 심한 사람
④ 변태적 성벽(性癖)이 있는 사람

정답 ①

05 청원경찰법상의 감독

제1절 감독 및 감독자

1. 감독

1) 청원주, 지방경찰청장, 관할경찰서장의 감독

(1) 청원주

청원경찰법 제9조의3(감독)
① 청원주는 항상 소속 청원경찰의 근무 상황을 감독하고, 근무 수행에 필요한 교육을 하여야 한다.

(2) 지방경찰청장

청원경찰법 제9조의3(감독)
② 지방경찰청장은 청원경찰의 효율적인 운영을 위하여 청원주를 지도하며 감독상 필요한 명령을 할 수 있다

(3) 관할경찰서장

청원경찰법 시행령 제17조(감독)
관할 경찰서장은 매달 1회 이상 청원경찰을 배치한 경비구역에 대하여 다음 각 호의 사항을 감독하여야 한다.
1. 복무규율과 근무 상황
2. 무기의 관리 및 취급 사항

2) 감독자 선정 및 기준

(1) 감독자 선정 및 기준

청원경찰법 시행규칙 제19조(감독자의 지정)

① 2명 이상의 청원경찰을 배치한 사업장의 청원주는 청원경찰의 지휘 · 감독을 위하여 청원경찰 중에서 유능한 사람을 선정하여 감독자로 지정하여야 한다.

② 제1항에 따른 감독자는 조장, 반장 또는 대장으로 하며, 그 지정기준은 별표 4와 같다.

[별표 4]

감독자 지정기준(제19조제2항 관련)

근 무 인 원	직급별 지정기준		
	대 장	반 장	조 장
9명까지			1명
10명 이상 29명 이하		1명	2 ~ 3명
30명 이상 40명 이하		1명	3 ~ 4명
41명 이상 60명 이하	1명	2명	6명
61명 이상 120명 이하	1명	4명	12명

2. 권한의 위임과 배상책임

1) 위임

(1) 위임의 근거 및 범위

청원경찰법 제10조의3(권한의 위임)

이 법에 따른 지방경찰청장의 권한은 그 일부를 대통령령으로 정하는 바에 따라 관할 경찰서장에게 위임할 수 있다.

(2) 위임의 내용

청원경찰법 시행령 제20조(권한의 위임)

지방경찰청장은 법 제10조의3에 따라 다음 각 호의 권한을 관할 경찰서장에게 위임한다.

다만, 청원경찰을 배치하고 있는 사업장이 하나의 경찰서의 관할구역에 있는 경우로 한정한다.

1. 법 제4조제2항 및 제3항에 따른 청원경찰 배치의 결정 및 요청에 관한 권한
2. 법 제5조제1항에 따른 청원경찰의 임용승인에 관한 권한
3. 법 제9조의3제2항에 따른 청원주에 대한 지도 및 감독상 필요한 명령에 관한 권한
4. 법 제12조에 따른 과태료 부과·징수에 관한 권한

2) 배상책임

청원경찰법 제10조의2(청원경찰의 불법행위에 대한 배상책임)

청원경찰(국가기관이나 지방자치단체에 근무하는 청원경찰은 제외한다)의 직무상 불법행위에 대한 배상책임에 관하여는 「민법」의 규정을 따른다.

제2절   **면직 및 징계**

---

1. 면직 및 퇴직

1) 청원경찰법상 신분보장을 위한 규정

(1) 복무규정의 완화

청원경찰법 제5조(청원경찰의 임용 등)

④ 청원경찰의 복무에 관하여는 「국가공무원법」 제57조(복종의무), 제58조

제1항(직장이탈금지의무), 제60조(비밀준수의무) 및 「경찰공무원법」 제18
조(거짓보고 등 금지의무)를 준용한다.

※ 청원경찰에 대한 과도한 복무규정을 완화하기 위하여 경찰공무원에
관한 규정을 포괄적으로 준용하던 청원경찰 복무에 대한 규정을 향후
「국가공무원법」상의 복종의무, 직장이탈 금지의무, 비밀엄수의무 및
「경찰공무원법」상의 거짓보고 금지의무규정을 준용하도록 한 것이다.

(2) 배치폐지 및 요건강화

㉮ 청원경찰의 배치폐지

청원경찰법 제10조의5(배치의 폐지 등)

① 청원주는 청원경찰이 배치된 시설이 폐쇄되거나 축소되어 청원경찰
의 배치를 폐지하거나 배치인원을 감축할 필요가 있다고 인정하면
청원경찰의 배치를 폐지하거나 배치인원을 감축할 수 있다. 다만,
청원주는 다음 각 호의 어느 하나에 해당하는 경우에는 청원경찰의
배치를 폐지하거나 배치인원을 감축할 수 없다.

1. 청원경찰을 대체할 목적으로 「경비업법」에 따른 특수경비원을
배치하는 경우

2. 청원경찰이 배치된 기관·시설 또는 사업장 등이 배치인원의 변
동사유 없이 다른 곳으로 이전하는 경우

㉯ 배치폐지의 통지

청원경찰법 제10조의5(배치의 폐지 등)

② 제1항에 따라 청원주가 청원경찰을 폐지하거나 감축하였을 때에는
청원경찰 배치 결정을 한 경찰관서의 장에게 알려야 하며, 그 사업
장이 제4조제3항에 따라 지방경찰청장이 청원경찰의 배치를 요청한
사업장일 때에는 그 폐지 또는 감축 사유를 구체적으로 밝혀야 한다.

㉰ 청원경찰의 고용보장

청원경찰법 제10조의5(배치의 폐지 등)

③ 제1항에 따라 청원경찰의 배치를 폐지하거나 배치인원을 감축하는
경우 해당 청원주는 배치폐지나 배치인원 감축으로 과원(過員)이 되

는 청원경찰 인원을 그 기관·시설 또는 사업장 내의 유사 업무에 종사하게 하거나 다른 시설·사업장 등에 재배치하는 등 청원경찰의 고용이 보장될 수 있도록 노력하여야 한다.

(3) 근무배치 등의 위임에 따른 신분상 불이익 금지

청원경찰법 시행령 제19조(근무 배치 등의 위임)
② 청원주는 제1항에 따라 경비업자에게 청원경찰의 근무 배치 및 감독에 관한 권한을 위임한 경우에 이를 이유로 청원경찰의 보수나 신분상의 불이익을 주어서는 아니 된다.

(4) 의사에 반한 면직 등 금지

청원경찰법 제10조의4(의사에 반한 면직)
① 청원경찰은 형의 선고, 징계처분 또는 신체상·정신상의 이상으로 직무를 감당하지 못할 때를 제외하고는 그 의사(意思)에 반하여 면직(免職)되지 아니한다.
② 청원주가 청원경찰을 면직시켰을 때에는 그 사실을 관할 경찰서장을 거쳐 지방경찰청장에게 보고하여야 한다.

(5) 휴직 및 명예퇴직의 보장

청원경찰법 제10조의7(휴직 및 명예퇴직)
국가기관이나 지방자치단체에 근무하는 청원경찰의 휴직 및 명예퇴직에 관하여는 「국가공무원법」 제71조부터 제73조(휴직, 휴직기간, 휴직의 효력)까지 및 제74조의2(명예퇴직)를 준용한다

2) 의사에 반한 면직

(1) 사유 및 보고

청원경찰법 제10조의4(의사에 반한 면직)
① 청원경찰은 형의 선고, 징계처분 또는 신체상·정신상의 이상으로 직무

를 감당하지 못할 때를 제외하고는 그 의사(意思)에 반하여 면직(免職)되지 아니한다.

② 청원주가 청원경찰을 면직시켰을 때에는 그 사실을 관할 경찰서장을 거쳐 지방경찰청장에게 보고하여야 한다.

3) 퇴직, 휴직, 명예퇴직 등

(1) 당연퇴직

㉮ 당연퇴직

청원경찰법 제10조의6(당연퇴직)

청원경찰이 다음 각 호의 어느 하나에 해당할 때에는 당연퇴직된다.

1. 제5조제2항에 따른 임용결격사유에 해당될 때
2. 제10조의5에 따라 청원경찰의 배치가 폐지되었을 때
3. 나이가 60세가 되었을 때. 다만, 그 날이 1월부터 6월 사이에 있으면 6월 30일에, 7월부터 12월 사이에 있으면 12월 31일에 각각 당연 퇴직된다.

청원경찰법 제5조(청원경찰의 임용)

② 「국가공무원법」 제33조 각 호의 어느 하나의 결격사유에 해당하는 사람은 청원경찰로 임용될 수 없다.

국가공무원법 제33조(결격사유)

다음 각 호의 어느 하나에 해당하는 자는 공무원으로 임용될 수 없다.

1. 피성년후견인 또는 피한정후견인
2. 파산선고를 받고 복권되지 아니한 자
3. 금고 이상의 실형을 선고받고 그 집행이 종료되거나 집행을 받지 아니하기로 확정된 후 5년이 지나지 아니한 자
4. 금고 이상의 형을 선고받고 그 집행유예 기간이 끝난 날부터 2년이 지나지 아니한 자
5. 금고 이상의 형의 선고유예를 받은 경우에 그 선고유예 기간 중에

있는 자

6. 법원의 판결 또는 다른 법률에 따라 자격이 상실되거나 정지된 자

6의2. 공무원으로 재직기간 중 직무와 관련하여 「형법」 제355조(횡령, 배임) 및 제356조(업무상 횡령, 배임)에 규정된 죄를 범한 자로서 300만 원 이상의 벌금형을 선고받고 그 형이 확정된 후 2년이 지나지 아니한 자

6의3. 「성폭력범죄의 처벌 등에 관한 특례법」 제2조에 규정된 죄를 범한 사람으로서 100만 원 이상의 벌금형을 선고받고 그 형이 확정된 후 3년이 지나지 아니한 사람

6의4. 미성년자에 대한 다음 각 목의 어느 하나에 해당하는 죄를 저질러 파면·해임되거나 형 또는 치료감호를 선고받아 그 형 또는 치료감호가 확정된 사람(집행유예를 선고받은 후 그 집행유예기간이 경과한 사람을 포함한다)

　가. 「성폭력범죄의 처벌 등에 관한 특례법」 제2조에 따른 성폭력범죄

　나. 「아동·청소년의 성보호에 관한 법률」 제2조제2호에 따른 아동·청소년대상 성범죄

7. 징계로 파면처분을 받은 때부터 5년이 지나지 아니한 자

8. 징계로 해임처분을 받은 때부터 3년이 지나지 아니한 자

㉯ 청원경찰애 대한 배치폐지의 경우

경비업법 제10조의5(배치의 폐지 등)

① 청원주는 청원경찰이 배치된 시설이 폐쇄되거나 축소되어 청원경찰의 배치를 폐지하거나 배치인원을 감축할 필요가 있다고 인정하면 청원경찰의 배치를 폐지하거나 배치인원을 감축할 수 있다.

(2) 휴직 및 명예퇴직

청원경찰법 제10조의7(휴직 및 명예퇴직)

국가기관이나 지방자치단체에 근무하는 청원경찰의 휴직 및 명예퇴직에 관하여는 「국가공무원법」 제71조부터 제73조(휴직, 휴직기간, 휴직의 효력)까지 및 제74조의2(명예퇴직)를 준용한다.

2. 징계 및 표창

1) 징계

(1) 징계사유

청원경찰법 제5조의2(청원경찰의 징계)

① 청원주는 청원경찰이 다음 각 호의 어느 하나에 해당하는 때에는 대통령령으로 정하는 징계절차를 거쳐 징계처분을 하여야 한다.

  1. 직무상의 의무를 위반하거나 직무를 태만히 한 때

  2. 품위를 손상하는 행위를 한 때

② 청원경찰에 대한 징계의 종류는 파면, 해임, 정직, 감봉 및 견책으로 구분한다.

③ 청원경찰의 징계에 관하여 그 밖에 필요한 사항은 대통령령으로 정한다.

청원경찰법 시행령 제8조(징계)

① 관할 경찰서장은 청원경찰이 법 제5조의2 제1항 각 호의 어느 하나에 해당한다고 인정되면 청원주에게 해당 청원경찰에 대하여 징계처분을 하도록 요청할 수 있다.

② 법 제5조의2제2항의 정직(停職)은 1개월 이상 3개월 이하로 하고, 그 기간에 청원경찰의 신분은 보유하나 직무에 종사하지 못하며, 보수의 3분의 2를 줄인다.

③ 법 제5조의2제2항의 감봉은 1개월 이상 3개월 이하로 하고, 그 기간에 보수의 3분의 1을 줄인다.

④ 법 제5조의2제2항의 견책(譴責)은 전과(前過)에 대하여 훈계하고 회개하게 한다.

⑤ 청원주는 청원경찰 배치 결정의 통지를 받았을 때에는 통지를 받은 날부터 15일 이내에 청원경찰에 대한 징계규정을 제정하여 관할 지방경찰청장에게 신고하여야 한다. 징계규정을 변경할 때에도 또한 같다.

⑥ 지방경찰청장은 제5항에 따른 징계규정의 보완이 필요하다고 인정할 때에는 청원주에게 그 보완을 요구할 수 있다.

2) 표창

청원경찰법 시행규칙 제18조(표창)
지방경찰청장, 관할 경찰서장 또는 청원주는 청원경찰에게 다음 각 호의
구분에 따라 표창을 수여할 수 있다.
1. 공적상
   성실히 직무를 수행하여 근무성적이 탁월하거나 헌신적인 봉사로 특별
   한 공적을 세운 경우
2. 우등상
   교육훈련에서 교육성적이 우수한 경우

기출문제 01

다음 중 청원경찰법령상 청원경찰의 복무에 관하여 국가공무원법의 규정이 준용되지
않는 것은?

① 청원경찰의 정치 운동의 금지
② 청원경찰의 비밀 엄수의 의무
③ 청원경찰의 집단 행위의 금지
④ 청원경찰의 직장 이탈의 금지

정답 ①

기출문제 02

다음은 청원경찰법령상 청원경찰의 징계에 관한 설명으로 옳은 것은?

① 징계처분권자는 청원주이다.
② 견책은 보수의 3분의 1을 줄인다.
③ 직위해제는 청원경찰에 대한 징계의 종류에 해당한다.
④ 관할 경찰서장은 징계규정의 보완이 필요하다고 인정할 때에는 청원주에게 그
   보완을 요구할 수 있다.

정답 ①

다음은 청원경찰법령상 청원경찰의 징계에 관한 설명으로 옳은 것은?

① 청원경찰에 대한 징계의 종류는 파면, 해임, 강등, 정직, 감봉 및 견책으로 구분한다.
② 정직은 1개월 이상 6개월 이하로 하고, 그 기간에 직무에 종사하지 못하며, 보수의 2분의 1을 줄인다.
③ 감봉은 1개월 이상 3개월 이하로 하고, 그 기간에 보수의 3분의 1을 줄인다.
④ 청원주는 청원경찰 배치 결정의 통지를 받았을 때에는 통지를 받은 날부터 30일 이내에 청원경찰에 대한 징계규정을 제정하여 관할 지방경찰청장에게 신고해야 한다.

정답 ③

다음은 청원경찰법령상 청원경찰의 지휘 · 감독을 위한 감독자 지정기준에 관한 설명이다. 옳지 않은 것은?

① 근무인원이 9명인 경우 반장 1명을 지정하여야 한다.
② 근무인원이 30명인 경우 반장 1명, 조장 3~4명을 지정하여야 한다.
③ 근무인원이 60명인 경우 대장 1명, 반장 2명, 조장 6명을 지정하여야 한다.
④ 근무인원이 100명인 경우 대장 1명, 반장 4명, 조장 12명을 지정하여야 한다.

정답 ①

제3절	문서와 장부의 비치

1. 문서와 장부의 비치

1) 문서와 장부비치

(1) 청원주의 비치의무

청원경찰법 시행규칙 제17조(문서와 장부의 비치)
① 청원주는 다음 각 호의 문서와 장부를 갖춰 두어야 한다.

1. 청원경찰 명부	2. 근무일지
3. 근무 상황카드	4. 경비구역 배치도
5. 순찰표철	6. 무기·탄약 출납부
7. 무기장비 운영카드	8. 봉급지급 조서철
9. 신분증명서 발급대장	10. 징계 관계철
11. 교육훈련 실시부	12. 청원경찰 직무교육계획서
13. 급여품 및 대여품 대장	

14. 그 밖에 청원경찰의 운영에 필요한 문서와 장부

(2) 관할경찰서장의 비치의무

청원경찰법 시행규칙 제17조(문서와 장부의 비치)
② 관할 경찰서장은 다음 각 호의 문서와 장부를 갖춰 두어야 한다.

1. 청원경찰 명부	2. 감독 순시부
3. 전출입 관계철	4. 교육훈련 실시부
5. 무기·탄약 대여대장	6. 징계요구서철

7. 그 밖에 청원경찰의 운영에 필요한 문서와 장부

(3) 지방경찰청장의 비치의무

청원경찰법 시행규칙 제17조(문서와 장부의 비치)
③ 지방경찰청장은 다음 각 호의 문서와 장부를 갖춰 두어야 한다.

1. 배치 결정 관계철
2. 청원경찰 임용승인 관계철
3. 전출입 관계철
4. 그 밖에 청원경찰의 운영에 필요한 문서와 장부

(4) 문서 등의 형식

청원경찰법 시행규칙 제17조(문서와 장부의 비치)

④ 제1항부터 제3항까지의 규정에 따른 문서와 장부의 서식은 경찰관서에서 사용하는 서식을 준용한다.

의무자	경비업법	청원경찰법
▼ 경비업법과 청원경찰법에 따른 청원주 등의 비치 문서 비교]		
시설주	① 근무일지 ② 근무상황카드 ③ 경비구역 배치도 ④ 순찰표철 ⑤ 무기ㆍ탄약출납부 ⑥ 무기장비 운영카드	
청원주		① 청원경찰 명부 ② 근무일지 ③ 근무 상황카드 ④ 경비구역 배치도 ⑤ 순찰표철 ⑥ 무기ㆍ탄약 출납부 ⑦ 무기장비 운영카드 ⑧ 봉급지급 조서철 ⑨ 신분증명서 발급대장 ⑩ 징계 관계철 ⑪ 교육훈련 실시부 ⑫ 청원경찰 직무교육계획서 ⑬ 급여품 및 대여품 대장 ⑭ 그 밖에 청원경찰의 운영에 필요한 문서와 장부

관할경찰 서장(경찰 관서장)	① 감독순시부 ② 특수경비원 전·출입관계철 ③ 특수경비원 교육훈련실시부 ④ 무기·탄약 대여대장 ⑤ 그 밖에 특수경비원의 관리 등을 위하여 필요한 장부 또는 서류	① 청원경찰 명부 ② 감독 순시부 ③ 전출입 관계철 ④ 교육훈련 실시부 ⑤ 무기·탄약 대여대장 ⑥ 징계요구서철 ⑦ 그 밖에 청원경찰의 운영에 필요 한 문서와 장부
지방경찰 청장		① 배치 결정 관계철 ② 청원경찰 임용승인 관계철 ③ 전출입 관계철 ④ 그 밖에 청원경찰의 운영에 필요 한 문서와 장부

2) 경비전화의 가설과 비용부담

청원경찰법 시행규칙 제20조(경비전화의 가설)

① 관할 경찰서장은 청원주의 신청에 따라 경비를 위하여 필요하다고 인
정할 때에는 청원경찰이 배치된 사업장에 경비전화를 가설할 수 있다.

② 제1항에 따라 경비전화를 가설할 때 드는 비용은 청원주가 부담한다.

2. 민감정보 및 고유식별정보의 처리

청원경찰법 시행령 제20조의2(민감정보 및 고유식별정보의 처리)

지방경찰청장 또는 경찰서장은 다음 각 호의 사무를 수행하기 위하여 불
가피한 경우 「개인정보 보호법」 제23조에 따른 건강에 관한 정보와 같은
법 시행령 제18조제2호에 따른 범죄경력자료에 해당하는 정보, 같은 영
제19조제1호 또는 제4호에 따른 주민등록번호 또는 외국인등록번호가 포
함된 자료를 처리할 수 있다.

1. 법 및 이 영에 따른 청원경찰의 임용, 배치 등 인사관리에 관한 사무
2. 법 제8조에 따른 청원경찰의 제복 착용 및 무기 휴대에 관한 사무

3. 법 제9조의3에 따른 청원주에 대한 지도·감독에 관한 사무
4. 제1호부터 제3호까지의 규정에 따른 사무를 수행하기 위하여 필요한 사무

개인정보처리법 제23조(민감정보의 처리 제한)
① 개인정보처리자는 사상·신념, 노동조합·정당의 가입·탈퇴, 정치적 견해, 건강, 성생활 등에 관한 정보, 그 밖에 정보주체의 사생활을 현저히 침해할 우려가 있는 개인정보로서 대통령령으로 정하는 정보(이하 "민감정보"라 한다)를 처리하여서는 아니 된다. 다만, 다음 각 호의 어느 하나에 해당하는 경우에는 그러하지 아니하다.
 1. 정보주체에게 제15조제2항 각 호 또는 제17조제2항 각 호의 사항을 알리고 다른 개인정보의 처리에 대한 동의와 별도로 동의를 받은 경우
 2. 법령에서 민감정보의 처리를 요구하거나 허용하는 경우
② 개인정보처리자가 제1항 각 호에 따라 민감정보를 처리하는 경우에는 그 민감정보가 분실·도난·유출·위조·변조 또는 훼손되지 아니하도록 제29조에 따른 안전성 확보에 필요한 조치를 하여야 한다.

개인정보처리법 시행령 제18조(민감정보의 범위)
법 제23조제1항 각 호 외의 부분 본문에서 "대통령령으로 정하는 정보"란 다음 각 호의 어느 하나에 해당하는 정보를 말한다. 다만, 공공기관이 법 제18조제2항제5호부터 제9호까지의 규정에 따라 다음 각 호의 어느 하나에 해당하는 정보를 처리하는 경우의 해당 정보는 제외한다.
1. 유전자검사 등의 결과로 얻어진 유전정보
2. 「형의 실효 등에 관한 법률」 제2조제5호에 따른 범죄경력자료에 해당하는 정보

개인정보보호법 시행령 제19조(고유식별정보의 범위)
법 제24조제1항 각 호 외의 부분에서 "대통령령으로 정하는 정보"란 다음 각 호의 어느 하나에 해당하는 정보를 말한다. 다만, 공공기관이 법 제18

조제2항제5호부터 제9호까지의 규정에 따라 다음 각 호의 어느 하나에 해당하는 정보를 처리하는 경우의 해당 정보는 제외한다.

1. 「주민등록법」 제7조의2제1항에 따른 주민등록번호
4. 「출입국관리법」 제31조제4항에 따른 외국인등록번호

3. 규제의 재검토

청원경찰법 시행령 제20조의3(규제의 재검토)
경찰청장은 제8조에 따른 청원경찰의 징계에 대하여 2014년 1월 1일을 기준으로 3년마다(매 3년이 되는 해의 1월 1일 전까지를 말한다) 그 타당성을 검토하여 개선 등의 조치를 하여야 한다.

기출문제 01

다음은 청원경찰법령상 청원주가 비치해야 할 문서와 장부를 나열하였다. 옳은 것은?

① 감독 순시부, 징계요구서철
② 경비구역 배치도, 교육훈련 실시부
③ 무기·탄약 대여대장, 전출입 관계철
④ 배치 결정 관계철, 청원경찰 임용승인 관계철

정답 ②

06 청원경찰법 벌칙 등

제**1**절 형벌

1. 직권남용의 금지

청원경찰법 제10조(직권남용 금지 등)

① 청원경찰이 직무를 수행할 때 직권을 남용하여 국민에게 해를 끼친 경우에는 6개월 이하의 징역이나 금고에 처한다.

② 청원경찰 업무에 종사하는 사람은 「형법」이나 그 밖의 법령에 따른 벌칙을 적용할 때에는 공무원으로 본다.

2. 쟁의행위 등 금지

경비업법 제11조(벌칙)

법 제9조의4를 위반하여 파업, 태업 또는 그 밖에 업무의 정상적인 운영을 방해하는 쟁의행위를 한 사람은 1년 이하의 징역 또는 1천만 원 이하의 벌금에 처한다.

1. 과태료의 부과

1) 부과사유

청원경찰법 제12조(과태료)

① 다음 각 호의 어느 하나에 해당하는 자에게는 500만 원 이하의 과태료를 부과한다.

　　1. 제4조제2항에 따른 지방경찰청장의 배치 결정을 받지 아니하고 청원경찰을 배치하거나 제5조제1항에 따른 지방경찰청장의 승인을 받지 아니하고 청원경찰을 임용한 자

　　2. 정당한 사유 없이 제6조제3항에 따라 경찰청장이 고시한 최저부담기준액 이상의 보수를 지급하지 아니한 자

　　3. 제9조의3제2항에 따른 감독상 필요한 명령을 정당한 사유 없이 이행하지 아니한 자

2) 부과 · 징수권자

청원경찰법 제12조(과태료)

② 제1항에 따른 과태료는 대통령령으로 정하는 바에 따라 지방경찰청장이 부과 · 징수한다.

2. 과태료의 부과의 구체적 기준

1) 부과기준

청원경찰법 시행령 제21조(과태료의 부과기준 등)

① 법 제12조제1항에 따른 과태료의 부과기준은 [별표 2]와 같다.

② 지방경찰청장은 위반행위의 동기, 내용 및 위반의 정도 등을 고려하여

[별표 2]에 따른 과태료 금액의 100분의 50의 범위에서 그 금액을 줄이거나 늘릴 수 있다. 다만, 늘리는 경우에는 법 제12조제1항에 따른 과태료 금액의 상한(500만 원)을 초과할 수 없다.

[별표 2]

<u>과태료의 부과기준</u>(제21조제1항 관련)

위 반 행 위	해당 법조문	과태료 금액
1. 법 제4조제2항에 따른 지방경찰청장의 배치 결정을 받지 않고 다음 각 목의 시설에 청원경찰을 배치한 경우	법 제12조 제1항제1호	
가. 국가 중요 시설(국가정보원장이 지정하는 국가보안 목표시설을 말한다)인 경우		500만원
나. 가목에 따른 국가 중요 시설 외의 시설인 경우		400만원
2. 법 제5조제1항에 따른 지방경찰청장의 승인을 받지 않고 다음 각 목의 청원경찰을 임용한 경우	법 제12조 제1항제1호	
가. 법 제5조제2항에 따른 임용 결격사유에 해당하는 청원경찰		500만원
나. 법 제5조제2항에 따른 임용 결격사유에 해당하지 않고 청원경찰		300만원
3. 정당한 사유 없이 법 제6조제3항에 따라 경찰청장이 고시한 최저부담기준액 이상의 보수를 지급하지 않은 경우	법 제12조 제1항제2호	500만원
4. 법 제9조의3제2항에 따른 지방경찰청장의 감독상 필요한 다음 각 목의 명령을 정당한 사유 없이 이행하지 않은 경우	법 제12조 제1항제3호	
가. 총기·실탄 및 분사기에 관한 명령		500만원
나. 가목에 따른 명령 외의 명령		300만원

청원경찰법 시행규칙 제24조(과태료 부과 고지서 등)
① 법 제12조제1항에 따른 과태료 부과의 사전 통지는 별지 제7호서식의 과태료 부과 사전 통지서에 따른다.

② 법 제12조제1항에 따른 과태료의 부과는 별지 제8호서식의 과태료 부과 고지서에 따른다.

③ 경찰서장은 과태료처분을 하였을 때에는 과태료 부과 및 징수 사항을 별지 제9호서식의 과태료 수납부에 기록하고 정리하여야 한다.

(앞쪽)

제 호	

과태료 부과 사전 통지서
(의견제출 통지)

_____ 귀하

「청원경찰법」 제12조제1항에 따라 아래와 같이 과태료를 부과하려고 하니 의견이 있으면 기한 내에 의견을 제출해 주시기 바랍니다.

과태료 부과 대상자	성 명	
	주 소	
과태료 금액		
과태료 부과 원인 행위	일 시	
	장 소	
	내 용	
적용 법령		
의견제출 기한		~

<의견>

년   월   일

지방경찰청장
경 찰 서 장 | 직인 |

210㎜×297㎜(일반용지60g/㎡(재활용품))

과 태 료 수 납 부

일련번호	고지서번호	위반일	의견제출기한	납부기한	납부연월일	과태료 금액			과태료 부과 대상자			위반사항
						결정액	가산액	납부액	성명	주민등록번호	주소	

210㎜×297㎜(일반용지60g/㎡(재활용품))

다음은 청원경찰법상 500만 원 이하의 과태료 부과대상자를 나열하였다. 해당하지 않는자는?

① 지방경찰청장의 배치 결정을 받지 아니하고 청원경찰을 배치한 자
② 정당한 사유 없이 경찰청장이 고시한 최저부담기준액 이상의 보수를 지급하지 아니한 자
③ 지방경찰청장의 감독상 필요한 명령을 정당한 사유 없이 이행하지 아니한 자
④ 청원경찰로서 직무에 관하여 허위로 보고한 자

정답 ④

기출문제

01 경비업법령상 기계경비지도사 자격증 취득자가 자격증 취득일부터 3년 이내에 일반경비지도사 시험에 합격하여 교육을 받을 경우, 받아야 하는 교육과목에 해당하지 않는 것은?

> 시설경비업무란 경비를 필요로 하는 시설 및 장소에서의 (ㄱ) · 화재 그 밖의 (ㄴ) 등으로 인한 위험발생을 방지하는 업무를 말한다.

① 체포 · 호신술
② 신변보호
③ 특수경비
④ 기계경비개론

📖 **해설** ─────────────────────────────────

제9조(경비지도사에 대한 교육) ① 법 제11조제1항에서 "행정자치부령이 정하는 교육"이라 함은 경비지도사에 대한 [별표 1]의 규정에 의한 과목 및 시간의 교육을 말한다.

경비지도사 교육의 과목 및 시간(시행규칙 제9조제1항 관련)

구분 (교육시간)	과목		시간
공통교육 (28시간)	「경비업법」		4
	「경찰관직무집행법」 및 「청원경찰법」		3
	테러 대응요령		3
	화재대처법		2
	응급처치법		3
	분사기 사용법		2
	교육기법		2
	예절 및 인권교육		2
	체포 · 호신술		3
	입교식 · 평가 · 수료식		4
자격의 종류별 교육 (16시간)	일반경비 지도사	시설경비	2
		호송경비	2
		신변보호	2
		특수경비	2
		기계경비개론	3
		일반경비현장실습	5

	기계경비운용관리	4
기계경비	기계경비기획 및 설계	4
지도사	인력경비개론	3
	기계경비현장실습	5
계		44

비고: 일반경비지도사 자격증 취득자 또는 기계경비지도사 자격증 취득자가 자격증 취득일부터 3년 이내에 기계경비지도사 또는 일반경비지도사 시험에 합격하여 교육을 받을 경우에는 **공통교육은 면제**한다.

정답 ①

02 경비업법령상 특수경비원의 직무 및 무기사용에 관한 설명으로 옳지 않은 것은?

① 관할 경찰서장은 경비업자 및 특수경비원의 무기관리 상황을 수시로 점검하여야 한다.

② 관할 경찰관서장은 무기의 적정한 관리를 위하여 무기를 대여 받은 시설주에 대하여 필요한 명령을 발할 수 있다.

③ 특수경비원은 국가중요시설의 경비를 위하여 무기를 사용하지 아니하고는 다른 수단이 없다고 인정되는 때에는 필요한 한도 안에서 무기를 사용할 수 있다.

④ 지방경찰청장은 국가중요시설에 대한 경비업무의 수행을 위하여 필요하다고 인정하는 때에는 관할 경찰관서장으로 하여금 시설주의 신청에 의하여 시설주로부터 국가에 기부채납된 무기를 대여하게 할 수 있다.

📖 해설 ─────────────────────────────────

제14조(특수경비원의 직무 및 무기사용 등) ④ 지방경찰청장은 국가중요시설에 대한 경비업무의 수행을 위하여 필요하다고 인정하는 때에는 관할 경찰관서장으로 하여금 시설주의 신청에 의하여 시설주로부터 국가에 기부채납된 무기를 대여하게 하고, 시설주는 이를 특수경비원으로 하여금 휴대하게 할 수 있다. 이 경우 특수경비원은 정당한 사유 없이 무기를 소지하고 배치된 경비구역을 벗어나서는 아니 된다.

⑤ 시설주가 대여 받은 무기에 대하여 시설주 및 관할 경찰관서장은 무기의 관리책임을 지고, 관할 경찰관서장은 시설주 및 특수경비원의 무기관리상황을 대통령령이 정하는 바에 따라 지도·감독하여야 한다.

⑥ 관할 경찰관서장은 무기의 적정한 관리를 위하여 제4항의 규정에 의하여 무기를 대여 받은 시설주에 대하여 필요한 명령을 발할 수 있다.

⑧ 특수경비원은 국가중요시설의 경비를 위하여 무기를 사용하지 아니하고는 다른 수단이 없다고 인정되는 때에는 필요한 한도 안에서 무기를 사용할 수 있다.

정답 ①

03 경비업법령상 특수경비원의 의무에 관한 설명으로 옳은 것은?

① 특수경비원은 시설주의 허가 또는 정당한 사유 없이 경비구역을 벗어나서는 아니 된다.
② 인질사건에 있어서 작전을 수행하는 경우라도 권총 또는 소총을 발사하고자 하는 때에는 반드시 미리 구두로 경고를 하여야 한다.
③ 특수경비원은 총기 또는 폭발물을 가지고 대항하는 경우에도 14세 미만의 자 또는 임산부에 대하여는 권총 또는 소총을 발사하여서는 아니 된다.
④ 특수경비원은 파업·태업 그 밖에 경비업무의 정상적인 운영을 저해하는 일체의 쟁의행위를 하여서는 아니 된다.

📖 **해설**

제15조(특수경비원의 의무) ① 특수경비원은 직무를 수행함에 있어 시설주·관할 경찰관서장 및 소속상사의 직무상 명령에 복종하여야 한다.
② 특수경비원은 소속상사의 허가 또는 정당한 사유 없이 경비구역을 벗어나서는 아니 된다.
③ 특수경비원은 파업·태업 그 밖에 경비업무의 정상적인 운영을 저해하는 일체의 쟁의행위를 하여서는 아니 된다.
④ 특수경비원이 무기를 휴대하고 경비업무를 수행하는 때에는 다음에 정하는 무기의 안전사용수칙을 지켜야 한다.
  1. 특수경비원은 사람을 향하여 권총 또는 소총을 발사하고자 하는 때에는 미리 구두 또는 공포탄에 의한 사격으로 상대방에게 경고하여야 한다. 다만, 다음 각 목의 1에 해당하는 경우로서 부득이한 때에는 경고하지 아니할 수 있다.
    가. 특수경비원을 급습하거나 타인의 생명·신체에 대한 중대한 위험을 야기하는 범행이 목전에 실행되고 있는 등 상황이 급박하여 경고할 시간적 여유가 없는 경우
    나. 인질·간첩 또는 테러사건에 있어서 은밀히 작전을 수행하는 경우
  2. 특수경비원은 무기를 사용하는 경우에 있어서 범죄와 무관한 다중의 생명·신체에 위해를 가할 우려가 있는 때에는 이를 사용하여서는 아니 된다. 다만, 무기를 사용하지 아니하고는 타인 또는 특수경비원의 생명·신체에 대한 중대한 위협을 방지할 수 없다고 인정되는 때에는 필요한 최소한의 범위 안에서 이를 사용할 수 있다.
  3. 특수경비원은 총기 또는 폭발물을 가지고 대항하는 경우를 제외하고는 14세 미만의 자 또는 임산부에 대하여는 권총 또는 소총을 발사하여서는 아니 된다.

정답 ④

04 경비업법령상 경비원의 복장·장비 등에 관한 설명으로 옳지 않은 것은?

① 경비업자는 경찰공무원 또는 군인의 제복과 색상 및 디자인 등이 명확히 구별되는 소속 경비원의 복장을 정하여 주된 사무소를 관할하는 경찰서장에게 신고하여야 한다.

② 경비원은 근무 중 경적, 단봉, 분사기, 안전방패, 무전기 및 그 밖에 경비업무 수행에 필요한 것으로서 공격적인 용도로 제작되지 아니한 장비를 휴대할 수 있다.

③ 경비업자가 경비원으로 하여금 분사기를 휴대하여 직무를 수행하게 하는 경우에는 「총포·도검·화약류 등 단속법」에 따라 미리 분사기의 소지허가를 받아야 한다.

④ 장비를 임의로 개조하여 통상의 용법과 달리 사용함으로써 다른 사람의 생명·신체에 위해를 가하여서는 아니 된다.

📖 **해설**

제16조(경비원의 복장 등) ① 경비업자는 경찰공무원 또는 군인의 제복과 색상 및 디자인 등이 명확히 구별되는 소속 경비원의 복장을 정하고 이를 확인할 수 있는 사진을 첨부하여 주된 사무소를 관할하는 지방경찰청장에게 행정자치부령으로 정하는 바에 따라 신고하여야 한다.

제16조의2(경비원의 장비 등) ② 경비업자가 경비원으로 하여금 분사기를 휴대하여 직무를 수행하게 하는 경우에는 「총포·도검·화약류 등 단속법」에 따라 미리 분사기의 소지허가를 받아야 한다.
③ 누구든지 제1항의 장비를 임의로 개조하여 통상의 용법과 달리 사용함으로써 다른 사람의 생명·신체에 위해를 가하여서는 아니 된다.
④ 경비원은 경비업무를 위하여 필요하다고 인정되는 상당한 이유가 있을 때에는 필요한 최소한도에서 제1항의 장비를 사용할 수 있다.

시행규칙 제20조(경비원의 휴대장비) ① 법 제16조의2제1항에 따라 경비원은 근무 중 경적, 단봉, 분사기, 안전방패, 무전기 및 그 밖에 경비 업무 수행에 필요한 것으로서 공격적인 용도로 제작되지 아니하는 장비를 휴대할 수 있으며, 안전모 및 방검복 등 안전장비를 착용할 수 있다.

정답 ①

05 경비업법령상 경비원의 배치에 관한 설명이다. ( ) 안에 들어갈 내용을 순서대로 옳게 나열한 것은?

> 경비업자는 시설경비업무를 수행하기 위하여 ( )일 이상 경비원을 배치하거나 그 기간을 연장하려는 때에는 경비원을 배치한 후 ( )일 이내에 경비원 배치신고서를 배치지를 관할하는 경찰관서장에게 제출하여야 한다.

① 10, 5
② 10, 7
③ 20, 5
④ 20, 7

📖 **해설**

시행규칙 제24조(경비원의 배치 및 배치폐지의 신고) ① 경비업자는 법에 따라 경비업무를 수행하기 위하여 **20일** 이상 경비원을 배치하거나 그 기간을 연장하려는 때에는 경비원을 배치한 후 **7일** 이내에 별지 제15호서식의 경비원 배치신고서(전자문서로 된 신고서를 포함)를 배치지를 관할하는 경찰관서장에게 제출하여야 한다.

정답 ④

06 경비업법상 일반경비원의 결격사유에 해당하지 않는 경우는?

① 만 18세인 자
② 피성년후견인
③ 피한정후견인
④ 파산선고를 받고 복권되지 아니한 자

📖 **해설**

제10조(경비지도사 및 경비원의 결격사유) ① 다음에 해당하는 자는 경비지도사 또는 일반경원이 될 수 없다.
　　1. 만 18세 미만인 자, 피성년후견인, 피한정후견인
　　2. 파산선고를 받고 복권되지 아니한 자
✔ 미만=기준이 되는 수를 미포함, 즉 만 18세 미만=만 1세~17세까지

정답 ①

07 다음은 경비업법 시행령 별표에서 정한 행정처분의 개별기준이다. ( ) 안에 들어갈 내용으로 옳은 것은?

위반행위	1차 위반	2차 위반	3차 이상 위반
경비업법 제4조제1항 후단을 위반하여 지방경찰청장의 허가 없이 경비업무를 변경한 때	(ㄱ)	(ㄴ)	(ㄷ)

① ㄱ: 경고, ㄴ: 영업정지 1개월, ㄷ: 영업정지 3개월
② ㄱ: 경고, ㄴ: 영업정지 6개월, ㄷ: 허가취소
③ ㄱ: 영업정지 1개월, ㄴ: 영업정지 3개월, ㄷ: 영업정지 6개월
④ ㄱ: 영업정지 1개월, ㄴ: 영업정지 3개월, ㄷ: 허가취소

📖 해설

행정처분 기준(시행령 제24조 관련)

위반행위	행정처분 기준		
	1차 위반	2차 위반	3차 이상 위반
가. 법 제4조제1항 후단을 위반하여 지방경찰청장의 허가 없이 경비업무를 변경한 때	경고	영업정지 6개월	허가취소

정답 ②

08 경비업법상 경비업 허가 취소대상에 해당하는 것을 〈보기〉에서 모두 고른 것은?

ㄱ. 허위 그 밖의 부정한 방법으로 허가를 받은 때
ㄴ. 허가받은 경비업무 외의 업무에 경비원을 종사하게 한 때
ㄷ. 정당한 사유 없이 최종 도급계약 종료일의 다음 날부터 1년 이내에 경비 도급 실적이 없을 때
ㄹ. 영업정지처분을 받고 계속하여 영업을 한 때

① ㄱ, ㄴ   ② ㄷ, ㄹ   ③ ㄱ, ㄴ, ㄹ   ④ ㄱ, ㄴ, ㄷ, ㄹ

📖 해설

제19조(경비업 허가의 취소 등) ① 허가관청은 경비업자가 다음 어느 하나에 해당하는 때에는 그 허가를 취소하여야 한다.

1. 허위 그 밖의 부정한 방법으로 허가를 받은 때
2. 허가받은 경비업무 외의 업무에 경비원을 종사하게 한 때
3. 경비업 및 경비관련업외의 영업을 한 때
4. 정당한 사유 없이 허가를 받은 날부터 1년 이내에 경비 도급실적이 없거나 계속하여 1년 이상 휴업한 때
5. 정당한 사유 없이 최종 도급계약 종료일의 다음 날부터 1년 이내에 경비 도급실적이 없을 때
6. 영업정지처분을 받고 계속하여 영업을 한 때
7. 소속 경비원으로 하여금 경비업무의 범위를 벗어난 행위를 하게 한 때
8. 관할 경찰관서장의 배치폐지 명령에 따르지 아니한 때

정답 ④

09 경비업법령상 경찰청장 또는 지방경찰청장이 해당 처분을 하기 위해 청문을 실시하여야 하는 경우가 아닌 것은?

① 특수경비원의 징계   ② 경비지도사 자격의 취소
③ 경비지도사 자격의 정지   ④ 경비업 허가의 취소 또는 영업정지

📖 해설 ─────────────────────────────

제21조(청문) 경찰청장 또는 지방경찰청장은 다음에 해당하는 처분을 하고자 하는 경우에는 청문을 실시하여야 한다.
1. 경비업 허가의 취소 또는 영업정지
2. 경비지도사자격의 취소 또는 정지

정답 ①

10 경비업법령상 경비협회에 관한 설명으로 옳은 것은?

① 경비협회를 설립하려면 경비업자 10인 이상으로 구성된 발기인을 필요로 한다.
② 경비협회의 업무에는 경비진단에 관한 사항도 포함된다.
③ 경비협회는 공익법인이므로 회원으로부터 회비를 징수하여서는 아니 된다.
④ 경비협회에 관하여 경비업법에 특별한 규정이 있는 것을 제외하고는「민법」중 재단법인에 관한 규정을 준용한다.

제22조(경비협회) ① 경비업자는 경비업무의 건전한 발전과 경비원의 자질향상 및 교육훈련 등을 위하여 대통령령이 정하는 바에 따라 경비협회를 설립할 수 있다.

② 경비협회는 법인으로 한다.

③ 경비협회의 업무는 다음과 같다.

　　1. 경비업무의 연구

　　2. 경비원 교육 · 훈련 및 그 연구

　　3. 경비원의 후생 · 복지에 관한 사항

　　4. 경비진단에 관한 사항

　　5. 그 밖에 경비업무의 건전한 운영과 육성에 관하여 필요한 사항

④ 경비협회에 관하여 이 법에 특별한 규정이 있는 것을 제외하고는 민법 중 사단법인에 관한 규정을 준용한다.

시행령 제26조(경비협회) ① 경비업자가 법에 따라 경비협회를 설립하려는 경우에는 정관을 작성하여야 한다.

② 협회는 정관이 정하는 바에 의하여 회원으로부터 회비를 징수할 수 있다.

정답 ②

11 경비업법상 경비협회가 할 수 있는 공제사업에 해당하지 않는 것은?

① 경비지도사의 손해배상책임과 형사책임을 보장하기 위한 사업

② 경비원의 복지향상과 업무상 재해로 인한 손실을 보상하는 사업

③ 경비업무와 관련한 연구 및 경비원 교육 · 훈련에 관한 사업

④ 경비업자가 경비업을 운영할 때 필요한 입찰보증, 계약보증, 하도급보증을 위한 사업

제23조(공제사업) ① 경비협회는 다음의 공제사업을 할 수 있다.

　　1. 경비업자의 손해배상책임을 보장하기 위한 사업

　　2. 경비업자가 경비업을 운영할 때 필요한 입찰보증, 계약보증(이행보증 포함), 하도급보증을 위한 사업

　　3. 경비원의 복지향상과 업무상 재해로 인한 손실을 보상하는 사업

　　4. 경비업무와 관련한 연구 및 경비원 교육 · 훈련에 관한 사업

정답 ①

12 경비업법상 경비업자 및 경비지도사에 대한 감독에 관한 설명으로 옳지 않은 것은?

① 경찰청장 또는 지방경찰청장은 경비업무의 적정한 수행을 위하여 경비업자 및 경비지도사를 지도·감독하며 필요한 명령을 할 수 있다.

② 관할 경찰관서장은 배치된 경비원이 경비업법을 위반하는 행위를 하는 경우 그를 지도·감독하는 경비지도사의 자격을 취소하여야 한다.

③ 지방경찰청장 또는 관할 경찰관서장은 경비업무 장소가 집단민원현장으로 판단되는 경우에는 그때부터 48시간 이내에 경비업자에게 경비원 배치 허가를 받을 것을 고지하여야 한다.

④ 지방경찰청장 또는 관할 경찰관서장은 소속 경찰공무원으로 하여금 관할구역 안에 있는 경비업자의 주사무소 및 출장소와 경비원배치장소에 출입하여 근무상황 및 교육훈련상황 등을 감독하며 필요한 명령을 하게 할 수 있다.

📖 해설 ─────────────────────────────

제24조(감독) ① 경찰청장 또는 지방경찰청장은 경비업무의 적정한 수행을 위하여 경비업자 및 경비지도사를 지도·감독하며 필요한 명령을 할 수 있다.

② 지방경찰청장 또는 관할 경찰관서장은 소속 경찰공무원으로 하여금 관할구역 안에 있는 경비업자의 주사무소 및 출장소와 경비원배치장소에 출입하여 근무상황 및 교육훈련상황 등을 감독하며 필요한 명령을 하게 할 수 있다. 이 경우 출입하는 경찰공무원은 그 권한을 표시하는 증표를 관계인에게 내보여야 한다.

③ 지방경찰청장 또는 관할 경찰관서장은 경비업자 또는 배치된 경비원이 경비업법이나 이 법에 따른 명령, 「폭력행위 등 처벌에 관한 법률」을 위반하는 행위를 하는 경우 그 위반행위의 중지를 명할 수 있다.

④ 지방경찰청장 또는 관할 경찰관서장은 경비업무 장소가 집단민원현장으로 판단되는 경우에는 그 때부터 48시간 이내에 경비업자에게 경비원 배치 허가를 받을 것을 고지하여야 한다.

정답 ②

13 경비업법령상 경비업자에 대한 보안지도 · 점검에 관한 내용이다. ( ) 안에 들어갈 내용을 순서대로 옳게 나열한 것은?

> 지방경찰청장은 ( )에 대하여 연 ( )회 이상의 보안지도 · 점검을 실시하여야 한다.

① 특수경비업자, 1   ② 기계경비업자, 1

③ 특수경비업자, 2   ④ 기계경비업자, 2

📖 **해설**

제25조(보안지도 · 점검 등) 지방경찰청장은 대통령령이 정하는 바에 따라 특수경비업자에 대하여 보안지도 · 점검을 실시하여야 하고, 필요한 경우 관계기관에 보안측정을 요청하여야 한다.

시행령 제29조(보안지도점검) 지방경찰청장은 법 제25조의 규정에 의하여 특수경비업자에 대하여 연 2회 이상의 보안지도 · 점검을 실시하여야 한다.

정답 ③

14 경비업법령상 경찰청장이 지방경찰청장에게 위임할 수 있는 권한에 해당하지 않는 것은?

① 경비지도사의 자격의 취소에 관한 권한

② 경비지도사의 자격의 정지에 관한 권한

③ 경비지도사의 자격의 정지에 관한 청문의 권한

④ 경비지도사 시험의 관리 및 자격증의 교부에 관한 권한

📖 **해설**

제31조(권한의 위임 및 위탁) ① 경찰청장은 다음 각 호의 권한을 지방경찰청장에게 위임한다.
    1. 경비지도사의 자격의 취소 및 정지에 관한 권한
    2. 경비지도사 자격의 취소 및 정지에 관한 청문의 권한
② 경찰청장 또는 경찰관서장은 경비지도사시험의 관리와 경비지도사의 교육에 관한 업무를 경비업무에 관한 인력과 전문성을 갖춘 기관으로서 경찰청장이 지정하여 고시하는 기관 또는 단체에 위탁한다.

정답 ④

15 경비업법령상 수수료 납부에 관한 설명으로 옳은 것은?

① 경비업의 갱신허가를 받고자 하는 자는 2만 원의 수수료를 납부하여야 한다.

② 허가사항의 변경신고로 인한 허가증 재교부의 경우에는 2천 원의 수수료를 납부하여야 한다.

③ 시험에 응시하고자 하는 자의 귀책사유로 시험에 응시하지 못한 경우 납부한 응시수수료 전액을 반환받는다.

④ 경찰청장은 시험응시자가 시험시행일 20일 전까지 접수를 취소하는 경우, 응시 수수료의 100분의 50을 반환하여야 한다.

📖 해설 ——————————————

제28조(허가증 등의 수수료) ① 법에 의한 경비업의 허가를 받거나 허가증을 재교부 받고자 하는 자는 다음의 수수료를 납부하여야 한다.

1. 경비업의 허가(추가 · 변경 · 갱신허가를 포함한다)의 경우에는 1만 원
2. 허가사항의 변경신고로 인한 허가증 재교부의 경우에는 2천 원

④ 경찰청장은 다음 어느 하나에 해당하는 경우 받은 응시수수료의 전부 또는 일부를 다음 구분에 따라 반환하여야 한다.

1. 응시수수료를 과오납한 경우: 과오납한 금액 전액
2. 시험시행기관의 귀책사유로 시험에 응시하지 못한 경우: 응시수수료 전액
3. 시험시행일 20일 전까지 접수를 취소하는 경우: 응시수수료 전액
4. 시험시행일 10일 전까지 접수를 취소하는 경우: 응시수수료의 100분의 50

정답 ②

16 경비업법상 위반행위를 한 행위자에 대한 법정형이 같은 것으로 묶인 것은?

> ㄱ. 허가를 받지 아니하고 경비업을 영위한 자
> ㄴ. 경비업법에서 정한 장비 외에 흉기를 휴대하고 경비업무를 수행한 경비원
> ㄷ. 경비업무 수행 중 과실로 인하여 국가중요시설의 정상적인 운영을 해치는 장해를 일으킨 특수경비원
> ㄹ. 국가중요시설에 대한 경비업무 중 정당한 사유 없이 무기를 소지하고 배치된 경비구역을 벗어난 특수경비원

① ㄱ, ㄷ   ② ㄱ, ㄹ   ③ ㄴ, ㄷ   ④ ㄴ, ㄹ

📖 해설

제28조(벌칙) ② 다음에 해당하는 자는 3년 이하의 징역 또는 3천만 원 이하의 벌금에 처한다.

1. 허가를 받지 아니하고 경비업을 영위한 자
2. 직무상 알게 된 비밀을 누설하거나 부당한 목적을 위하여 사용한 자
3. 경비업무의 중단을 통보하지 아니하거나 경비업무를 즉시 인수하지 아니한 특수경비업자 또는 경비대행업자
4. 집단민원현장에 경비원을 배치하면서 허가를 받지 아니한 자에게 경비업무를 도급한 자
5. 집단민원현장에 20명 이상의 경비인력을 배치하면서 그 경비인력을 직접 고용한 자
6. 경비업자의 경비원 채용 시 무자격자나 부적격자 등을 채용하도록 관여하거나 영향력을 행사한 도급인
7. 과실로 인하여 국가중요시설의 정상적인 운영을 해치는 장해를 일으킨 특수경비원
8. 특수경비원으로서 경비구역 안에서 시설물의 절도, 손괴, 위험물의 폭발 등의 사유로 인한 위급사태가 발생한 경우 다음 내용을 위반한 자
   ㉠ 직무상의 복종의무: 특수경비원은 직무를 수행함에 있어 시설주 · 관할 경찰관서장 및 소속상사의 직무상 명령에 복종하여야 한다.
   ㉡ 근무지역 이탈금지 의무: 특수경비원은 소속상사의 허가 또는 정당한 사유 없이 경비구역을 벗어나서는 아니 된다.
9. 경비원에게 경비업무의 범위를 벗어난 행위를 하게 한 자

③ 정당한 사유 없이 무기를 소지하고 배치된 경비구역을 벗어난 특수경비원은 2년 이하의 징역 또는 2천만 원 이하의 벌금에 처한다.

④ 다음 어느 하나에 해당하는 자는 1년 이하의 징역 또는 1천만 원 이하의 벌금에 처한다.

1. 무기의 관리책임 규정에 위반한 관리책임자
2. 쟁의행위를 한 특수경비원
3. 경비업무의 범위를 벗어난 행위를 한 경비원
4. 경비업법에서 정한 장비 외에 흉기 또는 그 밖의 위험한 물건을 휴대하고 경비업무를 수행한 경비원 또는 경비원에게 이를 휴대하고 경비업무를 수행하게 한 자
5. 경찰관서장의 배치폐지 명령을 따르지 아니한 자
6. 지방경찰청장 또는 관할 경찰관서장의 중지명령에 따르지 아니한 자

정답 ①

---

17 경비업법상 경비원이 경비업무 수행 중에 경비업법에 규정된 장비 외에 흉기 또는 그 밖의 위험한 물건을 휴대하고 범죄를 범한 경우 그 법정형의 2분의 1까지 가중처벌되는 형법상의 범죄가 아닌 것은?

① 형법 제262조(폭행치사상죄)
② 형법 제268조(업무상과실치사상죄)
③ 형법 제319조(주거침입죄)
④ 형법 제324조(강요죄)

📖 **해설**

제29조(형의 가중처벌) ① 특수경비원이 무기를 휴대하고 경비업무를 수행 중에 무기의 안전수칙을 위반하여 다음 죄를 범한 때에는 그 죄에 정한 형의 2분의 1까지 가중처벌한다.

「형법」 상해와 폭행의 죄	(중상해, 존속중상해, 특수상해, 상해치사), (폭행, 존속폭행, 폭행치사상)
「형법」 과실치사상의 죄	(업무상과실 중과실 치사상)
「형법」 체포와 감금의 죄	(체포, 감금, 존속체포, 존속감금), (중체포, 중감금, 존속중체포, 존속중감금), (체포·감금등의 치사상)
「형법」 협박의 죄	(협박, 존속협박)
「형법」 권리행사방해죄	(강요)
「형법」 사기와 공갈의 죄	(특수공갈)
「형법」 손괴의 죄	(재물손괴)

② 경비원이 경비업무 수행 중에 장비 외에 흉기 또는 그 밖의 위험한 물건을 휴대하고 다음의 죄를 범한 때에는 그 죄에 정한 형의 2분의 1까지 가중처벌한다.

「형법」 상해와 폭행의 죄	(특수상해, 상해 존속상해, 중상해, 존속중상해), (상해치사, 특수폭행, 폭행치사상)
「형법」 과실치사상의 죄	(업무상과실 중과실 치사상)
「형법」 체포와 감금의 죄	(체포, 감금, 존속체포, 존속감금), (중체포, 중감금, 존속중체포, 존속중감금), (체포·감금등의 치사상)
「형법」 협박의 죄	(협박, 존속협박)
「형법」 권리행사방해죄	(강요)
「형법」 사기와 공갈의 죄	(특수공갈)
「형법」 손괴의 죄	(재물손괴)

정답 ③

18 경비업법령상 과태료의 부과기준으로서 과태료 금액이 가장 많은 것은? (단, 최초 1회 위반을 기준으로 함)

① 집단민원현장에 일반경비원을 배치하면서 일반경비원 명부를 그 배치장소에 비치하지 아니한 경우
② 경비업법상 복장 등에 관한 신고규정을 위반하여 신고를 하지 않은 경우
③ 경비원 명단 및 배치일시·배치장소 등 배치허가 신청의 내용을 거짓으로

한 경우

④ 기계경비업자가 경비계약을 체결하면서, 오경보를 막기 위하여 계약상대방에게 기기사용요령 및 기계경비운영체계 등에 관한 설명의무를 이행하지 아니한 경우

📖 해설 ─────────

과태료의 부과기준(시행령 제32조제1항 관련)

위반행위	과태료 금액(단위: 만 원)		
	1회 위반	2회 위반	3회 이상
기계경비업자의 오경보 방지를 위한 설명의무 이행하지 않은 경우	100	200	400
경비원 복장 등에 관한 신고규정을 위반하여 신고를 하지 않은 경우	100	200	400
집단민원현장에 배치되는 일반경비원의 명부를 그 배치장소에 작성 · 비치하지 않은 경우			
가. 경비원 명부를 비치하지 않은 경우	600	1200	2400
나. 경비원 명부를 작성하지 않은 경우	300	600	1200
배치허가를 받지 않고 경비원을 배치하거나, 경비원 명단 및 배치일시 · 배치장소 등 배치허가 신청의 내용을 거짓으로 한 경우	1000	2000	3000

정답 ③

19 경비업법령상 민감정보 및 고유식별정보를 처리할 수 있는 사무가 아닌 것은?

① 기계경비운영체계의 오작동 여부 확인에 관한 사무
② 경비업 허가의 취소에 따른 행정처분에 관한 사무
③ 경비지도사의 결격사유 확인을 위한 범죄경력조회 등에 관한 사무
④ 특수경비업자에 대한 보안지도 · 점검 및 보안측정에 관한 사무

📖 해설 ─────────────────────────────────────

제31조의2(민감정보 및 고유식별정보의 처리) 경찰청장, 지방경찰청장, 경찰서장 및 경찰관서장은 다음 사무를 수행하기 위하여 불가피한 경우 범죄경력자료에 해당하는 정보와 같은 주민등록번호 또는 외국인등록번호가 포함된 자료를 처리할 수 있다.

　1. 경비업의 허가 및 갱신허가 등에 관한 사무

2. 경비지도사 시험 등에 관한 사무
3. 경비원의 교육 등에 관한 사무
4. 특수경비원의 직무 및 무기사용 등에 관한 사무
5. 결격사유 확인을 위한 범죄경력조회 등에 관한 사무
6. 경비원 배치허가 등에 관한 사무
7. 행정처분에 관한 사무
8. 경비업자 및 경비지도사의 지도·감독에 관한 사무
9. 보안지도·점검 및 보안측정에 관한 사무
10. 위의 규정에 따른 사무를 수행하기 위하여 필요한 사무

정답 ①

20 청원경찰법령상 청원경찰에 관한 설명으로 옳지 않은 것은?

① 청원경찰은 「경찰관 직무집행법」에 따른 직무 외의 수사활동 등 사법경찰
관리의 직무를 수행해서는 아니 된다.

② 청원경찰은 「형법」이나 그 밖의 법령에 따른 벌칙을 적용하는 경우를 제
외하고는 공무원으로 본다.

③ 청원경찰이 직무를 수행할 때에는 경비 목적을 위하여 필요한 최소한의
범위에서 하여야 한다.

④ 청원경찰이 직무를 수행할 때에 「경찰관 직무집행법」 및 같은 법 시행령
에 따라 하여야 할 모든 보고는 관할 경찰서장에게 서면으로 보고하기 전
에 지체 없이 구두로 보고하고 그 지시에 따라야 한다.

📖 해설 ───

제10조(직권남용 금지 등) ① 청원경찰이 직무를 수행할 때 직권을 남용하여 국민에게 해를 끼
친 경우에는 6개월 이하의 징역이나 금고에 처한다.
② 청원경찰 업무에 종사하는 사람은 「형법」이나 그 밖의 법령에 따른 벌칙을 적용할 때에
는 공무원으로 본다.

정답 ②

21 청원경찰법상 청원경찰의 복무에 관하여 경찰공무원법 규정이 준용되는 것은?

① 거짓 보고 등의 금지　　　　② 비밀 엄수의 의무

③ 집단 행위의 금지　　　　　　④ 복종의 의무

📖 해설 ─────────────────────────────────

제5조(청원경찰의 임용 등) ④ 청원경찰의 복무에 관하여는「국가공무원법」제57조(복종의 의무), **제58조제1항(직장이탈금지), 제60조(비밀엄수의 의무)**, 제66조제1항(집단행위금지) 및 **「경찰공무원법」 제18조(거짓보고 등의 금지)**를 준용한다.

「국가공무원법」복종의 의무, 직장이탈금지, 비밀엄수의 의무, 집단행위금지
「경찰공무원법」거짓보고 등의 금지

정답 ①

22 청원경찰법령상 근무요령 중 '업무처리 및 자체경비를 하며, 근무 중 특이한 사항이 발생하였을 때에는 지체 없이 청원주 또는 관할 경찰서장에게 보고하고 그 지시에 따라야 하는' 근무자는 누구인가?

① 입초근무자　　　　　　　　② 순찰근무자

③ 소내근무자　　　　　　　　④ 대기근무자

📖 해설 ─────────────────────────────────

제14조(근무요령) ① 자체경비를 하는 입초근무자는 경비구역의 정문이나 그 밖의 지정된 장소에서 경비구역의 내부, 외부 및 출입자의 움직임을 감시한다.

② 업무처리 및 자체경비를 하는 소내근무자는 근무 중 특이한 사항이 발생하였을 때에는 지체 없이 청원주 또는 관할 경찰서장에게 보고하고 그 지시에 따라야 한다.

③ 순찰근무자는 청원주가 지정한 일정한 구역을 순회하면서 경비 임무를 수행한다. 이 경우 순찰은 단독 또는 복수로 정선순찰을 하되, 청원주가 필요하다고 인정할 때에는 요점순찰 또는 난선순찰을 할 수 있다.

④ 대기근무자는 소내근무에 협조하거나 휴식하면서 불의의 사고에 대비한다.

정답 ③

23 청원경찰법령상 임용방법 등에 관한 내용이다. ( ) 안에 들어갈 내용을 순서대로 옳게 나열한 것은?

> • 청원주는 청원경찰의 배치 결정의 통지를 받은 날부터 ( )일 이내에 배치 결정된 인원수의 임용예정자에 대하여 청원경찰 임용승인을 지방경찰청장에게 신청하여야 한다.
> • 청원주가 청원경찰을 임용하였을 때에는 임용한 날부터 ( )일 이내에 그 임용사항을 관할 경찰서장을 거쳐 지방경찰청장에게 보고하여야 한다.

① 10, 30   ② 15, 30   ③ 30, 10   ④ 30, 15

📖 해설 ─────────────────────────────

제4조(임용방법 등) ① 청원경찰의 배치 결정을 받은 자는 그 배치 결정의 통지를 받은 날부터 30일 이내에 배치 결정된 인원수의 임용예정자에 대하여 청원경찰 임용승인을 지방경찰청장에게 신청하여야 한다.
② 청원주가 청원경찰을 임용하였을 때에는 임용한 날부터 10일 이내에 그 임용사항을 관할 경찰서장을 거쳐 지방경찰청장에게 보고하여야 한다. 청원경찰이 퇴직하였을 때에도 또한 같다.

정답 ③

24 청원경찰법령상 청원경찰의 교육에 관한 설명으로 옳지 않은 것은?

① 청원경찰의 교육과목에는 대공이론, 국가보안법, 통합방위법이 포함된다.
② 청원주는 소속 청원경찰에게 그 직무집행에 필요한 교육을 매월 4시간 이상 하여야 한다.
③ 전투경찰순경을 포함한 경찰공무원 또는 청원경찰에서 퇴직한 사람이 퇴직한 날 부터 3년 이내에 청원경찰로 임용되었을 때에는 신임 교육을 면제할 수 있다.
④ 청원경찰의 신임 교육기간은 2주로 한다.

📖 해설 ─────────────────────────────

제5조(교육) ① 청원주는 청원경찰로 임용된 사람으로 하여금 경비구역에 배치하기 전에 경찰교육기관에서 직무 수행에 필요한 교육을 받게 하여야 한다. 다만, 경찰교육기관의 교육계획상 부득이하다고 인정할 때에는 우선 배치하고 임용 후 1년 이내에 교육을 받게 할 수 있다.
② 경찰공무원(의무경찰을 포함) 또는 청원경찰에서 퇴직한 사람이 퇴직한 날부터 3년 이내

에 청원경찰로 임용되었을 때에는 교육을 면제할 수 있다.

시행규칙 제6조(교육기간 등) 청원경찰 교육기간은 2주로 하고 총 76시간의 신임교육을 받는다. 교육과목 및 수업시간은 다음과 같다.

시행규칙 제13조(직무교육) ① 청원주는 소속 청원경찰에게 그 직무집행에 필요한 교육을 매월 4시간 이상 하여야 한다.

청원경찰의 교육과목 및 수업시간표(제6조 관련)

학과별	과목		시간
정신교육	정신교육		8
학술교육	**형사법**		10
	청원경찰법		5
실무교육	경무	**경찰관직무집행법**	5
		방범	방범업무
		경범죄처벌법	2
	경비	시설경비	6
		소방	4
	정보	대공이론	2
		불심검문	2
	민방위	민방공	3
		화생방	2
	기본훈련		5
	총기조작		2
	총검술		2
	사격		6
술과	체포술 및 호신술		6
기타	입교 · 수료 및 평가		3
계			76시간

정답 ①

25 청원경찰법령상 청원경찰이 퇴직할 때 청원주에게 반납해야 하는 것은?

① 장갑　　　　② 허리띠　　　　③ 방한화　　　　④ 호루라기

📖 해설 ───

제12조(급여품 및 대여품) ① 청원경찰에게 지급하는 급여품과 대여품은 아래와 같다.
② 청원경찰이 퇴직할 때에는 대여품을 청원주에게 반납하여야 한다.

청원경찰 대여품 및 급여품표(시행규칙 제12조 관련)

급여품명	근무복(하복), 근무목(동복), 성하복, 외투·방한복 또는 점퍼, 기동화 또는 단화, 비옷, 정모, 기동모, 기동복, 방한화, 장갑, 호루라기
대여품명	허리띠, 경찰봉, 가슴표장, 분사기, 포승

정답 ②

26 청원경찰법령상 청원경찰 경비 등에 관한 설명으로 옳지 않은 것은?

① 청원경찰의 교육비는 청원주가 해당 청원경찰의 입교 후 3일 이내에 해당 경찰교육기관에 낸다.

② 청원주는 보상금의 지급을 이행하기 위하여 「산업재해보상보험법」에 따른 산업재해보상보험에 가입하거나, 「근로기준법」에 따라 보상금을 지급하기 위한 재원을 따로 마련하여야 한다.

③ 봉급과 각종 수당은 청원주가 그 청원경찰이 배치된 기관·시설·사업장 또는 장소의 직원에 대한 보수 지급일에 청원경찰에게 직접 지급한다.

④ 청원주는 청원경찰이 직무상의 부상·질병으로 인하여 퇴직하거나, 퇴직 후 2년 이내에 사망한 경우 청원경찰 본인 또는 그 유족에게 보상금을 지급하여야 한다.

📖 해설 ───

제7조(보상금) 청원주는 청원경찰이 다음 각 호의 어느 하나에 해당하게 되면 대통령령으로 정하는 바에 따라 청원경찰 본인 또는 그 유족에게 보상금을 지급하여야 한다.
　1. 직무수행으로 인하여 부상을 입거나, 질병에 걸리거나 또는 사망한 경우
　2. 직무상의 부상·질병으로 인하여 퇴직하거나, 퇴직 후 2년 이내에 사망한 경우

제8조(청원경찰경비의 지급방법 등) 청원경찰경비의 지급방법 및 납부방법은 다음과 같다.
　1. 봉급과 각종 수당은 청원주가 그 청원경찰이 배치된 기관·시설·사업장 또는 장소의

직원에 대한 보수 지급일에 청원경찰에게 직접 지급한다.

2. 피복은 청원주가 제작하거나 구입하여 별표 2에 따른 정기지급일 또는 신규 배치 시에 청원경찰에게 현품으로 지급한다.

3. 교육비는 청원주가 해당 청원경찰의 입교 3일 전에 해당 경찰교육기관에 낸다.

시행령 제13조(보상금) 청원주는 법 제7조에 따른 보상금의 지급을 이행하기 위하여 「산업재해보상보험법」에 따른 산업재해보상보험에 가입하거나, 「근로기준법」에 따라 보상금을 지급하기 위한 재원을 따로 마련하여야 한다.

정답 ①

---

27 청원경찰법령상 청원경찰의 보수에 관한 설명으로 옳지 않은 것은?

① 국가기관 또는 지방자치단체에 근무하는 청원경찰 보수의 호봉 간 승급기간은 경찰공무원의 승급기간에 관한 규정을 준용한다.

② 국가기관에 근무하는 청원경찰의 보수는 그 재직기간이 25년인 경우, 경찰공무원 경사의 보수를 감안하여 대통령령으로 정한다.

③ 국가기관 또는 지방자치단체에 근무하는 청원경찰의 봉급·수당에 관한 청원주의 최저부담기준액은 경찰청장이 정하여 고시한다.

④ 국가기관 또는 지방자치단체에 근무하는 청원경찰의 각종 수당은 「공무원수당 등에 관한 규정」에 따른 수당 중 가계보전수당, 실비변상 등으로 하며, 그 세부항목은 경찰청장이 정하여 고시한다.

📖 **해설** ────────────────────────────────────

제6조(청원경찰경비) ② 국가기관 또는 지방자치단체에 근무하는 청원경찰의 보수는 다음 각 호의 구분에 따라 같은 재직기간에 해당하는 경찰공무원의 보수를 감안하여 대통령령으로 정한다.

1. 재직기간 15년 미만: 순경
2. 재직기간 15년 이상 23년 미만: 경장
3. 재직기간 23년 이상 30년 미만: 경사
4. 재직기간 30년 이상: 경위

③ 청원주의 봉급·수당의 최저부담기준액(국가기관 또는 지방자치단체에 근무하는 청원경찰의 봉급·수당은 제외한다)과 같은 항 제2호 및 제3호에 따른 비용의 부담기준액은 경찰청장이 정하여 고시한다.

제9조(국가기관 또는 지방자치단체에 근무하는 청원경찰의 보수) ② 국가기관 또는 지방자치단체에 근무하는 청원경찰의 각종 수당은 「공무원수당 등에 관한 규정」에 따른 수당 중 가계

보전수당, 실비변상 등으로 하며, 그 세부 항목은 경찰청장이 정하여 고시한다.

시행령 제11조(보수 산정 시의 경력 인정 등) ② 국가기관 또는 지방자치단체에 근무하는 청원경찰 보수의 호봉 간 승급기간은 경찰공무원의 승급기간에 관한 규정을 준용한다.

정답 ③

28 청원경찰법령상 청원경찰의 지휘·감독을 위한 감독자 지정기준에 관한 설명으로 옳지 않은 것은?

① 근무인원이 9명인 경우 반장 1명을 지정하여야 한다.
② 근무인원이 30명인 경우 반장 1명, 조장 3~4명을 지정하여야 한다.
③ 근무인원이 60명인 경우 대장 1명, 반장 2명, 조장 6명을 지정하여야 한다.
④ 근무인원이 100명인 경우 대장 1명, 반장 4명, 조장 12명을 지정하여야 한다.

📖 해설

근무인원	직급별 지정기준		
	대장	반장	조장
9명까지			1명
10명 이상 29 이하		1명	2~3명
30명 이상 40명 이하		1명	3~4명
41명 이상 60명 이하	1명	2명	6명
61명 이상 120명 이하	1명	4명	12명

정답 ①

29 청원경찰법령상 청원경찰의 징계 및 불법행위 책임에 관한 설명으로 옳지 않은 것은?

① 청원경찰이 직무를 수행할 때 직권을 남용하여 국민에게 해를 끼친 경우에는 6개월 이하의 징역이나 금고에 처한다.
② 국가기관이나 지방자치단체에 근무하는 청원경찰의 직무상 불법행위에 대한 배상책임에 관하여는 「민법」의 규정을 따른다.
③ 청원주는 청원경찰이 직무상의 의무를 위반하거나 직무를 태만히 한 때,

품위를 손상하는 행위를 한 때에는 대통령령으로 정하는 징계절차를 거쳐 징계처분을 하여야 한다.

④ 청원경찰에 대한 징계처분 중 정직(停職)은 1개월 이상 3개월 이하로 하고, 그 기간에 청원경찰의 신분은 보유하나 직무에 종사하지 못하며, 보수의 3분의 2를 줄인다.

📖 해설 ─────────────────────────

제10조의2(청원경찰의 불법행위에 대한 배상책임) 청원경찰(국가기관이나 지방자치단체에 근무하는 청원경찰은 제외한다)의 직무상 불법행위에 대한 배상책임에 관하여는 「민법」의 규정을 따른다.

정답 ②

30 청원경찰법령상 무기관리수칙에 관한 설명으로 옳지 않은 것은?

① 청원주는 청원경찰에게 지급한 무기와 탄약을 매주 1회 이상 손질하게 하여야 한다.

② 청원주는 사의(辭意)를 밝힌 청원경찰에게 무기와 탄약을 지급해서는 안된다.

③ 청원주는 수리가 필요한 무기가 있을 때에는 그 목록과 무기장비 운영카드를 첨부하여 관할 지방경찰청장에게 수리를 요청할 수 있다.

④ 청원경찰은 무기를 지급받거나 반납할 때 또는 인계인수할 때에는 반드시 '앞에 총' 자세에서 '검사 총'을 하여야 한다.

📖 해설 ─────────────────────────

시행규칙 제16조(무기관리수칙) ② 무기와 탄약을 대여 받은 청원주가 청원경찰에게 무기와 탄약을 출납하려는 경우에는 다음에 따라야 한다. 다만, 관할 경찰서장의 지시에 따라 제2호에 따른 탄약의 수를 늘리거나 줄일 수 있고, 무기와 탄약의 출납을 중지할 수 있으며, 무기와 탄약을 회수하여 집중관리할 수 있다.

1. 무기와 탄약을 출납하였을 때에는 무기ㆍ탄약 출납부에 그 출납사항을 기록하여야 한다.
2. 소총의 탄약은 1정당 15발 이내, 권총의 탄약은 1정당 7발 이내로 출납하여야 한다. 이 경우 생산된 후 오래된 탄약을 우선하여 출납하여야 한다.
3. 청원경찰에게 지급한 무기와 탄약은 매주 1회 이상 손질하게 하여야 한다.
4. 수리가 필요한 무기가 있을 때에는 그 목록과 무기장비 운영카드를 첨부하여 관할 경찰서장에게 수리를 요청할 수 있다.

정답 ③

31 청원경찰법상 500만 원 이하의 과태료를 부과하는 대상이 아닌 자는?

① 지방경찰청장의 배치 결정을 받지 아니하고 청원경찰을 배치한 자
② 정당한 사유 없이 경찰청장이 고시한 최저부담기준액 이상의 보수를 지급하지 아니한 자
③ 지방경찰청장의 감독상 필요한 명령을 정당한 사유 없이 이행하지 아니한 자
④ 청원경찰로서 직무에 관하여 허위로 보고한 자

📖 해설 ─────────────────────────────

과태료의 부과기준(제21조제1항 관련)

위반행위	과태료 금액
1. 지방경찰청장의 배치 결정을 받지 않고 다음 시설에 청원경찰을 배치한 경우 가. 국가중요시설(국가정보원장이 지정하는 국가보안 목표시설)인 경우 나. 국가중요시설 외의 시설인 경우	500만 원 400만 원
2. 지방경찰청장의 승인을 받지 않고 다음 각 목의 청원경찰을 임용한 경우 가. 임용 결격사유에 해당하는 청원경찰 나. 임용 결격사유에 해당하지 않는 청원경찰	500만 원 300만 원
3. 정당한 사유 없이 경찰청장이 고시한 최저부담기준액 이상의 보수를 지급하지 않은 경우	500만 원
4. 지방경찰청장의 감독상 필요한 다음의 명령을 정당한 사유 없이 이행하지 않은 경우 가. 총기·실탄 및 분사기에 관한 명령 나. 가목에 따른 명령 외의 명령	500만 원 300만 원

정답 ④

32 청원경찰법령상 관할 경찰서장과 청원주가 공통으로 비치해야 할 문서와 장부에 해당하는 것은?

① 전출입 관계철　　　　　　② 교육훈련 실시부
③ 신분증명서 발급대장　　　④ 경비구역 배치도

📖 **해설** ───────────────────────────────

제17조(문서와 장부의 비치) ① 청원주는 다음의 문서와 장부를 갖춰 두어야 한다.

1. 청원경찰 명부	2. 근무일지
3. 근무 상황카드	4. 경비구역 배치도
5. 순찰표철	6. 무기·탄약 출납부
7. 무기장비 운영카드	8. 봉급지급 조서철
9. 신분증명서 발급대장	10. 징계 관계철
11. 교육훈련 실시부	12. 청원경찰 직무교육계획서
13. 급여품 및 대여품 대장	14. 그 밖에 청원경찰의 운영에 필요한 문서와 장부

② 관할 경찰서장은 다음의 문서와 장부를 갖춰 두어야 한다.

1. 청원경찰 명부	2. 감독 순시부
3. 전출입 관계철	4. 교육훈련 실시부
5. 무기·탄약 대여대장	6. 징계요구서철
7. 그 밖에 청원경찰의 운영에 필요한 문서와 장부	

③ 지방경찰청장은 다음의 문서와 장부를 갖춰 두어야 한다.
1. 배치 결정 관계철
2. 청원경찰 임용승인 관계철
3. 전출입 관계철
4. 그 밖에 청원경찰의 운영에 필요한 문서와 장부

정답 ②

33 경비업법령상 집단민원현장에 해당하는 것은?

① 건축법에 따라 철거명령이 내려진 장소
② 50명 이상의 사람이 모이는 국제·문화·예술·체육 행사장
③ 도시개발법에 따라 도시개발사업을 시행하기 위하여 지정·고시된 도시개발구역
④ 노동조합 및 노동관계조정법에 따라 노동관계 당사자가 노동쟁의 조정신청을 한 사업장

제2조(정의) 5. "집단민원현장"이란 다음의 장소를 말한다.

　　가. 「노동조합 및 노동관계조정법」에 따라 노동관계 당사자가 노동쟁의 조정신청을 한 사업장 또는 쟁의행위가 발생한 사업장

　　나. 「도시 및 주거환경정비법」에 따른 정비사업과 관련하여 이해대립이 있어 다툼이 있는 장소

　　다. 특정 시설물의 설치와 관련하여 민원이 있는 장소

　　라. 주주총회와 관련하여 이해대립이 있어 다툼이 있는 장소

　　마. 건물·토지 등 부동산 및 동산에 대한 소유권·운영권·관리권·점유권 등 법적 권리에 대한 이해대립이 있어 다툼이 있는 장소

　　바. 100명 이상의 사람이 모이는 국제·문화·예술·체육 행사장

　　사. 「행정대집행법」에 따라 대집행을 하는 장소

정답 ④

34 경비업법령상 경비업의 허가에 관한 설명으로 옳지 않은 것은?

① 경비업의 허가를 받고자 하는 법인은 1억 원 이상의 자본금을 보유해야 한다.

② 시설경비업의 허가를 받고자 하는 법인은 경비원 20명 이상 및 경비지도사 1명 이상을 확보해야 한다.

③ 기계경비업무의 수행을 위한 관제시설의 신설·이전에 관해서는 지방경찰청장의 허가를 받아야 한다.

④ 경비업의 허가를 받은 법인은 영업을 폐업하거나 휴업한 때에는 지방경찰청장에게 신고해야 한다.

경비업의 시설 등의 기준(제3조제2항 관련)

시설 등 기준 업무별	경비인력	자본금	장비 등
1. 시설경비업무	• 일반경비원 20명 이상 • 경비지도사 1명 이상	1억 원 이상	• 기준 경비인력 수 이상의 경비원 복장 및 경적, 단봉, 분사기

제4조(경비업의 허가) ② 허가를 받고자 하는 법인은 다음의 요건을 갖추어야 한다.

　1. 대통령령으로 정하는 1억 원 이상의 자본금의 보유

　2. 다음의 경비인력 요건

　　가. 시설경비업무: 경비원 20명 이상 및 경비지도사 1명 이상

나. 시설경비업무 외의 경비업무: 대통령령으로 정하는 경비 인력
③ 경비업의 허가를 받은 법인은 다음에 해당하는 때에는 지방경찰청장에게 신고하여야 한다.
   1. 영업을 폐업하거나 휴업한 때
   2. 법인의 명칭이나 대표자 · 임원을 변경한 때
   3. 법인의 주사무소나 출장소를 신설 · 이전 또는 폐지한 때
   4. 기계경비업무의 수행을 위한 관제시설을 신설 · 이전 또는 폐지한 때
   5. 특수경비업무를 개시하거나 종료한 때
   6. 그 밖에 대통령령이 정하는 중요사항을 변경한 때

정답 ③

35 경비업법령상 경비업자 및 경비업무 도급인 등의 의무에 관한 설명으로 옳은 것은?

① 경비업자는 경비업무에 해당하는 한, 시설주의 관리권의 범위를 넘어 경비업무를 수행할 수 있다.

② 경비업자는 도급을 의뢰받은 경비업무가 부당하더라도 위법하지 않는 한, 이를 거부할 수 없다.

③ 특수경비업자는 국가중요시설에 대한 특수경비업무를 중단하게 되는 경우에는 미리 이를 경비대행업자에게 통보해야 한다.

④ 누구든지 집단민원현장에 경비인력을 10명 이상 배치하려고 할 때에는 경비업자에게 경비업무를 도급해야 한다.

📖 **해설** ──────────────────────────────────

제7조(경비업자의 의무) ① 경비업자는 경비대상시설의 소유자 또는 관리자("시설주")의 관리권의 범위 안에서 경비업무를 수행하여야 하며, 다른 사람의 자유와 권리를 침해하거나 그의 정당한 활동에 간섭하여서는 아니 된다.

② 경비업자는 경비업무를 성실하게 수행하여야 하고, 도급을 의뢰받은 경비업무가 위법 또는 부당한 것일 때에는 이를 거부하여야 한다.

③ 경비업자는 불공정한 계약으로 경비원의 권익을 침해하거나 경비업의 건전한 육성과 발전을 해치는 행위를 하여서는 아니 된다.

④ 경비업자의 임 · 직원이거나 임 · 직원이었던 자는 다른 법률에 특별한 규정이 있는 경우를 제외하고는 그 직무상 알게 된 비밀을 누설하거나 다른 사람에게 제공하여 이용하도록 하는 등 부당한 목적을 위하여 사용하여서는 아니 된다.

⑤ 경비업자는 허가받은 경비업무외의 업무에 경비원을 종사하게 하여서는 아니 된다.

⑥ 경비업자는 집단민원현장에 경비원을 배치하는 때에는 경비지도사를 선임하고 그 장소에

배치하여 행정자치부령으로 정하는 바에 따라 경비원을 지도·감독하게 하여야 한다.

⑧ 특수경비업자는 국가중요시설에 대한 특수경비업무를 중단하게 되는 경우에는 미리 경비대행업자에게 통보하여야 하며, 경비대행업자는 통보받은 즉시 그 경비업무를 인수하여야 한다.

제7조의2(경비업무 도급인 등의 의무) ① 누구든지 허가를 받지 아니한 자에게 경비업무를 도급하여서는 아니 된다.

② 누구든지 집단민원현장에 경비인력을 20명 이상 배치하려고 할 때에는 그 경비인력을 직접 고용하여서는 아니 되고, 경비업자에게 경비업무를 도급하여야 한다. 다만, 시설주 등이 집단민원현장 발생 3개월 전까지 직접 고용하여 경비업무를 수행하는 피고용인의 경우에는 그러하지 아니하다.

정답 ③

36 경비업법령상 경비원의 장비 및 출동차량 등에 관한 설명으로 옳은 것은?

① 경비원이 휴대할 수 있는 장비는 근무 외에도 휴대할 수 있다.

② 경비원은 지방경찰청장의 허가를 받아 장비를 임의로 개조하여 통상의 용법과 달리 사용할 수 있다.

③ 경비원이 사용하는 방검복의 경우는 경찰공무원이 사용하는 방검복과 그 디자인이 구분될 필요가 없다.

④ 지방경찰청장은 경비업자로부터 제출받은 출동차량 등의 사진을 검토한 후 경비업자에게 그 도색 및 표지 변경 등에 대한 시정명령을 할 수 있다.

📖 **해설**

제16조의2(경비원의 장비 등) ① 경비원이 휴대할 수 있는 장비의 종류는 경적·단봉·분사기 등 행정자치부령으로 정하되, 근무 중에만 이를 휴대할 수 있다.

② 경비업자가 경비원으로 하여금 분사기를 휴대하여 직무를 수행하게 하는 경우에는 「총포·도검·화약류 등 단속법」에 따라 미리 분사기의 소지허가를 받아야 한다.

③ 누구든지 장비를 임의로 개조하여 통상의 용법과 달리 사용함으로써 다른 사람의 생명·신체에 위해를 가하여서는 아니 된다.

④ 경비원은 경비업무를 위하여 필요하다고 인정되는 상당한 이유가 있을 때에는 필요한 최소한도에서 장비를 사용할 수 있다.

제16조의3(출동차량 등) ① 경비업자는 출동차량 등의 도색 및 표지를 경찰차량 및 군차량과 명확히 구별될 수 있게 하여야 한다.

② 경비업자는 출동차량 등의 도색 및 표지를 정하고 이를 확인할 수 있는 사진을 첨부하여 주된 사무소를 관할하는 지방경찰청장에게 신고하여야 한다.

③ 지방경찰청장은 제출받은 사진을 검토한 후 경비업자에게 도색 및 표지 변경 등에 대한 시정명령을 할 수 있다.

시행규칙 경비원 휴대장비의 구체적인 기준(제20조제2항 관련)

장비	장비기준
1. 경적	금속이나 플라스틱 재질의 호루라기
2. 단봉	금속(합금 포함)이나 플라스틱 재질의 전장 700㎜ 이하의 호신용 봉
3. 분사기	「총포 · 도검 · 화약류 등 단속법」에 따른 분사기
4. 안전방패	플라스틱 재질의 폭 500㎜ 이하, 길이 1,000㎜ 이하의 방패로 경찰공무원이 사용하는 안전방패와 색상 및 디자인이 명확히 구분되어야 함
5. 무전기	무전기 송신 시 실시간으로 수신이 가능한 것
6. 안전모	안면을 가리지 아니하면서, 머리를 보호하는 장비로 경찰공무원이 사용하는 방석모와 색상 및 디자인이 명확히 구분되어야 함
7. 방검복	경찰공무원이 사용하는 방검복과 색상 및 디자인이 **명확히 구분**되어야 함

정답 ④

37 경비업법령상 경비업자가 일반경비원 신임교육 대상에서 제외할 수 있는 사람에 해당하지 않는 자는?

① 일반경비원 신임교육을 받은 사람으로서 채용 5년 전에 경비업무에 종사한 경력이 있는 사람
② 경찰공무원법에 따른 경찰공무원으로 근무한 경력이 있는 사람
③ 군인사법에 따른 부사관 이상으로 근무한 경력이 있는 사람
④ 대통령 등의 경호에 관한 법률에 따른 경호공무원으로 근무한 경력이 있는 사람

📖 해설

시행령 제18조(일반경비원에 대한 교육) ② 경비업자는 다음의 어느 하나에 해당하는 사람을 일반경비원으로 채용한 경우에는 해당 일반경비원을 일반경비원 신임교육 대상에서 제외할 수 있다.
　1. 일반경비원 또는 특수경비원 신임교육을 받은 사람으로서 채용 전 3년 이내에 경비업무에 종사한 경력이 있는 사람
　2.「경찰공무원법」에 따른 경찰공무원으로 근무한 경력이 있는 사람
　3.「대통령 등의 경호에 관한 법률」에 따른 경호공무원 또는 별정직공무원으로 근무한

경력이 있는 사람

4. 「군인사법」에 따른 부사관 이상으로 근무한 경력이 있는 사람
5. 경비지도사 자격이 있는 사람
6. 채용 당시 일반경비원 신임교육을 받은 지 3년이 지나지 아니한 사람

정답 ①

38 경비업법령상 기계경비업자의 기계경비업무에 관한 설명으로 옳은 것은?

① 경비계약을 체결하는 때에는 계약상대방의 요청이 없는 한 손해배상에 관한 사항을 기재한 서면을 교부할 의무는 없다.

② 경비계약을 체결하는 때에는 오경보를 막기 위하여 계약상대방에게 기기사용요령 및 기계경비운영체계 등에 관하여 구두 또는 서면에 의하여 설명해야 한다.

③ 업무의 원활한 운영과 개선을 위하여 경비대상시설의 명칭·소재지 및 경비계약기간에 관한 서류를 주사무소에 비치한 경우, 이를 출장소에 비치할 필요는 없다.

④ 경보의 수신 및 현장도착 일시와 조치의 결과 사항을 기재한 서류는 당해 경보를 수신한 날부터 1년간 이를 보관해야 한다.

📖 해설 ─────────────────────────────────

시행령 제9조(기계경비업자의 관리 서류) ① 기계경비업자는 출장소별로 다음의 사항을 기재한 서류를 갖추어 두어야 한다.
  1. 경비대상시설의 명칭·소재지 및 경비계약기간
  2. 기계경비지도사의 명단·배치일자·배치장소와 출동차량의 대수
  3. 경보의 수신 및 현장도착 일시와 조치의 결과
  4. 오경보인 경우 오경보가 발생한 경비대상시설 및 그 오경보에 대한 조치의 결과
② 제1항제3호 및 제4호의 규정에 의한 사항을 기재한 서류는 당해 경보를 수신한 날부터 1년간 이를 보관하여야 한다.

정답 ④

39 경비업법령상 결격사유의 조회에 관한 설명으로 옳은 것은?

① 지방경찰청장은 직권으로 경비업자의 임원이 결격사유에 해당하는지를 확인하기 위하여 형의 실효 등에 관한 법률에 따른 범죄경력조회를 할 수 있다.

② 경비업자는 선임하려는 경비지도사가 결격사유에 해당하는지를 확인하기 위하여 지방경찰청장에게 채무자회생 및 파산에 관한 법률에 따른 채무내역을 요청할 수 있다.

③ 관할 경찰관서장은 경비업자로부터 요청받은 선임하려는 경비지도사의 범죄경력 조회 결과를 경비업자에게 통보할 때에는, 결격사유에 관한 한 제한 없이 통보해야 한다.

④ 지방경찰청장은 경비업자의 임원이 결격사유에 해당하는 사실을 알게 된 때에는 경비업법에 따른 경비업자의 요청이 없는 한 그 사실을 통보해서는 아니 된다.

📖 해설 ───────────────

제17조(결격사유 확인을 위한 범죄경력조회 등) ① 경찰청장, 지방경찰청장 또는 관할 경찰관서장은 직권으로 또는 범죄경력조회 요청이 있는 경우에는 경비업자의 임원, 경비지도사 또는 경비원이 결격사유에 해당하는지를 확인하기 위하여 「형의 실효 등에 관한 법률」 제6조에 따른 범죄경력조회를 할 수 있다.
③ 범죄경력조회 요청을 받은 지방경찰청장 또는 관할 경찰관서장은 경비업자에게 그 결과를 통보할 때에는 경비업자의 임원, 경비지도사 또는 경비원이 결격사유에 해당하는지 여부만을 통보하여야 한다.
④ 지방경찰청장 또는 관할 경찰관서장은 경비업자의 임원, 경비지도사 또는 경비원이 결격사유에 해당하는 사실을 알게 되거나 이 법 또는 이 법에 따른 명령을 위반한 때에는 경비업자에게 그 사실을 통보하여야 한다.

정답 ①

40 경비업법령상 경비원의 명부와 배치 등에 관한 설명으로 옳은 것은?

① 경비업자는 주된 사무소, 출장소, 집단민원현장에 경비원의 명부를 작성·비치하여 두고 이를 항상 정리해야 한다.

② 경비업자는 경비원을 배치하여 경비업무를 수행하게 하는 때에는 근무상황기록부를 작성하여 2년 동안 보관해야 한다.

③ 경비업자는 형법상 상해죄 또는 폭행죄를 범하여 벌금형을 선고받고 7년이 지나지 아니한 자를 집단민원현장에 일반경비원으로 배치하여서는 아니 된다.

④ 관할 경찰관서장은 경비원이 위력이나 흉기 또는 그 밖의 위험한 물건을 사용하여 집단적 폭력사태를 일으킨 때에는 경비업의 허가를 취소해야 한다.

📖 해설 ─────────────────────────────────────

시행규칙 제23조(경비원의 명부) 경비업자는 다음 장소에 경비원 명부를 작성·비치하여 두고, 이를 항상 정리하여야 한다.

    1. 주된 사무소   2. 출장소   3. 집단민원현장

제18조(경비원의 명부와 배치허가 등) ① 경비업자는 경비원의 명부를 작성·비치하여야 한다. 다만, 집단민원현장에 배치되는 일반경비원의 명부는 그 경비원이 배치되는 장소에도 작성·비치하여야 한다.

⑥ 경비업자는 다음 어느 하나에 해당하는 죄를 범하여 벌금형을 선고받고 5년이 지나지 아니하거나, 금고 이상의 형을 선고받고 그 집행이 유예된 날부터 5년이 지나지 아니한 자를 집단민원현장에 일반경비원으로 배치하여서는 아니 된다.

    1. 「형법」(상해, 존속상해), (중상해, 존속중상해), (상해치사), (폭행, 존속폭행), (특수폭행), (폭행치사상), (상습범), (체포, 감금, 존속체포, 존속감금), (중체포, 중강금, 조속중체포, 존속중감금), (특수체포, 특수감금, 상습범, 미수범, 체포감금 등의 치사상), (특수협박), (상습범), (특수주거침입), (강요), (특수공갈), (특수손괴)

    2. 「폭력행위 등 처벌에 관한 법률」 제2조 또는 제3조의 죄(폭행 등)

⑧ 관할 경찰관서장은 경비업자가 다음의 어느 하나에 해당하는 때에는 배치폐지를 명할 수 있다.

    1. 배치허가를 받지 아니하고 경비원을 배치하거나 경비원 명단 및 배치일시·배치장소 등 배치허가 신청의 내용을 거짓으로 한 때

    2. 결격사유에 해당하는 자를 집단민원현장에 일반경비원으로 배치한 때

    3. 신임교육을 이수하지 아니한 자를 경비원으로 배치한 때

    4. 경비업자 또는 경비원이 위력이나 흉기 또는 그 밖의 위험한 물건을 사용하여 집단적 폭력사태를 일으킨 때

    5. 경비업자가 신고하지 아니하고 일반경비원을 배치한 때

제24조의3(경비원 근무상황 기록부) ① 경비업자는 경비업무를 수행하는 경비원의 인적사항, 배치일시, 배치장소, 배차폐지일시 및 근무 여부 등 근무상황을 기록한 근무상황기록부(전자문서로 된 근무상황기록부를 포함)를 작성하여 주된 사무소 및 출장소에 갖추어 두어야 한다.

② 경비업자는 근무상황기록부를 1년 동안 보관하여야 한다.

정답 ①

41 경비업법령상 집단민원현장에 배치된 일반경비원에 관한 설명으로 옳지 않은 것은?

① 경비업자는 경비원을 배치하기 48시간 전까지 배치허가를 신청하고, 관할 경찰관서장의 배치허가를 받은 후에 경비원을 배치해야 한다.

② 집단민원현장에 배치되는 일반경비원의 명부는 그 경비원이 배치되는 장소에도 작성·비치해야 한다.

③ 관할 경찰관서장은 배치허가를 함에 있어 필요한 조건을 붙일 수 없다.

④ 관할 경찰관서장은 배치허가 신청을 받은 경우, 불허가사유에 해당하는 때에는 이를 확인하기 위하여 소속 경찰관으로 하여금 배치장소를 방문하여 조사하게 할 수 있다.

📖 **해설** ─────────────────────────────

제18조(경비원의 명부와 배치허가 등) ② 경비업자가 경비원을 배치하거나 배치를 폐지한 경우에는 관할 경찰관서장에게 신고하여야 한다. 경비원을 배치하기 48시간 전까지 배치허가를 신청하고, 관할 경찰관서장의 배치허가를 받은 후에 경비원을 배치하여야 하며 이 경우 관할 경찰관서장은 배치허가를 함에 있어 필요한 조건을 붙일 수 있다.

정답 ③

42 경비업법령상 경비지도사의 선임·배치기준에 관한 설명으로 옳지 않은 것은?

① 특수경비업의 경우 특수경비원 교육을 이수한 일반경비지도사를 선임·배치해야 한다.

② 기계경비지도사의 경우 기계경비업과 특수경비업에 한하여 선임·배치해야 한다.

③ 관할하는 지방경찰청의 관할구역별로 경비원 200인까지는 1인씩 선임·배치해야 한다.

④ 관할하는 지방경찰청의 관할구역별로 경비원 200인을 초과하는 경우는 100인까지마다 1인씩을 추가로 선임·배치해야 한다.

제10조(경비지도사의 구분) 경비지도사는 다음과 같이 구분한다.

일반경비지도사	다음 경비업무에 종사하는 경비원을 지도 · 감독 및 교육하는 경비지도사 가. 시설경비업무 나. 호송경비업무 다. 신변보호업무 라. 특수경비업무
기계경비지도사	**기계경비업무**에 종사하는 경비원을 지도 · 감독 및 교육하는 경비지도사

정답 ②

---

43 경비업법령상 특수경비원의 의무에 관한 설명으로 옳은 것은?

① 쟁의행위 유형 중 태업은 할 수 있지만, 파업은 할 수 없다.

② 관할 경찰관서장의 허가 없이 경비구역을 벗어나서는 아니 된다.

③ 직무를 수행함에 있어 시설주 · 관할 경찰관서장 및 소속상사의 직무상 명령에 복종해야 한다.

④ 사람을 향하여 권총을 발사하고자 하는 때에는 구두에 의한 경고가 아닌 공포탄 사격에 의한 경고가 선행되어야 한다.

제15조(특수경비원의 의무) ① 특수경비원은 직무를 수행함에 있어 시설주 · 관할 경찰관서장 및 소속상사의 직무상 명령에 복종하여야 한다.

② 특수경비원은 소속상사의 허가 또는 정당한 사유 없이 경비구역을 벗어나서는 아니 된다.

③ 특수경비원은 파업 · 태업 그 밖에 경비업무의 정상적인 운영을 저해하는 일체의 쟁의행위를 하여서는 아니 된다.

④ 특수경비원이 무기를 휴대하고 경비업무를 수행하는 때에는 다음에 정하는 무기의 안전사용수칙을 지켜야 한다.

1. 특수경비원은 사람을 향하여 권총 또는 소총을 발사하고자 하는 때에는 미리 구두 또는 공포탄에 의한 사격으로 상대방에게 경고하여야 한다.

정답 ③

44 경비업법령상 경비원의 복장·장비 등에 관한 설명으로 옳지 않은 것은?

① 경비원은 근무 중 경비업무 수행에 필요한 것으로서 공격적인 용도로 제작된 장비를 휴대할 수 있다.

② 경비업자가 경비원으로 하여금 분사기를 휴대하여 직무를 수행하게 하는 경우에는 총포·도검·화약류 등 단속법에 따라 미리 분사기의 소지허가를 받아야 한다.

③ 경비원은 경비업무 수행 시 이름표를 경비원복장의 상의 가슴 부위에 부착하여 경비원의 이름을 외부에서 알아볼 수 있도록 해야 한다.

④ 경비업자는 출동차량 등의 도색 및 표지를 정하고 이를 확인할 수 있는 사진을 첨부하여 운행하기 전에 주된 사무소를 관할하는 지방경찰청장에게 신고해야 한다.

📖 해설

시행규칙 제20조(경비원의 휴대장비) ① 경비원은 근무 중 경적, 단봉, 분사기, 안전방패, 무전기 및 그 밖에 경비 업무 수행에 필요한 것으로서 공격적인 용도로 제작되지 아니하는 장비를 휴대할 수 있으며, 안전모 및 방검복 등 안전장비를 착용할 수 있다.

제16조의2(경비원의 장비 등) ② 경비업자가 경비원으로 하여금 분사기를 휴대하여 직무를 수행하게 하는 경우에는 「총포·도검·화약류 등 단속법」에 따라 미리 분사기의 소지허가를 받아야 한다.

제16조의3(출동차량 등) ① 경비업자는 출동차량 등의 도색 및 표지를 경찰차량 및 군차량과 명확히 구별될 수 있게 하여야 한다.

② 경비업자는 출동차량 등의 도색 및 표지를 정하고 이를 확인할 수 있는 사진을 첨부하여 주된 사무소를 관할하는 지방경찰청장에게 행정자치부령으로 정하는 바에 따라 신고하여야 한다.

시행규칙 제19조(경비원의 복장 등 신고 등) ④ 경비원은 경비업무 수행 시 이름표를 경비원 복장의 상의 가슴 부위에 부착하여 경비원의 이름을 외부에서 알아볼 수 있도록 하여야 한다.

정답 ①

45 경비업법령상 특수경비원을 배치한 시설주가 갖추어 두어야 하는 장부 또는 서류에 해당하지 않는 것은?

① 근무일지   ② 무기·탄약대여대장

③ 순찰표철   ④ 경비구역배치도

📖 **해설** ─────────────────────────────────────

시행규칙 제26조(갖추어 두어야 하는 장부 또는 서류) ① 특수경비원을 배치한 시설주는 다음의 장부 및 서류를 갖추어 두어야 한다.
  1. 근무일지   2. 근무상황카드
  3. 경비구역배치도   4. 순찰표철
  5. 무기탄약출납부   6. 무기장비운영카드
② 특수경비원을 배치한 국가중요시설의 관할 경찰관서장은 다음의 장부 및 서류를 갖추어 두어야 한다.
  1. 감독순시부   2. 특수경비원 전·출입관계철
  3. 특수경비원 교육훈련실시부   4. 무기·탄약대여대장
  5. 그 밖에 특수경비원의 관리 등을 위하여 필요한 장부 또는 서류

정답 ②

46 경비업법령상 일반경비지도사 자격증을 취득하기 위하여 받아야 할 교육의 과목에 해당하지 않는 것은?

① 예절 및 인권교육   ② 호송경비
③ 인력경비개론   ④ 경찰관직무집행법 및 청원경찰법

📖 **해설** ─────────────────────────────────────

경비지도사 교육의 과목 및 시간(제9조제1항 관련)

구분 (교육시간)	과목	시간
공통교육 (28시간)	「경비업법」	4
	「경찰관직무집행법」 및 「청원경찰법」	3
	테러 대응요령	3
	화재대처법	2
	응급처치법	3
	분사기 사용법	2
	교육기법	2
	예절 및 인권교육	2
	체포·호신술	3

	입교식 · 평가 · 수료식		4
자격의 종류별 교육 (16시간)	**일반경비 지도사**	시설경비	2
		호송경비	2
		신변보호	2
		특수경비	2
		기계경비개론	3
		일반경비현장실습	5
	기계경비 지도사	기계경비운용관리	4
		기계경비기획및설계	4
		인력경비개론	3
		기계경비현장실습	5
계			44

정답 ③

47 경비업법령상 행정처분의 일반기준에 관한 설명으로 옳은 것은?

① 위반행위가 2 이상인 경우로서 그에 해당하는 각각의 처분기준이 다른 경우에는 그중 경한 처분기준에 따른다.

② 2 이상의 처분기준이 동일한 영업정지인 경우에는 중한 처분기준의 3분의 1까지 가중할 수 있다.

③ 위반행위의 횟수에 따른 행정처분 기준은 최근 1년간 같은 위반행위로 행정처분을 받은 경우에 적용한다.

④ 영업정지처분에 해당하는 위반행위가 적발된 날 이전 최근 2년간 같은 위반행위로 2회 영업정지처분을 받은 경우에는 그 위반행위에 대한 행정처분기준은 허가취소로 한다.

📖 해설 ────────────────

행정처분 기준(시행령 제24조 관련)

　1. 일반기준

　　가. 제2호에 따른 행정처분이 영업정지인 경우에는 위반행위의 동기, 내용 및 위반의 정도 등을 고려하여 가중하거나 감경할 수 있다.

　　나. 위반행위가 2 이상인 경우로서 그에 해당하는 각각의 처분기준이 다른 경우에는

그중 중한 처분기준에 따르며, 2 이상의 처분기준이 동일한 영업정지인 경우에는 중한 처분기준의 2분의 1까지 가중할 수 있다. 다만, 가중하는 경우에도 각 처분기준을 합산한 기간을 초과할 수 없다.

다. 위반행위의 횟수에 따른 행정처분 기준은 최근 2년간 같은 위반행위로 행정처분을 받은 경우에 적용한다. 이 경우 기준 적용일은 위반행위에 대한 행정처분일과 그 처분 후의 위반행위가 다시 적발된 날을 기준으로 한다.

라. 영업정지처분에 해당하는 위반행위가 적발된 날 이전 최근 2년간 같은 위반행위로 2회 영업정지처분을 받은 경우에는 그 위반행위에 대한 행정처분기준은 허가취소로 한다.

정답 ④

48 다음 표는 경비업법 시행령 별표에서 정한 경비지도사 자격정지처분 기준이다. ( ) 안에 들어갈 내용으로 옳은 것은?

위반행위	1차 위반	2차 위반	3차 이상 위반
경비업법 위반하여 직무를 성실하게 수행하지 아니한 때	자격정지 3월	자격정지 (ㄱ)월	자격정지 (ㄴ)월
경찰청장·지방경찰청장의 명령을 위반한 때	자격정지 (ㄷ)월	자격정지 6월	자격정지 9월

① ㄱ: 6, ㄴ: 9, ㄷ: 1
② ㄱ: 6, ㄴ: 9, ㄷ: 3
③ ㄱ: 6, ㄴ: 12, ㄷ: 1
④ ㄱ: 9, ㄴ: 12, ㄷ: 3

📖 해설 ─────────────

경비지도사 자격정지처분 기준(시행령 제25조 관련)

위반행위	행정처분기준		
	1차	2차	3차 이상
1. 직무를 성실하게 수행하지 아니한 때	자격정지 3월	자격정지 6월	자격정지 12월
2. 경찰청장·지방경찰청장의 명령을 위반한 때	자격정지 1월	자격정지 6월	자격정지 9월

정답 ③

49 경비업법령상 경찰청장 또는 지방경찰청장이 청문을 실시해야 하는 경우에 해당하지 않는 것은?

① 경비업 법인의 임원선임 취소　　② 경비지도사자격의 정지
③ 경비업 영업정지　　　　　　　　④ 경비업 허가의 취소

📖 해설 ─────────────────────────────────────

제21조(청문) 경찰청장 또는 지방경찰청장은 다음에 해당하는 처분을 하고자 하는 경우에는 청문을 실시하여야 한다.
1. 경비업 허가의 취소 또는 영업정지
2. 경비지도사자격의 취소 또는 정지

정답 ①

50 경비업법령상 경찰청장이 경비지도사의 자격을 취소해야 하는 경우에 해당하지 않는 것은?

① 경비지도사로서의 결격사유에 해당하게 된 때
② 허위로 경비지도사자격증을 교부받은 때
③ 경비지도사자격증을 다른 사람에게 빌려준 때
④ 경찰청장이 경비업무의 적정한 수행을 위하여 경비지도사를 지도·감독하며 내린 필요한 명령을 경비지도사가 위반한 때

📖 해설 ─────────────────────────────────────

제20조(경비지도사자격의 취소 등) ① 경찰청장은 경비지도사가 다음에 해당하는 때에는 그 자격을 취소하여야 한다.
1. 결격사유에 해당하게 된 때
2. 허위 그 밖의 부정한 방법으로 경비지도사자격증을 교부받은 때
3. 경비지도사자격증을 다른 사람에게 빌려주거나 양도한 때
4. 자격정지 기간 중에 경비지도사로 선임되어 활동한 때

정답 ④

51 경비업법령상 용어의 정의로 옳지 않은 것은?

① 신변보호업무는 사람의 생명이나 신체에 대한 위해의 발생을 방지하고 그 신변을 보호하는 업무이다.

② 기계경비업무는 경비를 필요로 하는 시설 및 장소에서의 도난·화재 그 밖의 혼잡 등으로 인한 위험발생을 방지하는 업무이다.

③ 호송경비업무는 운반 중에 있는 현금·유가증권·귀금속·상품 그 밖의 물건에 대하여 도난·화재 등 위험발생을 방지하는 업무이다.

④ 특수경비업무는 공항 등 대통령령이 정하는 국가중요시설의 경비 및 도난·화재 그 밖의 위험발생을 방지하는 업무이다.

📖 해설 ───────────────────────────────────────

제2조(정의) 이 법에서 사용하는 용어의 정의는 다음과 같다.

1. "경비업"이라 함은 다음에 해당하는 업무("경비업무")의 전부 또는 일부를 도급받아 행하는 영업을 말한다.
   가. 시설경비업무: 경비를 필요로 하는 시설 및 장소("경비대상시설")에서의 도난·화재 그 밖의 혼잡 등으로 인한 위험발생을 방지하는 업무
   나. 호송경비업무: 운반 중에 있는 현금·유가증권·귀금속·상품 그 밖의 물건에 대하여 도난·화재 등 위험발생을 방지하는 업무
   다. 신변보호업무: 사람의 생명이나 신체에 대한 위해의 발생을 방지하고 그 신변을 보호하는 업무
   라. 기계경비업무: 경비대상시설에 설치한 기기에 의하여 감지·송신된 정보를 그 경비대상시설외의 장소에 설치한 관제시설의 기기로 수신하여 도난·화재 등 위험발생을 방지하는 업무
   마. 특수경비업무: 공항(항공기 포함) 등 대통령령이 정하는 국가중요시설("국가중요시설")의 경비 및 도난·화재 그 밖의 위험발생을 방지하는 업무

정답 ②

52 경비업법령상 경비협회에 관한 설명으로 옳은 것은?

① 경비업자는 3인 이상이 발기인이 되어 경비협회를 설립할 수 있다.

② 경비협회에 관하여 경비업법에 특별한 규정이 있는 것을 제외하고는 민법 중 재단법인에 관한 규정을 준용한다.

③ 경비협회는 경비업자의 손해배상책임 보장과 소속 경비원의 고용안정 보

장을 위하여 공제사업을 운영할 수 있다.

④ 경비협회의 업무에는 경비원의 후생·복지에 관한 사항 외에도 경비진단에 관한 사항도 포함된다.

📖 해설 —

제22조(경비협회) ① 경비업자는 경비업무의 건전한 발전과 경비원의 자질향상 및 교육훈련 등을 위하여 대통령령이 정하는 바에 따라 경비협회를 설립할 수 있다.

② 경비협회는 법인으로 한다.

③ 경비협회의 업무는 다음과 같다.

  1. 경비업무의 연구

  2. 경비원 교육·훈련 및 그 연구

  3. 경비원의 후생·복지에 관한 사항

  4. 경비진단에 관한 사항

  5. 그 밖에 경비업무의 건전한 운영과 육성에 관하여 필요한 사항

④ 경비협회에 관하여 이 법에 특별한 규정이 있는 것을 제외하고는 「민법」 중 사단법인에 관한 규정을 준용한다.

제23조(공제사업) ① 경비협회는 다음 각 호의 공제사업을 할 수 있다.

  1. 경비업자의 손해배상책임을 보장하기 위한 사업

  2. 경비업자가 경비업을 운영할 때 필요한 입찰보증, 계약보증(이행보증 포함), 하도급보증을 위한 사업

  3. 경비원의 복지향상과 업무상 재해로 인한 손실을 보상하는 사업

  4. 경비업무와 관련한 연구 및 경비원 교육·훈련에 관한 사업

정답 ④

53 경비업법령상 경비원이 경비업무 수행 중에 경비업법에 규정된 장비 외에 흉기 그 밖의 위험한 물건을 휴대하고 일정한 형법상의 범죄를 범한 경우 그 법정형의 2분의 1까지 가중 처벌된다. 다음 중 이에 해당되는 형법상 범죄는?

① 형법 제324조의2(인질강요죄)   ② 형법 제261조(특수폭행죄)

③ 형법 제136조(공무집행방해죄)   ④ 형법 제333조(강도죄)

📖 해설 —

제29조(형의 가중처벌) ① 특수경비원이 무기를 휴대하고 경비업무를 수행 중에 무기의 안전수칙을 위반하여 다음 죄를 범한 때에는 그 죄에 정한 형의 2분의 1까지 가중처벌한다.

「형법」 상해와 폭행의 죄	(중상해, 존속중상해, 특수상해, 상해치사), (폭행, 존속폭행, 폭행치사상)
「형법」 과실치사상의 죄	(업무상과실 중과실 치사상)
「형법」 체포와 감금의 죄	(체포, 감금, 존속체포, 존속감금), (중체포, 중감금, 존속중체포, 존속중감금), (체포·감금 등의 치사상)
「형법」 협박의 죄	(협박, 존속협박)
「형법」 권리행사방해죄	(강요)
「형법」 사기와 공갈의 죄	(특수공갈)
「형법」 손괴의 죄	(재물손괴)

② 경비원이 경비업무 수행 중에 장비 외에 흉기 또는 그 밖의 위험한 물건을 휴대하고 다음의 죄를 범한 때에는 그 죄에 정한 형의 2분의 1까지 가중처벌한다.

「형법」 상해와 폭행의 죄	(특수상해, 상해 존속상해, 중상해, 존속중상해), (상해치사, 특수폭행, 폭행치사상)
「형법」 과실치사상의 죄	(업무상과실 중과실 치사상)
「형법」 체포와 감금의 죄	(체포, 감금, 존속체포, 존속감금), (중체포, 중감금, 존속중체포, 존속중감금), (체포·감금 등의 치사상)
「형법」 협박의 죄	(협박, 존속협박)
「형법」 권리행사방해죄	(강요)
「형법」 사기와 공갈의 죄	(특수공갈)
「형법」 손괴의 죄	(재물손괴)

정답 ②

54 경비업법령상 벌칙에 관한 설명으로 옳은 것은?

① 국가중요시설에 대한 경비업무 수행 중 국가중요시설의 정상적인 운영을 해치는 장해를 일으킨 특수경비원은 7년 이하의 징역 또는 5천만 원 이하의 벌금에 처한다.

② 허가를 받지 아니하고 경비업을 영위한 자는 2년 이하의 징역 또는 2천만 원 이하의 벌금에 처한다.

③ 국가중요시설에 대한 경비업무의 수행 중 정당한 사유 없이 무기를 소지하고 배치된 경비구역을 벗어난 특수경비원은 3년 이하의 징역 또는 3천만 원 이하의 벌금에 처한다.

④ 경비업법 규정에 위반하여 쟁의행위를 한 특수경비원은 2년 이하의 징역 또는 2천만 원 이하의 벌금에 처한다.

📖 **해설** ────────────────────────────────

제28조(벌칙) ① 국가중요시설의 정상적인 운영을 해치는 장해를 일으킨 특수경비원은 7년 이하의 징역 또는 5천만원 이하의 벌금에 처한다.

② 다음에 해당하는 자는 3년 이하의 징역 또는 3천만원 이하의 벌금에 처한다.
   1. 허가를 받지 아니하고 경비업을 영위한 자
   2. 직무상 알게 된 비밀을 누설하거나 부당한 목적을 위하여 사용한 자
   3. 경비업무의 중단을 통보하지 아니하거나 경비업무를 즉시 인수하지 아니한 특수경비업자 또는 경비대행업자
   4. 집단민원현장에 경비원을 배치하면서 허가를 받지 아니한 자에게 경비업무를 도급한 자
   5. 집단민원현장에 20명 이상의 경비인력을 배치하면서 그 경비인력을 직접 고용한 자
   6. 경비업자의 경비원 채용 시 무자격자나 부적격자 등을 채용하도록 관여하거나 영향력을 행사한 도급인
   7. 과실로 인하여 국가중요시설의 정상적인 운영을 해치는 장해를 일으킨 특수경비원
   8. 특수경비원으로서 경비구역 안에서 시설물의 절도, 손괴, 위험물의 폭발 등의 사유로 인한 위급사태가 발생한 경우 다음 내용을 위반한 자
      ㉠ 직무상의 복종의무: 특수경비원은 직무를 수행함에 있어 시설주ㆍ관할 경찰관서장 및 소속상사의 직무상 명령에 복종하여야 한다.
      ㉡ 근무지역 이탈금지 의무: 특수경비원은 소속상사의 허가 또는 정당한 사유 없이 경비구역을 벗어나서는 아니 된다.
   9. 경비원에게 경비업무의 범위를 벗어난 행위를 하게 한 자

③ 정당한 사유 없이 무기를 소지하고 배치된 경비구역을 벗어난 특수경비원은 2년 이하의 징역 또는 2천만원 이하의 벌금에 처한다.

④ 다음에 해당하는 자는 1년 이하의 징역 또는 1천만원 이하의 벌금에 처한다.
   1. 무기의 관리책임 규정에 위반한 관리책임자
   2. 쟁의행위를 한 특수경비원
   3. 경비업무의 범위를 벗어난 행위를 한 경비원
   4. 경비업법에서 정한 장비 외에 흉기 또는 그 밖의 위험한 물건을 휴대하고 경비업무를 수행한 경비원 또는 경비원에게 이를 휴대하고 경비업무를 수행하게 한 자
   5. 경찰관서장의 배치폐지 명령을 따르지 아니한 자
   6. 지방경찰청장 또는 관할 경찰관서장의 중지명령에 따르지 아니한 자

정답 ①

55 경비업법령상 경찰청장이 지방경찰청장에게 위임할 수 있는 권한에 해당하는 것은?

① 경비지도사의 자격의 취소 및 정지　② 경비지도사 시험의 관리

③ 경비지도사의 교육　　　　　　　　④ 경비업 허가의 취소 및 영업정지

📖 **해설** ─────────────────────────────────

시행령 제31조(권한의 위임 및 위탁) ① 경찰청장은 다음의 권한을 지방경찰청장에게 위임한다.

1. 경비지도사의 자격의 취소 및 정지에 관한 권한

2. 경비지도사 자격의 취소 및 정지에 관한 청문의 권한

② 경찰청장 또는 경찰관서장은 경비지도사시험의 관리와 경비지도사의 교육에 관한 업무를 경비업무에 관한 인력과 전문성을 갖춘 기관으로서 경찰청장이 지정하여 고시하는 기관 또는 단체에 위탁한다.

정답 ①

56 경비업법령상 경찰관서장의 지도·감독·점검에 관한 설명으로 옳은 것은?

① 지방경찰청장 또는 관할 경찰관서장은 경비업무의 적정한 수행을 위하여 경비업자 및 경비지도사를 지도·감독하며 필요한 명령을 할 수 있다.

② 지방경찰청장은 특수경비업자에 대하여 연 1회 이상의 보안지도·점검을 실시하고, 필요한 경우 관계기관에 보안 측정을 요청해야 한다.

③ 지방경찰청장 또는 관할 경찰관서장은 소속 경찰공무원으로 하여금 관할 구역 안에 있는 경비업자의 주사무소 및 출장소와 경비원 배치장소에 출입하여 감독하며 필요한 명령을 하게 할 수 있다.

④ 지방경찰청장 또는 관할 경찰관서장은 경비업자 또는 배치된 경비원이 경비업법을 위반하는 행위를 하는 경우 그 위반행위의 중지를 명해야 한다.

📖 **해설** ─────────────────────────────────

제24조(감독) ① 경찰청장 또는 지방경찰청장은 경비업무의 적정한 수행을 위하여 경비업자 및 경비지도사를 지도·감독하며 필요한 명령을 할 수 있다.

② 지방경찰청장 또는 관할 경찰관서장은 소속 경찰공무원으로 하여금 관할구역 안에 있는 경비업자의 주사무소 및 출장소와 경비원배치장소에 출입하여 근무상황 및 교육훈련상황 등을 감독하며 필요한 명령을 하게 할 수 있다. 이 경우 출입하는 경찰공무원은 그 권한을 표시하는 증표를 관계인에게 내보여야 한다.

③ 지방경찰청장 또는 관할 경찰관서장은 경비업자 또는 배치된 경비원이 이 법이나 이 법

에 따른 명령, 「폭력행위 등 처벌에 관한 법률」을 위반하는 행위를 하는 경우 그 위반행위의 중지를 명할 수 있다.

정답 ③

57 경비업법령상 경비업법 위반 횟수에 관계없이 과태료 금액이 동일한 것은?

① 기계경비업자가 경비계약을 체결하면서 계약상대방에게 설명의무를 이행하지 않은 경우
② 무기의 적정관리를 위해 관할 경찰관서장이 감독상 필요한 명령을 발하였으나 무기를 대여 받은 시설주가 정당한 이유 없이 이를 이행하지 않은 경우
③ 경비업자가 경비업법을 위반하여 경비원의 복장에 관한 신고를 하지 않고 집단 민원현장에 경비원을 배치한 경우
④ 경비업자가 경비업법을 위반하여 경비원의 근무상황을 기록하여 보관하지 않은 경우

📖 해설 ———————————————————————————————

과태료의 부과기준(시행령 제32조제1항 관련)

위반행위	과태료 금액(단위: 만 원)		
	1회 위반	2회 위반	3회 이상
6. 무기의 적정한 관리에 따른 감독상 필요한 명령을 정당한 이유 없이 이행하지 않은 경우	500		
3. 기계경비업자 오경보 방지 설명의무를 이행하지 않은 경우	100	200	400
8. 경비원의 복장에 관한 신고를 하지 않고 집단민원현장에 경비원을 배치한 경우	600	1200	2400
14. 경비원의 근무상황을 기록하여 보관하지 않은 경우	50	100	200

정답 ②

58 경비업법령상 관할 경찰관서장이 경비원의 배치폐지를 명할 수 있는 경우가 아닌 것은?

① 경비업법상 배치허가를 필요로 하는 경우 배치허가 신청의 내용을 거짓으로 한 경우

② 경비업자가 경비업법을 위반하여 신고를 하지 아니하고 일반경비원을 배치한 경우

③ 경비원 신임교육을 이수하지 아니한 자를 경비원으로 배치한 경우

④ 형법상 사기죄로 기소된 자를 경비원으로 배치한 경우

📖 **해설** ───────────────────────────────

제18조(경비원의 명부와 배치허가 등) ⑧ 관할 경찰관서장은 경비업자가 다음 어느 하나에 해당하는 때에는 배치폐지를 명할 수 있다.

1. 배치허가를 받지 아니하고 경비원을 배치하거나 경비원 명단 및 배치일시 · 배치장소 등 배치허가 신청의 내용을 거짓으로 한 때

2. 결격사유에 해당하는 자를 집단민원현장에 일반경비원으로 배치한 때

3. 신임교육을 이수하지 아니한 자를 경비원으로 배치한 때

4. 경비업자 또는 경비원이 위력이나 흉기 또는 그 밖의 위험한 물건을 사용하여 집단적 폭력사태를 일으킨 때

5. 경비업자가 신고하지 아니하고 일반경비원을 배치한 때

정답 ④

59 경비업법령상 법인이나 개인에게도 벌금형을 과하는 양벌규정이 적용되는 행위자가 될 수 없는 자는?

① 법인의 대표자   ② 법인의 대리인
③ 개인의 대리   ④ 개인의 직계비속

📖 **해설** ───────────────────────────────

제30조(양벌규정) 법인의 대표자나 법인 또는 개인의 대리인, 사용인, 그 밖의 종업원이 그 법인 또는 개인의 업무에 관하여 벌칙 위반행위를 하면 그 행위자를 벌하는 외에 그 법인 또는 개인에게도 해당 조문의 벌금형을 과한다. 다만, 법인 또는 개인이 그 위반행위를 방지하기 위하여 해당 업무에 관하여 상당한 주의와 감독을 게을리하지 아니한 경우에는 그러하지 아니하다.

정답 ④

60 청원경찰법 제1조의 내용이다. ( ) 안에 들어갈 용어로 옳은 것은?

> 청원경찰법은 청원경찰의 직무 · 임용 · 배치 · 보수 · ( ) 및 그밖에 필요한 사항을 규정함으로써 청원경찰의 원활한 운영을 목적 으로 한다.

① 무기휴대   ② 신분보장

③ 사회보장   ④ 징계

📖 **해설** ─────────────────────────────

제1조(목적) 이 법은 청원경찰의 직무 · 임용 · 배치 · 보수 · 사회보장 및 그 밖에 필요한 사항을 규정함으로써 청원경찰의 원활한 운영을 목적으로 한다.

정답 ③

61 청원경찰법령상 청원경찰의 직무에 관한 설명으로 옳지 않은 것은?

① 경비구역 내에서의 입초근무, 소내근무, 순찰근무, 대기근무를 수행한다.

② 청원경찰의 배치 결정을 받은 자의 지시와 감독에 의해서만 직무를 수행해야 한다.

③ 직무를 수행할 때에는 경비 목적을 위하여 필요한 최소한의 범위에서 해야 한다.

④ 경찰관 직무집행법에 따른 직무외의 수사활동 등의 직무를 수행해서는 아니 된다.

📖 **해설** ─────────────────────────────

제3조(청원경찰의 직무) 청원경찰은 청원경찰의 배치 결정을 받은 자{"청원주"}와 배치된 기관 · 시설 또는 사업장 등의 구역을 관할하는 경찰서장의 감독을 받아 그 경비구역만의 경비를 목적으로 필요한 범위에서 「경찰관 직무집행법」에 따른 경찰관의 직무를 수행한다.

시행규칙 제14조(근무요령) ① 자체경비를 하는 입초근무자는 경비구역의 정문이나 그 밖의 지정된 장소에서 경비구역의 내부, 외부 및 출입자의 움직임을 감시한다.

② 업무처리 및 자체경비를 하는 소내근무자는 근무 중 특이한 사항이 발생하였을 때에는 지체 없이 청원주 또는 관할 경찰서장에게 보고하고 그 지시에 따라야 한다.

③ 순찰근무자는 청원주가 지정한 일정한 구역을 순회하면서 경비 임무를 수행한다. 이 경우 순찰은 단독 또는 복수로 정선순찰을 하되, 청원주가 필요하다고 인정할 때에는 요점순찰 또는 난선순찰을 할 수 있다.

④ 대기근무자는 소내근무에 협조하거나 휴식하면서 불의의 사고에 대비한다.

시행규칙 제21조(주의사항) ① 청원경찰이 법 제3조에 따른 직무를 수행할 때에는 경비 목적을 위하여 필요한 최소한의 범위에서 하여야 한다.

② 청원경찰은 「경찰관 직무집행법」에 따른 직무 외의 수사활동 등 사법경찰관리의 직무를 수행해서는 아니 된다.

정답 ②

62 청원경찰법령상 청원경찰의 교육에 관한 설명으로 옳지 않은 것은?

① 청원경찰은 배치하기 전에 직무수행에 필요한 교육을 받게 해야 한다. 다만 부득이한 경우에는 임용 후 2년 이내에 교육을 받게 할 수 있다.

② 청원경찰의 신임교육기간은 2주이다.

③ 청원주는 소속 청원경찰에게 매월 4시간 이상의 직무교육을 실시해야 한다.

④ 청원경찰의 신임교육과목에는 형사법, 경찰관 직무집행법, 화생방 등이 있다.

📖 **해설** ──────────────────────────────────

시행령 제5조(교육) ① 청원주는 청원경찰로 임용된 사람으로 하여금 경비구역에 배치하기 전에 경찰교육기관에서 직무 수행에 필요한 교육을 받게 하여야 한다. 다만, 경찰교육기관의 교육계획상 부득이하다고 인정할 때에는 우선 배치하고 임용 후 1년 이내에 교육을 받게 할 수 있다.

정답 ①

63 청원경찰법령상 청원경찰 배치 대상 기관·시설·사업장에 해당하는 것을 모두 고른 것은?

ㄱ. 국내 주재(駐在) 외국기관
ㄴ. 선박, 항공기 등 수송시설
ㄷ. 언론, 통신, 방송을 업으로 하는 시설
ㄹ. 공공의 안녕질서 유지와 국민경제를 위하여 고도의 경비가 필요한 장소

① ㄱ, ㄴ
② ㄱ, ㄷ, ㄹ
③ ㄴ, ㄷ, ㄹ
④ ㄱ, ㄴ, ㄷ, ㄹ

제2조(정의) "청원경찰"이란 다음의 어느 하나에 해당하는 기관의 장 또는 시설·사업장 등의 경영자가 경비{"청원경찰경비"}를 부담할 것을 조건으로 경찰의 배치를 신청하는 경우 그 기관·시설 또는 사업장 등의 경비를 담당하게 하기 위하여 배치하는 경찰을 말한다.
1. 국가기관 또는 공공단체와 그 관리하에 있는 중요 시설 또는 사업장
2. 국내 주재(駐在) 외국기관
3. 그 밖에 행정자치부령으로 정하는 중요 시설, 사업장 또는 장소

시행규칙 제2조(배치 대상) 「청원경찰법」제2조제3호에서 "그 밖에 행정자치부령으로 정하는 중요 시설, 사업장 또는 장소"란 다음의 시설, 사업장 또는 장소를 말한다.
1. 선박, 항공기 등 수송시설
2. 금융 또는 보험을 업으로 하는 시설 또는 사업장
3. 언론, 통신, 방송 또는 인쇄를 업으로 하는 시설 또는 사업장
4. 학교 등 육영시설
5. 「의료법」에 따른 의료기관
6. 그 밖에 공공의 안녕질서 유지와 국민경제를 위하여 고도의 경비가 필요한 중요 시설, 사업체 또는 장소

정답 ④

64 청원경찰법령상 청원주가 지방경찰청장에게 청원경찰 임용승인을 신청할 때 청원경찰 임용승인신청서에 첨부해야 하는 서류가 아닌 것은?

① 주민등록증 사본 1부
② 가족관계등록부 중 가족관계증명서 1부
③ 민간인 신원진술서 1부
④ 최근 3개월 이내에 발행한 채용신체검사서 또는 취업용 건강진단서 1부

📖 해설

시행규칙 제5조(임용승인신청서 등) ① 청원경찰의 배치 결정을 받은 자{"청원주"}가 지방경찰청장에게 청원경찰 임용승인을 신청할 때에는 청원경찰 임용승인신청서에 그 해당자에 관한 다음의 서류를 첨부하여야 한다.
1. 이력서 1부
2. 주민등록증 사본 1부
3. 민간인 신원진술서 1부
4. 최근 3개월 이내에 발행한 채용신체검사서 또는 취업용 건강진단서 1부
5. 가족관계등록부 중 기본증명서 1부

정답 ②

65 청원경찰법령상 청원경찰의 근무요령에 관한 설명으로 옳은 것은?

① 대기근무자는 소내근무에 협조하거나 휴식하면서 불의의 사고에 대비한다.

② 소내근무자는 근무 중 특이한 사항이 발생하였을 때에는 지체 없이 관할 지방경찰청장에게 보고하고 그 지시에 따라야 한다.

③ 순찰근무자는 요점순찰(要點巡察) 또는 난선순찰(亂線巡察)을 하되, 청원주가 필요하다고 인정할 때에는 정선순찰(定線巡察)을 할 수 있다.

④ 소내근무자는 경비구역의 정문이나 그 밖의 지정된 장소에서 경비구역의 내부, 외부 및 출입자의 움직임을 감시한다.

📖 **해설**

시행규칙 제14조(근무요령) ① 자체경비를 하는 입초근무자는 경비구역의 정문이나 그 밖의 지정된 장소에서 경비구역의 내부, 외부 및 출입자의 움직임을 감시한다.
② 업무처리 및 자체경비를 하는 소내근무자는 근무 중 특이한 사항이 발생하였을 때에는 지체 없이 청원주 또는 관할 경찰서장에게 보고하고 그 지시에 따라야 한다.
③ 순찰근무자는 청원주가 지정한 일정한 구역을 순회하면서 경비 임무를 수행한다. 이 경우 순찰은 단독 또는 복수로 정선순찰을 하되, 청원주가 필요하다고 인정할 때에는 요점순찰 또는 난선순찰을 할 수 있다.
④ 대기근무자는 소내근무에 협조하거나 휴식하면서 불의의 사고에 대비한다.

정답 ①

66 청원경찰법령상 청원주가 부담해야 하는 청원경찰경비를 모두 고른 것은?

ㄱ. 청원경찰의 교통비	ㄴ. 청원경찰의 피복비
ㄷ. 청원경찰의 교육비	ㄹ. 청원경찰 본인 또는 유족 보상금

① ㄱ, ㄴ, ㄷ   ② ㄱ, ㄴ, ㄹ

③ ㄱ, ㄷ, ㄹ   ④ ㄴ, ㄷ, ㄹ

📖 **해설**

제6조(청원경찰경비) ① 청원주는 다음의 청원경찰경비를 부담하여야 한다.
1. 청원경찰에게 지급할 봉급과 각종 수당
2. 청원경찰의 피복비
3. 청원경찰의 교육비
4. 보상금 및 퇴직금

정답 ④

67 청원경찰법령상 청원경찰의 경비와 보상 등에 관한 설명으로 옳은 것은?

① 지방자치단체에 근무하는 청원경찰의 봉급·수당의 최저부담기준액은 경찰청장이 정하여 고시한다.

② 지방자치단체에 근무하는 청원경찰의 퇴직금에 관하여는 따로 안전행정부령으로 정한다.

③ 청원경찰이 퇴직할 때에는 급여품 및 대여품을 청원주에게 반납해야 한다.

④ 국가기관에 근무하는 청원경찰의 보수는 재직기간 15년 이상 23년 미만인 경우, 경장에 해당하는 경찰공무원의 보수를 감안하여 대통령령으로 정한다.

📖 해설

제6조(청원경찰경비) ② 국가기관 또는 지방자치단체에 근무하는 청원경찰의 보수는 다음 구분에 따라 같은 재직기간에 해당하는 경찰공무원의 보수를 감안하여 대통령령으로 정한다.
1. 재직기간 15년 미만: 순경
2. 재직기간 15년 이상 23년 미만: 경장
3. 재직기간 23년 이상 30년 미만: 경사
4. 재직기간 30년 이상: 경위

제7조의2(퇴직금) 청원주는 청원경찰이 퇴직할 때에는 「근로자퇴직급여 보장법」에 따른 퇴직금을 지급하여야 한다. 다만, 국가기관이나 지방자치단체에 근무하는 청원경찰의 퇴직금에 관하여는 따로 대통령령으로 정한다.

시행령 제10조(국가기관 또는 지방자치단체에 근무하는 청원경찰 외의 청원경찰의 보수) 국가기관 또는 지방자치단체에 근무하는 청원경찰 외의 청원경찰의 봉급과 각종 수당은 경찰청장이 고시한 최저부담기준액 이상으로 지급하여야 한다.

시행규칙 제12조(급여품 및 대여품) ② 청원경찰이 퇴직할 때에는 대여품을 청원주에게 반납하여야 한다.

정답 ④

68 청원경찰법령상 청원경찰의 신분 및 근무 등에 관한 설명으로 옳지 않은 것은?

① 청원경찰은 형법이나 그 밖의 법령에 따른 벌칙을 적용할 때에는 공무원으로 본다.

② 국가기관에 근무하는 청원경찰의 직무상 불법행위에 대한 배상책임에 관하여는 민법의 규정을 적용해야 한다.

③ 청원경찰이 직무를 수행할 때 직권을 남용하여 국민에게 해를 끼친 경우에는 6개월 이하의 징역이나 금고에 처한다.

④ 청원경찰은 형의 선고, 징계처분 또는 신체상·정신상의 이상으로 직무를 감당하지 못할 때를 제외하고는 그 의사에 반하여 면직되지 아니한다.

📖 **해설** ───────────────────────────────

제10조(직권남용 금지 등) ① 청원경찰이 직무를 수행할 때 직권을 남용하여 국민에게 해를 끼친 경우에는 6개월 이하의 징역이나 금고에 처한다.
② 청원경찰 업무에 종사하는 사람은 「형법」이나 그 밖의 법령에 따른 벌칙을 적용할 때에는 공무원으로 본다.

제10조의2(청원경찰의 불법행위에 대한 배상책임) 청원경찰(국가기관이나 지방자치단체에 근무하는 청원경찰은 제외)의 직무상 불법행위에 대한 배상책임에 관하여는 「민법」의 규정을 따른다.

제10조의4(의사에 반한 면직) ① 청원경찰은 형의 선고, 징계처분 또는 신체상·정신상의 이상으로 직무를 감당하지 못할 때를 제외하고는 그 의사에 반하여 면직되지 아니한다.

정답 ②

69 청원경찰법령상 청원경찰의 징계에 관한 설명으로 옳은 것은?

① 청원경찰에 대한 징계의 종류는 파면, 해임, 강등, 정직, 감봉 및 견책으로 구분한다.

② 정직은 1개월 이상 6개월 이하로 하고, 그 기간에 직무에 종사하지 못하며, 보수의 2분의 1을 줄인다.

③ 감봉은 1개월 이상 3개월 이하로 하고, 그 기간에 보수의 3분의 1을 줄인다.

④ 청원주는 청원경찰 배치 결정의 통지를 받았을 때에는 통지를 받은 날부터 30일 이내에 청원경찰에 대한 징계규정을 제정하여 관할 지방경찰청장에게 신고해야 한다.

📖 **해설** ───────────────────────────────

제5조의2(청원경찰의 징계) ① 청원주는 청원경찰이 다음에 해당하는 때에는 대통령령으로 정하는 징계절차를 거쳐 징계처분을 하여야 한다.
　1. 직무상의 의무를 위반하거나 직무를 태만히 한 때
　2. 품위를 손상하는 행위를 한 때
② 청원경찰에 대한 징계의 종류는 파면, 해임, 정직, 감봉 및 견책으로 구분한다.

시행령 제8조(징계) ① 관할 경찰서장은 청원경찰이 징계처분 사유(의무 위반, 직무 태만, 품위손상)에 해당한다고 인정되면 청원주에게 해당 청원경찰에 대하여 징계처분을 하도록 요청할 수 있다.

② 정직은 1개월 이상 3개월 이하로 하고, 그 기간에 청원경찰의 신분은 보유하나 직무에 종사하지 못하며, 보수의 3분의 2를 줄인다.

③ 감봉은 1개월 이상 3개월 이하로 하고, 그 기간에 보수의 3분의 1을 줄인다.

④ 견책은 전과에 대하여 훈계하고 회개하게 한다.

⑤ 청원주는 청원경찰 배치 결정의 통지를 받았을 때에는 통지를 받은 날부터 15일 이내에 청원경찰에 대한 징계규정을 제정하여 관할 지방경찰청장에게 신고하여야 한다. 징계규정을 변경할 때에도 또한 같다.

⑥ 지방경찰청장은 징계규정의 보완이 필요하다고 인정할 때에는 청원주에게 그 보완을 요구할 수 있다.

정답 ③

70 다음은 경비업법에 규정된 "경비업"에 대한 설명이다. 옳지 않은 것은?

① 시설경비업무: 경비를 필요로 하는 시설 및 장소에 대한 경비업무를 말한다.

② 호송경비업무: 현금·유가증권·귀금속·상품 그 밖의 물건에 대한 운반 중 안전을 확보하는 업무를 말한다.

③ 신변보호업무: 국가중요시설 등에 대한 위험발생을 방지하는 업무를 말한다.

④ 기계경비업무: 기기에 의하여 감지·송신된 정보가 관제시설로 수신됨에 따라 도난·화재 등 위험발생을 방지하는 업무

📖 **해설**

제2조(정의) "경비업"이라 함은 다음에 해당하는 업무의 전부 또는 일부를 도급받아 행하는 영업을 말한다.

　가. 시설경비업무: 경비를 필요로 하는 시설 및 장소에서의 도난·화재 그 밖의 혼잡 등으로 인한 위험발생을 방지하는 업무

　나. 호송경비업무: 운반 중에 있는 현금·유가증권·귀금속·상품 그 밖의 물건에 대하여 도난·화재 등 위험발생을 방지하는 업무

　다. 신변보호업무: 사람의 생명이나 신체에 대한 위해의 발생을 방지하고 그 신변을 보호하는 업무

　라. 기계경비업무: 경비대상시설에 설치한 기기에 의하여 감지·송신된 정보를 그 경비대상 시설외의 장소에 설치한 관제시설의 기기로 수신하여 도난·화재 등 위험발생을 방지하는 업무

　마. 특수경비업무: 공항(항공기 포함) 등 대통령령이 정하는 국가중요시설의 경비 및 도난·화재 그 밖의 위험발생을 방지하는 업무

정답 ③

71 경비업법상 집단민원현장에 해당하는 것은?

① 30명의 사람이 모이는 예술 행사장
② 50명의 사람이 모이는 문화 행사장
③ 90명의 사람이 모이는 체육 행사장
④ 120명의 사람이 모이는 국제 행사장

📖 해설 ───────────────────────────

제2조(정의) "집단민원현장"이란 다음에 해당하는 장소를 말한다.
　　가. 「노동조합 및 노동관계조정법」에 따라 노동관계 당사자가 노동쟁의 조정신청을
　　　한 사업장 또는 쟁의행위가 발생한 사업장
　　나. 「도시 및 주거환경정비법」에 따른 정비사업과 관련하여 이해대립이 있어 다툼이
　　　있는 장소
　　다. 특정 시설물의 설치와 관련하여 민원이 있는 장소
　　라. 주주총회와 관련하여 이해대립이 있어 다툼이 있는 장소
　　마. 건물·토지 등 부동산 및 동산에 대한 소유권·운영권·관리권·점유권 등 법적
　　　권리에 대한 이해대립이 있어 다툼이 있는 장소
　　바. **100**명 이상의 사람이 모이는 국제·문화·예술·체육 행사장
　　사. 「행정대집행법」에 따라 대집행을 하는 장소

정답 ④

72 경비업법상 경비업 허가를 받은 법인이 지방경찰청장에게 신고해야 하는 경우
가 아닌 것은?

① 영업을 폐업한 때
② 도급받아 행하고자 하는 경비업무를 변경하는 때
③ 법인의 주사무소를 이전한 때
④ 특수경비업무를 개시한 때

📖 해설 ───────────────────────────

제4조(경비업의 허가) ① 경비업을 영위하고자 하는 법인은 도급받아 행하고자 하는 경비업무
를 특정하여 그 법인의 주사무소의 소재지를 관할하는 지방경찰청장의 허가를 받아야 한다.
도급받아 행하고자 하는 경비업무를 변경하는 경우에도 또한 같다.
③ 경비업의 허가를 받은 법인은 다음에 해당하는 때에는 지방경찰청장에게 신고하여야 한다.
　1. 영업을 폐업하거나 휴업한 때
　2. 법인의 명칭이나 대표자·임원을 변경한 때

3. 법인의 주사무소나 출장소를 신설 · 이전 또는 폐지한 때
4. 기계경비업무의 수행을 위한 관제시설을 신설 · 이전 또는 폐지한 때
5. 특수경비업무를 개시하거나 종료한 때
6. 그 밖에 대통령령이 정하는 중요사항을 변경한 때

정답 ②

73 경비업법상 경비업을 영위하는 법인의 임원이 될 수 있는 자는?

① 만 60세인 자

② 피성년후견인

③ 파산선고를 받고 복권되지 아니한 자

④ 금고 이상의 형의 선고를 받고 그 형이 실효되지 아니한 자

📖 **해설** ─────────────────────────────────

제5조(임원의 결격사유) 다음에 해당하는 자는 경비업을 영위하는 법인의 임원이 될 수 없다.
1. 피성년후견인 또는 피한정후견인
2. 파산선고를 받고 복권되지 아니한 자
3. 금고 이상의 형의 선고를 받고 그 형이 실효되지 아니한 자
4. 경비업법 또는 「대통령 등의 경호에 관한 법률」에 위반하여 벌금형의 선고를 받고 3년이 지나지 아니한 자
5. 경비업법 또는 경비업법에 의한 명령에 위반하여 허가가 취소된 법인의 허가취소 당시의 임원이었던 자로서 그 취소 후 3년이 지나지 아니한 자
6. 허가받은 경비업무외의 업무에 경비원을 종사하게 한 때, 소속 경비원으로 하여금 경비업무의 범위를 벗어난 행위를 하게 한 사유로 허가가 취소된 법인의 허가취소 당시의 임원이었던 자로서 허가가 취소된 날부터 5년이 지나지 아니한 자

정답 ①

74 경비업법령상 기계경비업무 등에 관한 설명으로 옳지 않은 것은?

① 경비업 허가를 받기 위한 기계경비업무의 자본금 보유 기준은 1억 원 이상이다.

② 경비업 허가를 받기 위한 기계경비업무의 경비인력 기준은 전자 · 통신분야 기술 자격증소지자 5명을 포함한 일반경비원 10명 이상과 경비지도사

1명 이상이다.

③ 기계경비업자는 관제시설 등에서 경보를 수신한 때에는 경보를 수신한 때 부터 늦어도 25분 이내에는 도착시킬 수 있는 대응체제를 갖추어야 한다.

④ 오경보인 경우 오경보가 발생한 경비대상시설 및 그 오경보에 대한 조치 의 결과를 기재한 서류는 당해 경보를 수신한 날부터 6개월간 이를 보관 하여야 한다.

📖 해설 ────────────────────────────────────

시행령 제9조(기계경비업자의 관리 서류) ① 기계경비업자는 규정에 의하여 출장소별로 다음 사항을 기재한 서류를 갖추어 두어야 한다.
  1. 경비대상시설의 명칭·소재지 및 경비계약기간
  2. 기계경비지도사의 명단·배치일자·배치장소와 출동차량의 대수
  3. 경보의 수신 및 현장도착 일시와 조치의 결과
  4. 오경보인 경우 오경보가 발생한 경비대상시설 및 그 오경보에 대한 조치의 결과
② 위의 제3호, 제4호의 규정에 의한 사항을 기재한 서류는 당해 경보를 수신한 날부터 1년 간 이를 보관하여야 한다.

시행령 제7조(기계경비업자의 대응체제) 기계경비업무를 수행하는 경비업자는 관제시설 등에서 경보를 수신한 때에는 경보를 수신한 때부터 늦어도 25분 이내에는 도착시킬 수 있는 대응 체제를 갖추어야 한다.

경비업의 시설 등의 기준(제3조제2항 관련)

시설 등 기준 업무별	경비인력	자본금	시설	장비 등
1. 시설경비 업무	• 일반경비원 20명 이상 • 경비지도사 1명 이상	1억 원 이상	• 기준 경비인력 수 이상을 동시에 교육할 수 있는 교육장	• 기준 경비인력 수 이상의 경비원 복장 및 경적, 단봉, 분사기
2. 호송경비 업무	• 무술유단자인 일반경비원 5명 이상 • 경비지도사 1명 이상	1억 원 이상	• 기준 경비인력 수 이상을 동시에 교육할 수 있는 교육장	• 호송용 차량 1대 이상 • 현금호송백 1개 이상 • 기준 경비인력 수 이상의 경비원 복장 및 경적, 단봉, 분사기
3. 신변보호 업무	• 무술유단자인 일반경비원 5명 이상	1억 원 이상	• 기준 경비인력 수 이상을 동시에 교육할 수 있는 교육장	• 기준 경비인력 수 이상의 무전기 등 통신장비 • 기준 경비인력 수 이상의

			경적, 단봉, 분사기
4. 기계경비 업무	• 전자·통신 분야 기술자격증소지 자 5명을 포함한 일반경비원 10 명 이상 • 경비지도사 1명 이상	1억 원 이상	• 기준 경비인력 수 이 상을 동시에 교육 할 수 있는 교육장 • 관제시설	• 감지장치·송신장치 및 수신장치 • 출장소별로 출동차량 2대 이상 • 기준 경비인력 수 이상의 경비원 복장 및 경적, 단 봉, 분사기
5. 특수경비 업무	• 특수경비원 20 명 이상 • 경비지도사 1명 이상	3억 원 이상	• 기준 경비인력 수 이 상을 동시에 교육 할 수 있는 교육장	• 기준 경비인력 수 이상의 경비원 복장 및 경적, 단 봉, 분사기

비고

1. 자본금의 경우 하나의 경비업무에 대한 자본금을 갖춘 경비업자가 그 외의 경비업무를 추가로 하려는 경우 자본금을 갖춘 것으로 본다. 다만, 특수경비업자 외의 자가 특수경비업무를 추가로 하려는 경우에는 이미 갖추고 있는 자본금을 포함하여 특수경비업무의 자본금 기준에 적합하여야 한다.
2. 교육장의 경우 하나의 경비업무에 대한 시설을 갖춘 경비업자가 그 외의 경비업무를 추가로 하려는 경우에는 경비인력이 더 많이 필요한 경비업무에 해당하는 교육장을 갖추어야 한다.
3. "무술유단자"란 「국민체육진흥법」 제33조에 따른 대한체육회에 가맹된 단체 또는 문화체육관광부에 등록된 무도 관련 단체가 무술유단자로 인정한 사람을 말한다.
4. "호송용 차량"이란 현금이나 그 밖의 귀중품의 운반에 필요한 견고성 및 안전성을 갖추고 무선통신시설 및 경보시설을 갖춘 자동차를 말한다.
5. "현금호송백"이란 현금이나 그 밖의 귀중품을 운반하기 위한 이동용 호송장비로서 경보시설을 갖춘 것을 말한다.
6. "전자·통신 분야 기술자격증소지자"란 「국가기술자격법」에 따라 전자 및 통신 분야에서 기술자격을 취득한 사람을 말한다.

정답 ④

75 경비업법령상 경비지도사 제1차 시험의 면제 대상으로 옳은 것은?

① 경찰공무원법에 따른 경찰공무원으로 5년 이상 재직한 사람
② 경비업법에 따른 특수경비업무에 3년 이상 종사하고 행정자치부령으로 정하는 교육과정을 이수한 사람
③ 고등교육법에 따른 전문대학을 졸업한 사람으로서 재학 중 경비지도사 시험과목을 3과목 이상을 이수하고 졸업한 후 경비업무에 종사한 경력이 3년 이상인 사람
④ 공무원임용령에 따른 행정직군 교정 직렬 공무원으로 3년 이상 재직한 사람

📖 **해설** ―――――――――――――――――――――――――――――――――――――

시행령 제13조(시험의 일부면제) 다음 각 호의 어느 하나에 해당하는 사람은 경비지도사 제1차 시험을 면제한다.
1. 「경찰공무원법」에 따른 경찰공무원으로 7년 이상 재직한 사람
2. 「대통령 등의 경호에 관한 법률」에 따른 경호공무원 또는 별정직공무원으로 7년 이상 재직한 사람
3. 「군인사법」에 따른 각 군 전투병과 또는 헌병병과 부사관 이상 간부로 7년 이상 재직한 사람
4. 「공무원임용령」에 따른 행정직군 교정직렬 공무원으로 7년 이상 재직한 사람
5. 「경비업법」에 따른 경비업무에 7년 이상(특수경비업무의 경우에는 3년 이상) 종사하고 행정자치부령으로 정하는 교육과정을 이수한 사람
6. 「고등교육법」에 따른 대학 이상의 학교를 졸업한 사람으로서 재학 중 경비지도사 시험과목을 3과목 이상을 이수하고 졸업한 후 경비업무에 종사한 경력이 3년 이상인 사람
7. 「고등교육법」에 따른 전문대학을 졸업한 사람으로서 재학 중 경비지도사 시험과목을 3과목 이상을 이수하고 졸업한 후 경비업무에 종사한 경력이 5년 이상인 사람
8. 일반경비지도사의 자격을 취득한 후 기계경비지도사의 시험에 응시하는 사람 또는 기계경비지도사의 자격을 취득한 후 일반경비지도사의 시험에 응시하는 사람

정답 ②

76 경비업법령상 경비지도사에 관한 설명으로 옳지 않은 것은?

① 경비지도사는 경비원에 대한 직무교육을 실시하고, 행정자치부령으로 정하는 경비원 직무교육 실시대장에 그 내용을 기록하여 2년간 보존하여야 한다.

② 일반경비지도사 자격증 취득자가 자격증 취득일부터 3년 이내에 기계경비 지도사 시험에 합격하여 교육을 받을 경우에는 공통교육은 면제한다.

③ 일반경비지도사란 시설경비업무, 호송경비업무, 신변보호업무, 특수경비업 무에 종사하는 경비원을 지도·감독 및 교육하는 경비지도사를 말한다.

④ 경비업자는 선임·배치된 경비지도사에 결원이 있거나 자격정지 등의 사 유로 그 직무를 수행할 수 없는 때에는 30일 이내에 경비지도사를 새로이 충원하여야 한다.

📖 해설 ──────────────────────────────────

제16조(경비지도사의 선임·배치) ② 경비업자는 선임·배치된 경비지도사에 결원이 있거나 자 격정지 등의 사유로 그 직무를 수행할 수 없는 때에는 15일 이내에 경비지도사를 새로이 충 원하여야 한다.

제17조(경비지도사의 직무 및 준수사항) ③ 경비지도사는 경비원에 대한 교육을 실시하고, 행정 자치부령으로 정하는 경비원 직무교육 실시대장에 그 내용을 기록하여 2년간 보존하여야 한다.

시행령 제10조(경비지도사의 구분) 경비지도사는 다음과 같이 구분한다.
  1. 일반경비지도: 시설경비업무, 호송경비업무, 신변보호업무, 특수경비업무에 종사하는 경비원을 지도·감독 및 교육하는 경비지도사
  2. 기계경비지도사: 기계경비업무에 종사하는 경비원을 지도·감독 및 교육하는 경비지 도사

정답 ④

77 경비업법령상 경비원 교육에 관한 설명으로 옳은 것은?

① 일반경비원의 신임교육에서 이론교육은 6시간이고 과목은 경비업법, 범죄 예방론, 형사법이다.

② 특수경비업자는 채용 전 5년 이내에 특수경비업무에 종사하였던 경력이 있 는 사람을 특수경비원으로 채용한 경우에는 신임교육을 면제할 수 있다.

③ 경비업자는 소속 일반경비원에게 매월 4시간 이상의 직무교육을 받도록 하여야 한다.

④ 특수경비업자는 소속 특수경비원에게 매월 8시간 이상의 직무교육을 받도 록 하여야 한다.

시행규칙 제13조(일반경비원에 대한 직무교육의 시간 등) ① "행정자치부령으로 정하는 시간"이란 4시간을 말한다.

시행규칙 제16조(특수경비원에 대한 직무교육의 시간 등) ① "행정자치부령으로 정하는 시간"이란 6시간을 말한다.

일반경비원 신임교육의 과목 및 시간(제12조제1항 관련)

구분 (교육시간)	과목	시간
이론교육 (4시간)	「경비업법」	2
	범죄예방론(신고 및 순찰요령을 포함한다)	2
실무교육 (19시간)	시설경비실무(신고 및 순찰요령, 관찰·기록기법을 포함한다)	2
	호송경비실무	2
	신변보호실무	2
	기계경비실무	2
	사고예방대책(테러 대응요령, 화재대처법 및 응급처치법을 포함한다)	3
	체포·호신술(질문·검색요령을 포함한다)	3
	장비사용법	2
	직업윤리 및 서비스(예절 및 인권교육을 포함한다)	3
기타(1시간)	입교식, 평가 및 수료식	1
계		24

정답 ③

78 경비업법령상 시설주가 무기를 지급할 수 있는 특수경비원은?

① 민사재판에 증인으로 출석 예정인 특수경비원
② 형사사건으로 인하여 조사를 받고 있는 특수경비원
③ 사의를 표명한 특수경비원
④ 정신질환자인 특수경비원

시행규칙 제18조(무기의 관리수칙 등) ⑤ 시설주는 다음에 해당하는 특수경비원에 대하여 무기를 지급하여서는 아니 되며, 지급된 무기가 있는 경우 이를 즉시 회수하여야 한다.

1. 형사사건으로 인하여 조사를 받고 있는 사람
2. 사의를 표명한 사람
3. 정신질환자
4. 그 밖에 무기를 지급하기에 부적합하다고 인정되는 사람

정답 ①

79 경비업법령상 특수경비원에 관한 내용으로 옳지 않은 것은?

① 특수경비원은 소속 상사의 허가 또는 정당한 사유 없이 경비구역을 벗어나서는 아니 된다.

② 특수경비원의 교육 시 관할경찰서 소속 경찰공무원이 교육기관에 입회하여 대통령령이 정하는 바에 따라 지도·감독하여야 한다.

③ 특수경비원은 국가중요시설에 대한 경비업무 수행 중 국가중요시설의 정상적인 운영을 해치는 장해를 일으켜서는 아니 된다.

④ 특수경비원은 총기 또는 폭발물을 가지고 대항하는 경우를 제외하고는 18세 미만의 자에 대하여는 권총을 발사하여서는 아니 된다.

📖 **해설** ────────────────────────────

제15조(특수경비원의 의무)

3. 특수경비원은 총기 또는 폭발물을 가지고 대항하는 경우를 제외하고는 **14**세 미만의 자 또는 임산부에 대하여는 권총 또는 소총을 발사하여서는 아니 된다.

정답 ④

80 경비업법령상 경비원 등의 결격사유 확인을 위한 범죄경력조회 등에 관한 설명으로 옳지 않은 것은?

① 경찰청장, 지방경찰청장 또는 관할 경찰관서장은 직권으로 또는 경비업자의 범죄경력조회 요청이 있는 경우 경비업자의 임원, 경비지도사 또는 경비원이 경비업법상 결격사유에 해당하는지를 확인하기 위하여 범죄경력조회를 할 수 있다.

② 범죄경력조회 요청을 받은 지방경찰청장 또는 관할 경찰관서장은 경비업자에게 그 결과를 통보할 때에는 경비업자의 임원, 경비지도사 또는 경비

원이 경비업법상의 결격사유에 해당하는지 여부만을 통보하여야 한다.

③ 지방경찰청장 또는 관할 경찰관서장은 경비업자의 임원, 경비지도사 또는 경비원이 경비업법상의 결격사유에 해당하는 사실을 알게 된 때에는 경비업자에게 그 사실을 통보하여야 한다.

④ 범죄경력조회 요청은 범죄경력조회 신청서(전자문서 포함) 또는 구두로 한다.

📖 해설 ─────────────────────────────

제22조(결격사유 확인을 위한 범죄경력조회 요청) ① 범죄경력조회 요청은 범죄경력조회 신청서(전자문서로 된 신청서를 포함)에 따른다.(구두 ×)
② 경비업자는 범죄경력조회를 요청하는 경우 다음 서류를 첨부하여야 한다.
  1. 경비업 허가증 사본
  2. 취업자 또는 취업예정자 범죄경력조회 동의서

정답 ④

---

81 경비업법령상 경비원의 명부와 배치허가 등에 관한 설명으로 옳지 않은 것은?

① 관할 경찰관서장은 신임교육을 받지 아니한 경비원이 100분의 21 이상인 경우 배치허가를 하여서는 아니 된다.

② 경비업자가 특수경비원을 배치한 경우에는 대통령령이 정하는 바에 따라 경비원을 배치하기 48시간 전까지 관할 경찰관서장에게 신고하여야 한다.

③ 경비업자 또는 경비원이 위력이나 흉기 또는 그 밖의 위험한 물건을 사용하여 집단적 폭력사태를 일으킨 때에는 관할 경찰관서장은 배치폐지를 명할 수 있다.

④ 경비업자는 상해죄를 범하여 벌금형을 선고받고 5년이 지나지 아니한 자를 집단 민원현장에 일반경비원으로 배치하여서는 아니 된다.

📖 해설 ─────────────────────────────

경비업법 제18조(경비원의 명부와 배치허가 등) ② 경비업자가 경비원을 배치하거나 배치를 폐지한 경우에는 행정자치부령이 정하는 바에 따라 관할 경찰관서장에게 신고하여야 한다. 다만, 다음 제1호의 경우에는 경비원을 배치하기 48시간 전까지 행정자치부령으로 정하는 바에 따라 배치허가를 신청하고, 관할 경찰관서장의 배치허가를 받은 후에 경비원을 배치하여야 하며(제2호 및 제3호의 경우에는 경비원을 배치하기 전까지 신고하여야 한다), 이 경우 관할 경찰관서장은 배치허가를 함에 있어 필요한 조건을 붙일 수 있다.

1. 시설경비업무 또는 신변보호업무 중 집단민원현장에 배치된 일반경비원
2. 집단민원현장이 아닌 곳에서 신변보호업무를 수행하는 일반경비원
3. 특수경비원

⑥ 경비업자는 다음 각 호의 어느 하나에 해당하는 죄를 범하여 벌금형을 선고받고 5년이 지나지 아니하거나 금고 이상의 형을 선고받고 그 집행이 유예된 날부터 5년이 지나지 아니한 자를 집단민원현장에 일반경비원으로 배치하여서는 아니 된다.
1. 「형법」(상해와 폭행죄), (과실치사상의 죄), (협박의 죄), (특수주거침입죄), (강요죄), (특수공갈죄), (특수손괴죄)
2. 「폭력행위 등 처벌에 관한 법률」(폭행죄), (집단폭행죄)

⑧ 관할 경찰관서장은 경비업자가 다음 어느 하나에 해당하는 때에는 배치폐지를 명할 수 있다.
1. 배치허가를 받지 아니하고 경비원을 배치하거나 경비원 명단 및 배치일시 · 배치장소 등 배치허가 신청의 내용을 거짓으로 한 때
2. 결격사유에 해당하는 자를 집단민원현장에 일반경비원으로 배치한 때
3. 신임교육을 이수하지 아니한 자를 경비원으로 배치한 때
4. 경비업자 또는 경비원이 위력이나 흉기 또는 그 밖의 위험한 물건을 사용하여 집단적 폭력사태를 일으킨 때
5. 경비업자가 신고하지 아니하고 일반경비원을 배치한 때

정답 ②

82 경비업법령상 행정처분의 일반기준에 관한 설명으로 옳지 않은 것은?

① 행정처분이 영업정지인 경우에는 위반행위의 동기, 내용 및 위반의 정도 등을 고려하여 가중하거나 감경할 수 있다.

② 위반행위가 2 이상인 경우로서 그에 해당하는 각각의 처분기준이 다른 경우에는 그중 중한 처분기준에 따른다.

③ 위반행위가 2 이상인 경우로서 2 이상의 처분기준이 동일한 영업정지인 경우에는 각 처분기준을 합산한 기간으로 한다.

④ 영업정지처분에 해당하는 위반행위가 적발된 날 이전 최근 2년간 같은 위반행위로 2회 영업정지처분을 받은 경우에는 개별기준에도 불구하고 그 위반행위에 대한 행정처분기준은 허가취소로 한다.

📖 해설 ──────────────────────────────

행정처분 기준(시행령 제24조 관련) 일반기준
　　가. 행정처분이 영업정지인 경우에는 위반행위의 동기, 내용 및 위반의 정도 등을 고

려하여 가중하거나 감경할 수 있다.

　　나. 위반행위가 **2** 이상인 경우로서 그에 해당하는 각각의 처분기준이 다른 경우에는 그중 중한 처분기준에 따르며, 2 이상의 처분기준이 동일한 영업정지인 경우에는 중한 처분기준의 **2분의 1**까지 가중할 수 있다. 다만, 가중하는 경우에도 각 처분기준을 합산한 기간을 초과할 수 없다.

정답 ③

83 경비업법상 경비업의 영업정지를 명할 수 있는 경우가 아닌 것은?

① 특수경비업자가 지방경찰청장의 감독상 명령에 따르지 아니한 경우

② 특수경비업자가 경비관련업 외의 영업을 한 경우

③ 특수경비업자가 도급을 의뢰받은 경비업무가 위법한 것임에도 이를 거부하지 아니한 경우

④ 특수경비업자가 신임교육을 받지 않은 사람을 경비원으로 배치한 경우

📖 해설 ―――――――――――――――――――――――――――――――――

제19조(경비업 허가의 취소 등) ② 허가관청은 경비업자가 다음에 해당하는 때에는 대통령령으로 정하는 행정처분의 기준에 따라 그 허가를 취소하거나, 6개월 이내의 기간을 정하여 영업의 전부 또는 일부에 대하여 영업정지를 명할 수 있다.

　1. 지방경찰청장의 허가 없이 경비업무를 변경한 때

　2. 도급을 의뢰받은 경비업무가 위법한 것임에도 이를 거부하지 아니한 때

　3. 경비지도사를 집단민원현장에 선임·배치하지 아니한 때

　4. 경비대상 시설에 관한 경보 대응체제를 갖추지 아니한 때

　5. 관련 서류를 작성·비치하지 아니한 때

　6. 결격사유에 해당하는 경비원을 배치하거나 결격사유에 해당하는 경비지도사를 선임·배치한 때

　7. 경비지도사 선임기준을 위반하여 경비지도사를 선임한 때

　8. 경비원으로 하여금 교육을 받게 하지 아니한 때

　9. 경비원의 복장·장비·출동차량 등에 관한 규정을 위반한 때

　10. 집단민원현장에 일반경비원 명부를 작성·비치하지 아니한 때

　11. 배치허가를 받지 아니하고 경비원을 배치하거나 경비원 명단 및 배치일시·배치장소 등 배치허가 신청의 내용을 거짓으로 한 때

　12. 결격사유에 해당하는 일반경비원을 집단민원현장에 배치한 때

　13. 감독상 명령에 따르지 아니한 때

　14. 손해를 배상하지 아니한 때

정답 ②

84 경비업법상 경비지도사 자격을 정지시킬 수 있는 경우는?

① 집단민원현장에 배치된 경비원에 대한 지도·감독 직무를 성실하게 수행하지 아니한 때

② 자격정지 기간 중에 경비지도사로 선임되어 활동한 때

③ 허위 그 밖의 부정한 방법으로 경비지도사 자격증을 교부받은 때

④ 경비지도사 자격증을 다른 사람에게 빌려주거나 양도한 때

📖 해설

제20조(경비지도사자격의 취소 등) ① 경찰청장은 경비지도사가 다음에 해당하는 때에는 그 자격을 취소하여야 한다.
   1. 결격사유에 해당하게 된 때
   2. 허위 그 밖의 부정한 방법으로 경비지도사자격증을 교부받은 때
   3. 경비지도사자격증을 다른 사람에게 빌려주거나 양도한 때
   4. 자격정지 기간 중에 경비지도사로 선임되어 활동한 때
② 경찰청장은 경비지도사가 다음 각 호의 1에 해당하는 때에는 대통령령이 정하는 바에 따라 1년의 범위 내에서 그 자격을 정지시킬 수 있다.
   1. 직무를 성실하게 수행하지 아니한 때
   2. 경찰청장 또는 지방경찰청장의 명령을 위반한 때

정답 ①

85 경비업법령상 경비지도사가 경찰청장·지방경찰청장의 명령을 1차 위반할 때의 행정처분기준으로 옳은 것은?

① 자격정지 1월   ② 자격정지 3월   ③ 자격정지 6월   ④ 자격취소

📖 해설

경비지도사 자격정지처분 기준(시행령 제25조 관련)

위반행위	행정처분기준		
	1차	2차	3차 이상
1. 직무를 성실하게 수행하지 아니한 때	자격정지 3월	자격정지 6월	자격정지 12월
2. 경찰청장·지방경찰청장의 명령을 위반한 때	**자격정지 1월**	자격정지 6월	자격정지 9월

비고: 위반행위의 횟수에 따른 행정처분의 기준은 당해 위반행위가 있은 이전 최근 2년간 같은 위반행위로 행정처분을 받은 경우에 적용한다.

정답 ①

86 경비업법에 관한 설명으로 옳지 않은 것은?

① 지방경찰청장이 경비업 허가의 취소 또는 영업정지를 하고자 하는 경우에는 청문을 실시하여야 한다.

② 지방경찰청장은 경비지도사의 자격을 정지하는 때에는 청문을 실시하지 않는다.

③ 경찰청장이 경비지도사의 자격을 정지한 때에는 그 정지기간 동안 경비지도사 자격증을 회수하여 보관하여야 한다.

④ 허가관청은 경비업자가 영업정지처분을 받고 계속하여 영업을 한 때에는 그 허가를 취소하여야 한다.

📖 해설 ────────────────────────────────

제21조(청문) 경찰청장 또는 지방경찰청장은 다음에 해당하는 처분을 하고자 하는 경우에는 청문을 실시하여야 한다.
1. 경비업 허가의 취소 또는 영업정지
2. 경비지도사자격의 취소 또는 정지

정답 ②

87 경비업법령상 경비협회의 업무 등에 관한 내용으로 옳지 않은 것은?

① 경비협회의 업무에는 경비원의 후생·복지에 관한 사항이 포함된다.

② 경비협회는 경비업자가 경비업을 운영할 때 필요한 이행보증을 포함한 계약보증을 위한 공제사업을 할 수 있다.

③ 경비업자는 경비업무의 건전한 발전과 경비원의 자질향상 및 교육훈련 등을 위하여 행정자치부령이 정하는 바에 따라 경비협회를 설립할 수 있다.

④ 경찰청장은 경비업법에 따른 공제사업의 건전한 육성과 가입자의 보호를 위하여 공제사업의 감독에 관한 기준을 정할 수 있다.

제22조(경비협회) ① 경비업자는 경비업무의 건전한 발전과 경비원의 자질향상 및 교육훈련 등을 위하여 대통령령이 정하는 바에 따라 경비협회를 설립할 수 있다.

② 경비협회는 법인으로 한다.

③ 경비협회의 업무는 다음과 같다.

　　1. 경비업무의 연구

　　2. 경비원 교육 · 훈련 및 그 연구

　　3. 경비원의 후생 · 복지에 관한 사항

　　4. 경비진단에 관한 사항

　　5. 그 밖에 경비업무의 건전한 운영과 육성에 관하여 필요한 사항

④ 경비협회에 관하여 이 법에 특별한 규정이 있는 것을 제외하고는 민법 중 사단법인에 관한 규정을 준용한다.

정답 ③

88 경비업법령에 관한 설명으로 옳지 않은 것은?

① 지방경찰청장은 특수경비업자에 대하여 연 2회 이상의 보안지도 · 점검을 실시하여야 한다.

② 경찰청장은 경비업무의 적정한 수행을 위하여 경비업자를 지도 · 감독하며 필요한 명령을 할 수 있다.

③ 경찰청장은 집단민원현장 배치 불허가 기준에 대하여 5년마다 그 타당성을 검토하여 개선 등의 조치를 하여야 한다.

④ 관할 경찰관서장은 시설주의 신청에 의하여 특수경비원이 배치된 국가중요시설 등에 경비전화를 가설할 수 있다.

제31조의3(규제의 재검토) 경찰청장은 다음 각 호의 사항에 대하여 다음 각 호의 기준일을 기준으로 **3년마다**(매 3년이 되는 해의 기준일과 같은 날 전까지를 말한다) 그 타당성을 검토하여 개선 등의 조치를 하여야 한다.

　　1. 경비업의 시설 등의 기준: 2014년 6월 8일

　　2. 집단민원현장 배치 불허가 기준: 2014년 6월 8일

　　3. 행정처분 기준: 2014년 6월 8일

　　4. 과태료의 부과기준: 2014년 6월 8일

정답 ③

89 경비업법령상 경비협회, 공제사업에 관한 설명으로 옳지 않은 것은?

① 경비협회는 법인으로 한다.

② 경비협회는 정관이 정하는 바에 의하여 회원으로부터 회비를 징수할 수 있다.

③ 경찰청장은 경비협회의 공제규정을 승인하는 때에는 미리 금융위원회와 협의하여야 한다.

④ 경비협회에 관하여 경비업법에 특별한 규정이 있는 것을 제외하고는 민법 중 재단법인에 관한 규정을 준용한다.

📖 **해설** ────────────────────────────────

제22조(경비협회) ④ 경비협회에 관하여 이 법에 특별한 규정이 있는 것을 제외하고는 민법 중 사단법인에 관한 규정을 준용한다.

정답 ④

90 경비업법상 지방경찰청장은 경비업무 장소가 집단민원현장으로 판단되는 경우에는 그때부터 몇 시간 이내에 경비업자에게 경비원 배치 허가를 받을 것을 고지하여야 하는가?

① 48시간　　　　② 60시간　　　　③ 72시간　　　　④ 84시간

📖 **해설** ────────────────────────────────

제24조(감독) ④ 지방경찰청장 또는 관할 경찰관서장은 경비업무 장소가 집단민원현장으로 판단되는 경우에는 그때부터 **48**시간 이내에 경비업자에게 경비원 배치 허가를 받을 것을 고지하여야 한다.

정답 ①

91 경비업법에 관한 설명으로 옳지 않은 것은?

① 경비업자는 경비원이 업무수행 중 고의로 제3자에게 손해를 입힌 경우에는 이를 배상하여야 한다.

② 경비업자는 경비원이 업무수행 중 과실로 제3자에게 손해를 입힌 경우에

는 배상 책임이 면제된다.

③ 경비업자는 경비원이 업무수행 중 고의 또는 과실로 경비대상에 손해가 발생하는 것을 방지하지 못한 때에는 그 손해를 배상하여야 한다.

④ 기계경비업자는 대응조치 등 업무의 원활한 운영과 개선을 위하여 대통령령이 정하는 바에 따라 관련 서류를 작성·비치하여야 한다.

📖 해설 ─────────────────────────────────

제26조(손해배상 등) ① 경비업자는 경비원이 업무수행 중 고의 또는 과실로 경비대상에 손해가 발생하는 것을 방지하지 못한 때에는 그 손해를 배상하여야 한다.

② 경비업자는 경비원이 업무수행 중 고의 또는 과실로 제3자에게 손해를 입힌 경우에는 이를 배상하여야 한다.

정답 ②

---

92 경비업법에 관한 규정이다. ( ) 안에 들어갈 내용으로 올바르게 짝지어진 것은?

> • 경찰청장은 경비지도사의 시험 및 교육에 관한 업무를 대통령령이 정하는 바에 따라 관계전문기관 또는 단체에 (ㄱ)할 수 있다.
> • 경비업법에 의한 경찰청장의 권한은 대통령령이 정하는 바에 따라 그 일부를 지방경찰청장에게 (ㄴ)할 수 있다.

① ㄱ: 위탁, ㄴ: 위임   ② ㄱ: 위임, ㄴ: 위임

③ ㄱ: 위임, ㄴ: 위탁   ④ ㄱ: 위탁, ㄴ: 위탁

📖 해설 ─────────────────────────────────

제27조(위임 및 위탁) ① 경찰청장의 권한은 대통령령이 정하는 바에 따라 그 일부를 지방경찰청장에게 위임할 수 있다.

② 경찰청장은 경비지도사의 시험 및 교육에 관한 업무를 대통령령이 정하는 바에 따라 관계전문기관 또는 단체에 위탁할 수 있다.

정답 ①

93 경비업법상 법정형 3년 이하의 징역 또는 3천만 원 이하의 벌금에 처해지지 않는 자는?

① 경비업 허가를 받지 않고 경비업을 영위한 자

② 집단민원현장에 경비원을 배치하면서 경비업 허가를 받지 아니한 자에게 경비업무를 도급한 자

③ 경비원으로 하여금 직무를 수행함에 있어 타인에게 위력을 과시하거나 물리력을 행사하는 등 경비업무의 범위를 벗어난 행위를 하게 한 자

④ 파업·태업 그 밖에 경비업무의 정상적인 운영을 저해하는 쟁의행위를 한 특수경비원

📖 **해설** ────────────────────────────────

제28조(벌칙) ② 다음에 해당하는 자는 3년 이하의 징역 또는 3천만원 이하의 벌금에 처한다.
1. 허가를 받지 아니하고 경비업을 영위한 자
2. 직무상 알게 된 비밀을 누설하거나 부당한 목적을 위하여 사용한 자
3. 경비업무의 중단을 통보하지 아니하거나 경비업무를 즉시 인수하지 아니한 특수경비업자 또는 경비대행업자
4. 집단민원현장에 경비원을 배치하면서 허가를 받지 아니한 자에게 경비업무를 도급한 자
5. 집단민원현장에 20명 이상의 경비인력을 배치하면서 그 경비인력을 직접 고용한 자
6. 경비업자의 경비원 채용 시 무자격자나 부적격자 등을 채용하도록 관여하거나 영향력을 행사한 도급인
7. 과실로 인하여 국가중요시설의 정상적인 운영을 해치는 장해를 일으킨 특수경비원
8. 특수경비원으로서 경비구역 안에서 시설물의 절도, 손괴, 위험물의 폭발 등의 사유로 인한 위급사태가 발생한 경우 다음 내용을 위반한 자
   ㉠ 직무상의 복종의무: 특수경비원은 직무를 수행함에 있어 시설주·관할 경찰관서장 및 소속상사의 직무상 명령에 복종하여야 한다.
   ㉡ 근무지역 이탈금지 의무: 특수경비원은 소속상사의 허가 또는 정당한 사유 없이 경비구역을 벗어나서는 아니 된다.
9. 경비원에게 경비업무의 범위를 벗어난 행위를 하게 한 자
④ 다음에 해당하는 자는 1년 이하의 징역 또는 1천만원 이하의 벌금에 처한다.
2. 쟁의행위를 한 특수경비원

정답 ④

94 경비업법령상 기계경비업자가 출장소별로 갖추어 두어야 하는 서류가 아닌 것은?

① 경비대상시설의 명칭·소재지 및 경비계약기간을 기재한 서류
② 기계경비지도사의 명단·배치일자·배치장소와 출동차량의 대수를 기재한 서류
③ 가입고객의 주민등록번호 등 개인정보를 기재한 서류
④ 경보의 수신 및 현장도착 일시와 조치의 결과를 기재한 서류

📖 해설 ―――――――――――――――――――――――――――――――――――

시행령 제9조(기계경비업자의 관리 서류) ① 기계경비업자는 출장소별로 다음 사항을 기재한 서류를 갖추어 두어야 한다.
1. 경비대상시설의 명칭·소재지 및 경비계약기간
2. 기계경비지도사의 명단·배치일자·배치장소와 출동차량의 대수
3. 경보의 수신 및 현장도착 일시와 조치의 결과
4. 오경보인 경우 오경보가 발생한 경비대상시설 및 그 오경보에 대한 조치의 결과

정답 ③

95 경비업법령상 과태료의 부과기준에서 1회 위반 시 부과되는 과태료 금액이 다른 것은?

① 경비지도사를 선임하지 않은 경우
② 경비원 명부를 비치하지 않은 경우
③ 결격사유에 해당하는 경비지도사를 선임·배치한 경우
④ 경비원 명단 및 배치일시·배치장소 등 배치허가 신청의 내용을 거짓으로 한 경우

📖 해설 ―――――――――――――――――――――――――――――――――――

과태료의 부과기준(시행령 제32조제1항 관련)

위반행위	과태료 금액(단위: 만 원)		
	1회 위반	2회 위반	3회 위반
경비지도사를 선임하지 않은 경우	100	200	400
명부를 작성·비치하지 않은 경우	100	200	400

결격사유에 해당하는 경비지도사를 선임·배치한 경우	100	200	400
경비원 명단 및 배치일시·배치장소 등 배치허가 신청의 내용을 거짓으로 한 경우	1000	2000	3000

정답 ④

96 청원경찰법령상 청원경찰 배치에 관한 설명으로 옳은 것은?

① 청원경찰을 배치 받으려는 자는 행정자치부령으로 정하는 바에 따라 경찰청장에게 청원경찰 배치를 신청하여야 한다.

② 청원경찰의 배치를 받으려는 자는 청원경찰 배치신청서에 경비구역 평면도 1부와 배치계획서 1부를 첨부하여야 한다.

③ 사회복지법에 따른 사회복지시설은 청원경찰 배치 대상이다.

④ 금융 또는 보험을 업(業)으로 하는 시설 또는 사업장은 청원경찰 배치 대상이 아니다.

📖 **해설**

제4조(청원경찰의 배치) ① 청원경찰을 배치 받으려는 자는 대통령령으로 정하는 바에 따라 관할 지방경찰청장에게 청원경찰 배치를 신청하여야 한다.

시행령 제2조(청원경찰의 배치 신청 등) 청원경찰의 배치를 받으려는 자는 청원경찰 배치신청서에 다음 서류를 첨부하여 기관·시설·사업장 또는 장소의 소재지를 관할하는 경찰서장을 거쳐 지방경찰청장에게 제출하여야 한다.
  1. 경비구역 평면도 1부
  2. 배치계획서 1부

시행규칙 제2조(배치 대상) 「청원경찰법」에서 "그 밖에 행정자치부령으로 정하는 중요 시설, 사업장 또는 장소"란 다음의 시설, 사업장 또는 장소를 말한다.
  1. 선박, 항공기 등 수송시설
  2. 금융 또는 보험을 업으로 하는 시설 또는 사업장
  3. 언론, 통신, 방송 또는 인쇄를 업으로 하는 시설 또는 사업장
  4. 학교 등 육영시설
  5. 「의료법」에 따른 의료기관
  6. 그 밖에 공공의 안녕질서 유지와 국민경제를 위하여 고도의 경비가 필요한 중요 시설, 사업체 또는 장소

정답 ②

97 청원경찰법령상 청원경찰로 임용이 된 경우에 이수하여야 할 교육과목과 수업시간으로 옳지 않은 것은? (단, 교육면제자는 고려하지 않는다.)

① 형사법: 5시간
② 청원경찰법: 5시간
③ 경찰관직무집행법: 5시간
④ 시설경비: 6시간

📖 해설

청원경찰의 교육과목 및 수업시간표(시행규칙 제6조 관련)

학과별	과목		시간
정신교육	정신교육		8
학술교육	**형사법**		**10**
	청원경찰법		5
실무교육	경무	경찰관직무집행법	5
	방범	방범업무	3
		경범죄처벌법	2
	경비	시설경비	6
		소방	4
	정보	대공이론	2
		불심검문	2
	민방위	민방공	3
		화생방	2
	기본훈련		5
	총기조작		2
	총검술		2
	사격		6
술과	체포술 및 호신술		6
기타	입교·수료 및 평가		3

정답 ①

98 청원경찰법령상 청원경찰의 교육에 관한 설명으로 옳지 않은 것은?

① 경찰공무원(의무경찰을 포함한다)에서 퇴직한 사람이 퇴직한 날부터 3년

이내에 청원경찰로 임용되었을 때에는 직무수행에 필요한 교육을 면제할
수 있다.

② 청원주는 청원경찰로 임용된 사람으로 하여금 경비구역에 배치하기 전에
경찰교육기관에서 직무 수행에 필요한 교육을 받게 하여야 한다. 다만, 경
찰교육기관의 교육계획상 부득이하다고 인정할 때에는 우선 배치하고 임
용 후 1년 이내에 교육을 받게 할 수 있다.

③ 청원경찰의 교육과목에는 법학개론, 민사소송법, 민간경비론이 있다.

④ 청원주는 소속 청원경찰에게 그 직무집행에 필요한 교육을 매월 4시간 이
상 하여야 한다.

📖 해설 ─────────────────────────────────────

제5조(교육) ① 청원주는 청원경찰로 임용된 사람으로 하여금 경비구역에 배치하기 전에 경찰
교육기관에서 직무 수행에 필요한 교육을 받게 하여야 한다. 다만, 경찰교육기관의 교육계획
상 부득이하다고 인정할 때에는 우선 배치하고 임용 후 1년 이내에 교육을 받게 할 수 있다.
② 경찰공무원(의무경찰을 포함한다) 또는 청원경찰에서 퇴직한 사람이 퇴직한 날부터 3년
이내에 청원경찰로 임용되었을 때에는 교육을 면제할 수 있다.
③ 교육기간·교육과목·수업시간 및 그 밖에 교육의 시행에 필요한 사항은 행정자치부령으
로 정한다(교육과목: 형사법, 청원경찰법, 경찰관직무집행법, 경범죄처벌법).

정답 ③

99 청원경찰법령에 관한 설명으로 옳지 않은 것은?

① 청원경찰은 청원주가 임용하되, 임용을 할 때에는 미리 지방경찰청장의
승인을 받아야 한다.

② 청원경찰의 배치 결정을 받은 자는 그 배치 결정의 통지를 받은 날부터
60일 이내에 임용예정자에 대한 임용승인을 관할 경찰서장에게 신청하여
야 한다.

③ 청원주가 청원경찰을 임용하였을 때에는 임용한 날부터 10일 이내에 그
임용사항을 관할 경찰서장을 거쳐 지방경찰청장에게 보고하여야 한다.

④ 청원주가 청원경찰을 면직시켰을 때에는 그 사실을 관할 경찰서장을 거쳐
지방경찰청장에게 보고하여야 한다.

제5조(청원경찰의 임용 등) ① 청원경찰은 청원주가 임용하되, 임용을 할 때에는 미리 지방경찰청장의 승인을 받아야 한다.

시행령 제4조(임용방법 등) ① 청원경찰의 배치 결정을 받은 자는 그 배치 결정의 통지를 받은 날부터 30일 이내에 배치 결정된 인원수의 임용예정자에 대하여 청원경찰 임용승인을 지방경찰청장에게 신청하여야 한다.
② 청원주가 청원경찰을 임용하였을 때에는 임용한 날부터 10일 이내에 그 임용사항을 관할 경찰서장을 거쳐 지방경찰청장에게 보고하여야 한다. 청원경찰이 퇴직하였을 때에도 또한 같다.

제10조의4(의사에 반한 면직) ① 청원경찰은 형의 선고, 징계처분 또는 신체상·정신상의 이상으로 직무를 감당하지 못할 때를 제외하고는 그 의사에 반하여 면직되지 아니한다.
② 청원주가 청원경찰을 면직시켰을 때에는 그 사실을 관할 경찰서장을 거쳐 지방경찰청장에게 보고하여야 한다.

정답 ②

100 청원경찰법령상 청원경찰경비 등에 관한 설명으로 옳지 않은 것은?

① 지방자치단체에 근무하는 청원경찰의 각종 수당에는 공무원수당 등에 관한 규정에 따른 수당 중 가계보전수당은 포함되지 않는다.

② 지방자치단체에 근무하는 재직기간이 22년인 청원경찰의 보수는 같은 재직기간에 해당하는 경찰공무원 중 경장의 보수를 감안하여 대통령령으로 정한다.

③ 국가기관 또는 지방자치단체에 근무하는 청원경찰 보수의 호봉 간 승급기간은 경찰공무원의 승급기간에 관한 규정을 준용한다.

④ 청원경찰의 피복비의 지급방법은 행정자치부령으로 정한다.

📖 해설

제9조(국가기관 또는 지방자치단체에 근무하는 청원경찰의 보수) ② 국가기관 또는 지방자치단체에 근무하는 청원경찰의 각종 수당은 「공무원수당 등에 관한 규정」에 따른 수당 중 가계보전수당, 실비변상 등으로 하며, 그 세부 항목은 경찰청장이 정하여 고시한다.

정답 ①

101 청원경찰법상 청원주가 청원경찰 본인 또는 그 유족에게 보상금을 지급해야 하는 경우가 아닌 것은?

① 청원경찰이 직무상의 부상·질병으로 인하여 퇴직한 경우
② 청원경찰이 직무수행으로 인하여 부상을 입은 경우
③ 청원경찰이 고의·과실에 의한 위법행위로 타인에게 손해를 가한 경우
④ 청원경찰이 직무수행으로 인하여 사망한 경우

📖 해설 ─────────────────────────────────

제7조(보상금) 청원주는 청원경찰이 다음에 해당하게 되면 대통령령으로 정하는 바에 따라 청원경찰 본인 또는 그 유족에게 보상금을 지급하여야 한다.
1. 직무수행으로 인하여 부상을 입거나, 질병에 걸리거나 또는 사망한 경우
2. 직무상의 부상·질병으로 인하여 퇴직하거나, 퇴직 후 2년 이내에 사망한 경우

정답 ③

102 청원경찰법에 관한 설명으로 옳지 않은 것은?

① 청원경찰 업무에 종사하는 사람은 형법이나 그 밖의 법령에 따른 벌칙을 적용할 때에는 공무원으로 본다.
② 국가기관이나 지방자치단체에 근무하는 청원경찰의 직무상 불법행위에 대한 배상책임에 관하여는 민법의 규정을 따른다.
③ 청원경찰법에 따른 지방경찰청장의 권한은 그 일부를 대통령령으로 정하는 바에 따라 관할 경찰서장에게 위임할 수 있다.
④ 청원경찰이 직무를 수행할 때 직권을 남용하여 국민에게 해를 끼친 경우에는 6개월 이하의 징역이나 금고에 처한다.

📖 해설 ─────────────────────────────────

제18조(청원경찰의 신분) 청원경찰은 「형법」이나 그 밖의 법령에 따른 벌칙을 적용하는 경우와 법 및 이 영에서 특별히 규정한 경우를 제외하고는 공무원으로 보지 아니한다.

제10조의3(권한의 위임) 이 법에 따른 지방경찰청장의 권한은 그 일부를 대통령령으로 정하는 바에 따라 관할 경찰서장에게 위임할 수 있다.

제10조(직권남용 금지 등) ① 청원경찰이 직무를 수행할 때 직권을 남용하여 국민에게 해를 끼친 경우에는 6개월 이하의 징역이나 금고에 처한다.

제10조2(청원경찰의 불법행위에 대한 배상책임) 청원경찰(국가기관이나 지방자치단치단체에서 근무하는 청원경찰은 제외한다)의 직무상 불법행위에 대한 배상책임에 관하여는 「민법」의 규정을 따른다.

정답 ②

---

103 청원경찰법령상 청원주가 무기와 탄약을 지급할 수 있는 청원경찰은?

① 직무상 비위(非違)로 징계 대상이 된 사람

② 사의(辭意)를 밝힌 사람

③ 변태적 성벽(性癖)이 있는 사람

④ 근무 중 휴대전화를 자주 사용하는 사람

📖 해설 ─────────────────────────────────

제16조(무기관리수칙) ④ 청원주는 다음 어느 하나에 해당하는 청원경찰에게 무기와 탄약을 지급해서는 아니 되며, 지급한 무기와 탄약은 회수하여야 한다.
  1. 직무상 비위로 징계 대상이 된 사람
  2. 형사사건으로 조사 대상이 된 사람
  3. 사의를 밝힌 사람
  4. 평소에 불평이 심하고 염세적인 사람
  5. 주벽이 심한 사람
  6. 변태적 성벽이 있는 사람

정답 ④

---

104 청원경찰법 제12조(과태료) 제2항에 관한 규정이다. ( ) 안에 들어갈 내용으로 옳은 것은?

> 제1항에 따른 과태료는 대통령령으로 정하는 바에 따라 (   )이(가) 부과·징수한다.

① 경찰청장   ② 지방경찰청장   ③ 지방자치단체장   ④ 청원주

📖 해설 ─────────────────────────────────

제12조(과태료) ② 제1항에 따른 과태료는 대통령령으로 정하는 바에 따라 지방경찰청장이 부과·징수한다.

정답 ②

105 청원경찰법령상 무기관리수칙에 관한 설명으로 옳지 않은 것은?

① 청원주는 대여 받은 무기와 탄약에 분실·도난·피탈 또는 훼손 등의 사고가 발생하였을 때에는 지체 없이 그 사유를 지방자치단체장에게 통보하여야 한다.

② 청원주가 무기와 탄약을 대여 받았을 때에는 경찰청장이 정하는 무기·탄약 출납부 및 무기장비 운영카드를 갖춰 두고 기록하여야 한다.

③ 청원주는 수리가 필요한 무기가 있을 때에는 그 목록과 무기장비 운영카드를 첨부하여 관할 경찰서장에게 수리를 요청할 수 있다.

④ 청원주는 주벽이 심한 청원경찰에게 무기와 탄약을 지급해서는 아니 되며, 지급한 무기와 탄약은 회수하여야 한다.

📖 **해설** ───────────────────────────

제16조(무기관리수칙) ① 무기와 탄약을 대여 받은 청원주는 다음에 따라 무기와 탄약을 관리하여야 한다.
　7. 청원주는 대여 받은 무기와 탄약에 분실·도난·피탈(被奪) 또는 훼손 등의 사고가 발생하였을 때에는 지체 없이 그 사유를 관할 경찰서장에게 통보하여야 한다.

정답 ①

106 청원경찰법령상 청원경찰의 복제에 관한 설명으로 옳지 않은 것은?

① 부속물에는 모자표장, 가슴표장, 휘장, 계급장, 넥타이핀, 단추 및 장갑이 있다.

② 제복의 제식 및 재질은 청원주가 결정하되, 경찰공무원 또는 군인 제복의 색상과 명확하게 구별될 수 있어야 하며, 사업장별로 통일하여야 한다.

③ 청원경찰이 그 배치지의 특수성 등으로 특수복장을 착용할 필요가 있을 때에는 청원주는 지방경찰청장의 승인을 받아 특수복장을 착용하게 할 수 있다.

④ 장구의 종류에는 허리띠, 경찰봉, 권총이 있다.

📖 **해설** ───────────────────────────

제9조(복제) ① 청원경찰의 제복·장구(裝具) 및 부속물의 종류는 다음과 같다.
　1. 제복: 정모, 기동모, 근무복(하복, 동복), 성하복, 기동복, 점퍼, 비옷, 방한복, 외투,

단화, 기동화 및 방한화
2. 장구: 허리띠, 경찰봉, 호루라기 및 포승(권총=무기)
3. 부속물: 모자표장, 가슴표장, 휘장, 계급장, 넥타이핀, 단추 및 장갑

정답 ④

107 청원경찰법상 청원경찰에 대한 징계의 종류가 아닌 것은?

① 직위해제   ② 해임   ③ 정직   ④ 감봉

 해설 ───────────────────────────────

제5조의2(청원경찰의 징계) ① 청원주는 청원경찰이 다음 어느 하나에 해당하는 때에는 대통령령으로 정하는 징계절차를 거쳐 징계처분을 하여야 한다.
  1. 직무상의 의무를 위반하거나 직무를 태만히 한 때
  2. 품위를 손상하는 행위를 한 때
② 청원경찰에 대한 징계의 종류는 파면, 해임, 정직, 감봉 및 견책으로 구분한다.
③ 청원경찰의 징계에 관하여 그 밖에 필요한 사항은 대통령령으로 정한다.

정답 ①

108 청원경찰법령상 청원주가 비치하여야 할 문서와 장부가 아닌 것은?

① 경비구역 배치도   ② 징계관계철
③ 감독순시부   ④ 교육훈련실시부

 해설 ───────────────────────────────

제17조(문서와 장부의 비치) ① 청원주는 다음의 문서와 장부를 갖춰 두어야 한다.
  1. 청원경찰 명부   2. 근무일지
  3. 근무 상황카드   4. 경비구역 배치도
  5. 순찰표철   6. 무기·탄약 출납부
  7. 무기장비 운영카드   8. 봉급지급 조서철
  9. 신분증명서 발급대장   10. 징계 관계철
  11. 교육훈련 실시부   12. 청원경찰 직무교육계획서
  13. 급여품 및 대여품 대장   14. 그 밖에 청원경찰의 운영에 필요한 문서와 장부
✔(감독순시부=관할 경찰서장이 갖추어야 하는 장부)

정답 ③

109 경비업법상 집단민원현장에 해당하지 않는 것은?

① 「행정대집행법」에 따라 대집행을 하는 장소
② 특정 시설물의 설치와 관련하여 민원이 있는 장소
③ 주주총회와 관련하여 이해대립이 있어 다툼이 있는 장소
④ 70명의 사람이 모여 있는 국제ㆍ문화ㆍ예술ㆍ체육 행사장

📖 해설 ─────────────────────────────────

제2조(정의) 5. "집단민원현장"이란 다음의 장소를 말한다.
　가. 「노동조합 및 노동관계조정법」에 따라 노동관계 당사자가 노동쟁의 조정신청을 한 사업장 또는 쟁의행위가 발생한 사업장
　나. 「도시 및 주거환경정비법」에 따른 정비사업과 관련하여 이해대립이 있어 다툼이 있는 장소
　다. 특정 시설물의 설치와 관련하여 민원이 있는 장소
　라. 주주총회와 관련하여 이해대립이 있어 다툼이 있는 장소
　마. 건물ㆍ토지 등 부동산 및 동산에 대한 소유권ㆍ운영권ㆍ관리권ㆍ점유권 등 법적 권리에 대한 이해대립이 있어 다툼이 있는 장소
　바. 100명 이상의 사람이 모이는 국제ㆍ문화ㆍ예술ㆍ체육 행사장
　사. 「행정대집행법」에 따라 대집행을 하는 장소

정답 ④

110 경비업법령상 경비업의 시설 등의 기준에 따라 기계경비업 허가신청서를 제출하는 법인이 출장소를 서울, 인천, 대전의 3곳에 두려고 하는 경우에 최종적으로 갖추어야 할 출동차량은 최소 몇 대인가?

① 3대　　　　② 6대　　　　③ 9대　　　　④ 12대

📖 해설 ─────────────────────────────────

경비업의 시설 등의 기준(시행령 제3조 제2항 관련)
　4. 기계경비업무: 출장소별로 출동차량 2대 이상(출장소 3곳 ⇒ 총 6대)

정답 ②

111 경비업법상 허가사항에 해당하는 것은?

① 경비업의 허가를 받은 법인이 영업을 폐업한 때
② 경비업의 허가를 받은 법인이 영업을 휴업한 때
③ 경비업의 허가를 받은 법인이 임원을 변경한 때
④ 경비업의 허가를 받은 법인이 경비업무를 변경하는 경우

📖 해설

제4조(경비업의 허가) ① 경비업을 영위하고자 하는 법인은 도급받아 행하고자 하는 경비업무를 특정하여 그 법인의 주사무소의 소재지를 관할하는 지방경찰청장의 허가를 받아야 한다. 도급받아 행하고자 하는 경비업무를 변경하는 경우에도 또한 같다.

정답 ④

112 경비업법령상 ( ) 안에 들어갈 내용으로 옳은 것은?

> 경비업의 허가를 받은 법인은 법인의 주사무소나 출장소를 신설·이전 또는 폐지한 때에는 그 사유가 발생한 날부터 ( )일 이내에 신고하여야 한다.

① 7　　　　② 10　　　　③ 15　　　　④ 30

📖 해설

제4조(경비업의 허가) ③ 제1항의 규정에 의하여 경비업의 허가를 받은 법인은 다음에 해당하는 때에는 지방경찰청장에게 신고하여야 한다.
　1. 영업을 폐업하거나 휴업한 때
　2. 법인의 명칭이나 대표자·임원을 변경한 때
　3. 법인의 주사무소나 출장소를 신설·이전 또는 폐지한 때
　4. 기계경비업무의 수행을 위한 관제시설을 신설·이전 또는 폐지한 때
　5. 특수경비업무를 개시하거나 종료한 때
　6. 그 밖에 대통령령이 정하는 중요사항을 변경한 때

시행령 제5조(폐업 또는 휴업 등의 신고) ⑤ 법 제4조제3항제2호부터 제6호까지의 규정에 따른 신고는 그 사유가 발생한 날부터 **30일** 이내에 하여야 한다

정답 ④

113 경비업법상 경비업을 영위하는 법인의 임원 결격사유에 해당하지 않는 것은?

① 피성년후견인

② 파산선고를 받고 복권되지 아니한 자

③ 금고 이상의 형의 선고를 받고 그 형이 실효되지 아니한 자

④ 시설경비업무를 수행하는 법인의 경우, 경비업법에 위반하여 벌금형의 선고를 받고 3년이 지나지 아니한 자

📖 **해설** ─────────────────────────

제5조(임원의 결격사유) 다음에 해당하는 자는 경비업을 영위하는 법인(제4호에 해당하는 자의 경우에는 특수경비업무를 수행하는 법인을 말하고, 제5호에 해당하는 자의 경우에는 허가취소사유에 해당하는 경비업무와 동종의 경비업무를 수행하는 법인을 말한다)의 임원이 될 수 없다.

1. 피성년후견인 또는 피한정후견인
2. 파산선고를 받고 복권되지 아니한 자
3. 금고 이상의 형의 선고를 받고 그 형이 실효되지 아니한 자
4. 경비업법 또는 「대통령 등의 경호에 관한 법률」에 위반하여 벌금형의 선고를 받고 3년이 지나지 아니한 자(특수경비업무를 수행하는 법인만 해당)
5. 경비업법 또는 경비업법에 의한 명령에 위반하여 허가가 취소된 법인의 허가취소 당시의 임원이었던 자로서 그 취소 후 3년이 지나지 아니한 자(허가 취소사유에 해당하는 경비업무와 동종의 경비업무를 수행하는 법인)
6. 허가받은 경비업무외의 업무에 경비원을 종사하게 한 때, 소속 경비원으로 하여금 경비업무의 범위를 벗어난 행위를 하게 한 사유로 허가가 취소된 법인의 허가취소 당시의 임원이었던 자로서 허가가 취소된 날부터 5년이 지나지 아니한 자

정답 ④

114 경비업법령상 기계경비업무에 관한 설명으로 옳지 않은 것은?

① 기계경비업무를 수행하는 경비원은 일반경비원에 해당한다.

② 기계경비업자는 관제시설 등에서 경보를 수신한 때에는 경보를 수신한 때부터 늦어도 25분 이내에는 도착시킬 수 있는 대응체제를 갖추어야 한다.

③ 기계경비업자는 경보의 수신 및 현장도착 일시와 조치의 결과를 기재한 서류를 당해 경보를 수신한 날부터 최소 2년간 이를 보관하여야 한다.

④ 기계경비지도사의 직무에는 기계경비업무를 위한 기계장치의 운용·감독 및 오경보 방지 등을 위한 기기관리의 감독이 포함된다.

📖 **해설**

제9조(기계경비업자의 관리 서류) ① 기계경비업자는 출장소별로 다음의 사항을 기재한 서류를 갖추어 두어야 한다.

1. 경비대상시설의 명칭·소재지 및 경비계약기간
2. 기계경비지도사의 명단·배치일자·배치장소와 출동차량의 대수
3. 경보의 수신 및 현장도착 일시와 조치의 결과
4. 오경보인 경우 오경보가 발생한 경비대상시설 및 그 오경보에 대한 조치의 결과

② 제1항 제3호 및 제4호의 규정에 의한 사항을 기재한 서류는 당해 경보를 수신한 날부터 1년간 이를 보관하여야 한다.

정답 ③

---

115 경비업법령상 특수경비원은 될 수가 없으나 경비지도사가 될 수 있는 자는? (단, 다른 결격사유는 고려하지 않음)

① 팔과 다리가 완전하고 두 눈의 교정시력이 각각 0.8인 자
② 금고 이상의 형의 선고유예를 받고 그 유예기간 중에 있는 자
③ 금고 이상의 형의 집행유예선고를 받고 그 유예기간 중에 있는 자
④ 「형법」 제114조(범죄단체 등의 조직)의 죄를 범하여 벌금형을 선고받은 날부터 10년이 지나지 아니한 자

📖 **해설**

제10조(경비지도사 및 경비원의 결격사유) ① 다음에 해당하는 자는 경비지도사 또는 일반경비원이 될 수 없다.

1. 만 18세 미만인 자, 피성년후견인, 피한정후견인
2. 파산선고를 받고 복권되지 아니한 자
3. 금고 이상의 실형의 선고를 받고 그 집행이 종료(집행이 종료된 것으로 보는 경우를 포함)되거나 집행이 면제된 날부터 5년이 지나지 아니한 자
4. 금고 이상의 형의 집행유예선고를 받고 그 유예기간 중에 있는 자
5. 다음 각 목의 어느 하나에 해당하는 죄를 범하여 벌금형을 선고받은 날부터 10년이 지나지 아니하거나 금고 이상의 형을 선고받고 그 집행이 종료된(종료된 것으로 보는 경우를 포함한다) 날 또는 집행이 유예·면제된 날부터 10년이 지나지 아니한 자
   가. 「형법」 제114조(범죄단체 등의 조직)의 죄
   나. 「폭력행위 등 처벌에 관한 법률」 제4조(단체 등의 구성·활동의 죄)
   다. 「형법」 (강간), (유사강간), (강제추행, 준강간, 준강제추행, 미수범, 강간 등 상해·치상), (강간등의 살인·치사), (미성년자 등에 대한 간음), (업무상위력 등에 의한

간음), (미성년자에 대한 간음·추행, 상습범)

　　라. 「성폭력범죄의 처벌 등에 관한 특례법」(특수강도강간 등), (특수강간 등), (친족
　　　　관계에 의한 강간 등), (장애인에 대한 강간·강제추행 등), (13세 미만의 미성년
　　　　자에 대한 강간, 강제추행 등), (강간 등 상해·치상), (강간 등 살인·치사), (업
　　　　무상 위력 등에 의한 추행), (공중 밀집 장소에서의 추행) 및 미수범

　　마. 「아동·청소년의 성보호에 관한 법률」(아동·청소년에 대한 강간·강제추행
　　　　등), (장애인인 아동·청소년에 대한 간음 등)

　　바. 다목부터 마목까지의 죄로서 다른 법률에 따라 가중처벌되는 죄

　6. 다음 어느 하나에 해당하는 죄를 범하여 벌금형을 선고받은 날부터 5년이 지나지 아
　　니하거나 금고 이상의 형을 선고받고 그 집행이 유예된 날부터 5년이 지나지 아니한 자

　　가. 「형법」(절도), (야간주거침입절도), (특수절도), (자동차등 불법사용), (강도), (특
　　　　수강도), (준강도), (인질강도), (강도상해, 치상), (강도살인·치사), (강도강간),
　　　　(해상강도), (상습범), (미수범), (예비, 음모)

　　나. 가목의 죄로서 다른 법률에 따라 가중처벌되는 죄

　7. 제5호 다목부터 바목까지의 어느 하나에 해당하는 죄를 범하여 치료감호를 선고받고
　　그 집행이 종료된 날 또는 집행이 면제된 날부터 10년이 지나지 아니한 자 또는 제6
　　호 각 목의 어느 하나에 해당하는 죄를 범하여 치료감호를 선고받고 그 집행이 면제
　　된 날부터 5년이 지나지 아니한 자

　8. 이 법이나 이 법에 따른 명령을 위반하여 벌금형을 선고받은 날부터 5년이 지나지 아니하
　　거나 금고 이상의 형을 선고받고 그 집행이 유예된 날부터 5년이 지나지 아니한 자

② 다음 어느 하나에 해당하는 자는 특수경비원이 될 수 없다.

　1. 만 18세 미만 또는 만 60세 이상인 자, 피성년후견인, 피한정후견인

　2. 제1항제2호부터 제8호까지의 어느 하나에 해당하는 자

　3. 금고 이상의 형의 선고유예를 받고 그 유예기간 중에 있는 자

　4. 행정자치부령이 정하는 신체조건에 미달되는 자

③ 경비업자는 제1항 각 호 또는 제2항 각 호의 결격사유에 해당하는 자를 경비지도사 또는
　경비원으로 채용 또는 근무하게 하여서는 아니 된다.

시행규칙 제7조(특수경비원의 신체조건) 법 제10조제2항제4호에서 "행정자치부령이 정하는 신
　체조건"이라 함은 팔과 다리가 완전하고 두 눈의 맨눈시력 각각 0.2 이상 또는 교정시력 각
　각 0.8 이상을 말한다.

　　　　　　　　　　　　　　　　　　　　　　　　　　　　　　　　　　　　정답 ②

116　A 특수경비업체에서 5개월 동안 근무한 甲이 경비업법령상 특수경비원으로서
　　　　받았어야 할 신임교육과 직무교육의 시간을 합하면 최소 몇 시간인가? (단, 甲
　　　　은 신임교육 대상 제외자에 해당하지 않음)

　　① 69　　　　　　　② 88　　　　　　　③ 94　　　　　　　④ 118

✔ 신임교육 88시간+(직무교육 6시간×5개월)=118

📖 **해설** ───

시행규칙 제16조(특수경비원에 대한 직무교육의 시간 등) ① 영 제19조제3항에서 "행정자치부령으로 정하는 시간"이란 6시간을 말한다.(직무교육 매월 6시간)

특수경비원 신임교육의 과목 및 시간(시행령 제15조제1항 관련) (신임교육 88시간)

구분 (교육시간)	과목	시간
이론교육 (15시간)	「경비업법」·「경찰관직무집행법」 및 「청원경찰법」	8
	「헌법」 및 「형사법」(인권, 경비관련 범죄 및 현행범체포에 관한 규정을 포함한다)	4
	범죄예방론(신고요령을 포함한다)	3
실무교육 (69시간)	정신교육	2
	테러 대응요령	4
	폭발물 처리요령	6
	화재대처법	3
	응급처치법	3
	분사기 사용법	3
	출입통제 요령	3
	예절교육	2
	기계경비 실무	3
	정보보호 및 보안업무	6
	시설경비요령(야간경비요령을 포함한다)	4
	민방공(화생방 관련 사항을 포함한다)	6
	총기조작	3
	총검술	5
	사격	8
	체포 · 호신술	5
	관찰 · 기록기법	3
기타(4시간)	입교식 · 평가 · 수료식	4
계		88

정답 ④

117 청원경찰법령상 청원경찰의 무기 휴대 등에 관한 설명으로 옳은 것은?

① 청원주는 청원경찰이 직무를 수행하기 위하여 필요하다고 인정하면 관할 경찰서장으로 하여금 청원경찰에게 무기를 대여하여 지니게 할 수 있다.

② 청원주는 청원경찰에게 지급한 무기와 탄약을 매월 1회 이상 손질하게 해야 한다.

③ 지방경찰청장이 무기를 대여하여 휴대하게 하려는 경우에는 청원주로부터 국가에 기부채납된 무기에 한정하여 관할 경찰서장으로 하여금 무기를 대여하여 휴대하게 할 수 있다.

④ 청원경찰에게 무기를 대여하였을 때에는 지방경찰청장은 청원경찰의 무기 관리 상황을 수시로 점검해야 한다.

📖 해설 ──────────────────────────────

제8조(제복 착용과 무기 휴대) ② 지방경찰청장은 청원경찰이 직무를 수행하기 위하여 필요하다고 인정하면 청원주의 신청을 받아 관할 경찰서장으로 하여금 청원경찰에게 무기를 대여하여 지니게 할 수 있다.

제16조(무기 휴대) ① 청원주가 청원경찰이 휴대할 무기를 대여 받으려는 경우에는 관할 경찰서장을 거쳐 지방경찰청장에게 무기대여를 신청하여야 한다.

② 신청을 받은 지방경찰청장이 무기를 대여하여 휴대하게 하려는 경우에는 청원주로부터 국가에 기부채납된 무기에 한정하여 관할 경찰서장으로 하여금 무기를 대여하여 휴대하게 할 수 있다.

③ 무기를 대여하였을 때에는 관할 경찰서장은 청원경찰의 무기관리 상황을 수시로 점검하여야 한다.

시행규칙 제16조(무기관리수칙) ② 무기와 탄약을 대여 받은 청원주가 청원경찰에게 무기와 탄약을 출납하려는 경우에는 다음에 따라야 한다.

1. 무기와 탄약을 출납하였을 때에는 무기 · 탄약 출납부에 그 출납사항을 기록하여야 한다.
2. 소총의 탄약은 1정당 15발 이내, 권총의 탄약은 1정당 7발 이내로 출납하여야 한다. 이 경우 생산된 후 오래된 탄약을 우선하여 출납하여야 한다.
3. 청원경찰에게 지급한 무기와 탄약은 매주 1회 이상 손질하게 하여야 한다.
4. 수리가 필요한 무기가 있을 때에는 그 목록과 무기장비 운영카드를 첨부하여 관할 경찰서장에게 수리를 요청할 수 있다.

정답 ③

118 청원경찰법령상 청원주가 무기와 탄약을 지급해서는 아니 되는 청원경찰로 명시되지 않은 자는?

① 민사소송의 피고로 소송 계류 중인 사람
② 사의(辭意)를 밝힌 사람
③ 주벽(酒癖)이 심한 사람
④ 변태적 성벽(性癖)이 있는 사람

📖 **해설**

시행규칙 제16조(무기관리수칙) ④ 청원주는 다음 어느 하나에 해당하는 청원경찰에게 무기와 탄약을 지급해서는 아니 되며, 지급한 무기와 탄약은 회수하여야 한다.
1. 직무상 비위로 징계 대상이 된 사람
2. 형사사건으로 조사 대상이 된 사람
3. 사의를 밝힌 사람
4. 평소에 불평이 심하고 염세적인 사람
5. 주벽이 심한 사람
6. 변태적 성벽이 있는 사람

정답 ①

119 청원경찰법령상 청원주가 비치해야 할 문서와 장부에 해당되는 것은?

① 감독 순시부, 징계요구서철
② 경비구역 배치도, 교육훈련 실시부
③ 무기·탄약 대여대장, 전출입 관계철
④ 배치 결정 관계철, 청원경찰 임용승인 관계철

📖 **해설**

시행규칙 제17조(문서와 장부의 비치) ① 청원주는 다음의 문서와 장부를 갖춰 두어야 한다.

1. 청원경찰 명부	2. 근무일지
3. 근무 상황카드	4. 경비구역 배치도
5. 순찰표철	6. 무기·탄약 출납부
7. 무기장비 운영카드	8. 봉급지급 조서철
9. 신분증명서 발급대장	10. 징계 관계철
11. 교육훈련 실시부	12. 청원경찰 직무교육계획서
13. 급여품 및 대여품 대장	14. 그 밖에 청원경찰의 운영에 필요한 문서와 장부

② 관할 경찰서장은 다음의 문서와 장부를 갖춰 두어야 한다.
1. 청원경찰 명부
2. 감독 순시부
3. 전출입 관계철
4. 교육훈련 실시부
5. 무기 · 탄약 대여대장
6. 징계요구서철
7. 그 밖에 청원경찰의 운영에 필요한 문서와 장부
③ 지방경찰청장은 다음의 문서와 장부를 갖춰 두어야 한다.
1. 배치 결정 관계철
2. 청원경찰 임용승인 관계철
3. 전출입 관계철
4. 그 밖에 청원경찰의 운영에 필요한 문서와 장부

정답 ②

120 경비업법령상 용어에 관한 설명으로 옳지 않은 것은?

① "경비업"이란 경비업무의 전부 또는 일부를 도급받아 행하는 영업을 말한다.
② "호송경비업무"란 운반 중에 있는 현금 · 유가증권 · 귀금속 · 상품 그 밖의 물건에 대하여 도난 · 화재 등 위험발생을 방지하는 업무이다.
③ "특수경비원"이란 신변보호업무를 수행하는 자를 말한다.
④ "무기"라 함은 인명 또는 신체에 위해를 가할 수 있도록 제작된 권총 · 소총 등을 말한다.

📖 해설

제2조(정의) "경비업"이라 함은 다음에 해당하는 업무의 전부 또는 일부를 도급받아 행하는 영업을 말한다.
  가. 시설경비업무: 경비를 필요로 하는 시설 및 장소에서의 도난 · 화재 그 밖의 혼잡 등으로 인한 위험발생을 방지하는 업무
  나. 호송경비업무: 운반 중에 있는 현금 · 유가증권 · 귀금속 · 상품 그 밖의 물건에 대하여 도난 · 화재 등 위험발생을 방지하는 업무
  다. 신변보호업무: 사람의 생명이나 신체에 대한 위해의 발생을 방지하고 그 신변을 보호하는 업무
  라. 기계경비업무: 경비대상시설에 설치한 기기에 의하여 감지 · 송신된 정보를 그 경비대상시설 외의 장소에 설치한 관제시설의 기기로 수신하여 도난 · 화재 등 위험발생을 방지하는 업무
  마. 특수경비업무: 공항(항공기 포함) 등 대통령령이 정하는 국가중요시설의 경비 및 도난 · 화재 그 밖의 위험발생을 방지하는 업무
3. "경비원"이라 함은 경비업의 허가를 받은 법인이 채용한 고용인으로서 다음에 해당하

는 자를 말한다.
가. 일반경비원: 시설 · 호송 · 신변 · 기계경비업무를 수행하는 자
나. 특수경비원: 특수경비업무를 수행하는 자

정답 ③

121 경비업법령상 허가신청 등에 관한 내용이다. ( ) 안에 들어갈 내용을 순서대로 나열한 것은?

> 경비업의 허가신청서를 제출하는 법인이 시행령 별표 1의 규정에 의한 시설 등(자본금을 제외한다. 이하 같음)을 갖출 수 없는 경우에는 허가신청시 시설 등의 확보계획서를 제출한 후 허가를 받은 날부터 ( ) 이내에 시설 등을 갖추고 법인의 주사무소 관할 ( )의 확인을 받아야 한다.

① 15일, 경찰서장　　　　　　　② 15일, 지방경찰청장
③ 1월, 경찰서장　　　　　　　　④ 1월, 지방경찰청장

📖 **해설** ────────────────────────────────────

시행령 제3조(허가신청 등) ② 제1항의 규정에 의하여 허가 또는 변경허가 신청서를 제출하는 법인은 별표 1의 규정에 의한 경비인력 · 자본금 · 시설 및 장비를 갖추어야 한다. 다만, 경비업의 허가 또는 변경허가를 신청하는 때에 별표 1의 규정에 의한 시설 등(자본금을 제외)을 갖출 수 없는 경우에는 허가 또는 변경허가의 신청 시 시설 등의 확보계획서를 제출한 후 허가 또는 변경허가를 받은 날부터 1월 이내에 별표 1의 규정에 의한 시설 등을 갖추고 지방경찰청장의 확인을 받아야 한다.

정답 ④

122 경비업법령상 경비업 허가에 관한 설명으로 옳지 않은 것은?

① 경비업 허가의 유효기간은 허가받은 날부터 5년으로 한다.
② 경비업 허가의 유효기간이 만료된 후 계속하여 경비업을 하고자 하는 법인은 안전행정부령이 정하는 바에 의하여 갱신허가를 받아야 한다.
③ 법인이 도급받아 행하고자 하는 경비업무를 변경하는 경우에는 관할 경찰관서장에게 신고하면 된다.
④ 허가관청은 영업정지처분을 하는 때에는 경비업자가 허가받은 경비업무

중 영업정지사유에 해당되는 경비업무에 한하여 처분을 하여야 한다.

📖 해설 ─────────────────────────────────

제4조(경비업의 허가) ① 경비업을 영위하고자 하는 법인은 도급받아 행하고자 하는 경비업무를 특정하여 그 법인의 주사무소의 소재지를 관할하는 지방경찰청장의 허가를 받아야 한다. 도급받아 행하고자 하는 경비업무를 변경하는 경우에도 또한 같다.

정답 ③

123 경비업법령상 기계경비업무에 관한 설명으로 옳지 않은 것은?

① 기계경비업무란 경비대상시설에 설치한 기기에 의하여 감지·송신된 정보를 그 경비대상시설 외의 장소에 설치한 관제시설의 기기로 수신하여 도난·화재 등 위험발생을 방지하는 업무를 말한다.

② 기계경비업자는 오경보인 경우 오경보가 발생한 경비대상시설 및 그 오경보에 대한 조치의 결과를 기재한 서류를 당해 경보를 수신한 날부터 1년간 이를 보관해야 한다.

③ 기계경비업자는 경비계약을 체결하는 때에는 오경보를 막기 위하여 계약상대방에게 기기사용요령 및 기계경비운영체계 등에 관하여 설명해야 한다.

④ 기계경비업자는 관제시설 등에서 경보를 수신한 때에는 경보를 수신한 때부터 늦어도 15분 이내에는 도착시킬 수 있는 대응체제를 갖추어야 한다.

📖 해설 ─────────────────────────────────

시행령 제7조(기계경비업자의 대응체제) 기계경비업무를 수행하는 경비업자 관제시설 등에서 경보를 수신한 때에는 경보를 수신한 때부터 늦어도 25분 이내에는 도착시킬 수 있는 대응체제를 갖추어야 한다.

정답 ④

124 경비업법령상 특수경비원이 될 수 있는 자는?

① 만 18세로서 음주운전이 적발되어 운전면허 정지기간 중에 있는 자

② 만 20세로서 징역 1년의 실형을 선고 받고 그 집행이 종료된 날로부터 4년 된 자

③ 만 22세로서 금고 1년 형의 선고유예를 받고 그 유예기간 중에 있는 자

④ 만 60세로서 두 눈의 교정시력이 각각 0.6인 자

📖 해설 ───

제10조(경비지도사 및 경비원의 결격사유) ② 다음 어느 하나에 해당하는 자는 특수경비원이 될 수 없다.

1. 만 18세 미만 또는 만 60세 이상인 자, 피성년후견인, 피한정후견인
2. 제1항 제2호부터 제8호까지*의 어느 하나에 해당하는 자
3. 금고 이상의 형의 선고유예를 받고 그 유예기간 중에 있는 자
4. 행정자치부령이 정하는 신체조건**에 미달되는 자

***제10조(경비지도사 및 경비원의 결격사유)** ① 다음에 해당하는 자는 경비지도사 또는 일반경비원이 될 수 없다.

3. 금고 이상의 실형의 선고를 받고 그 집행이 종료(집행이 종료된 것으로 보는 경우를 포함)되거나 집행이 면제된 날부터 5년이 지나지 아니한 자
4. 금고 이상의 형의 집행유예선고를 받고 그 유예기간 중에 있는 자

****시행규칙 제7조(특수경비원의 신체조건)** "행정자치부령이 정하는 신체조건"이라 함은 팔과 다리가 완전하고 두 눈의 맨눈시력 각각 0.2 이상 또는 교정시력 각각 0.8 이상을 말한다.

정답 ①

---

125 경비업법령상 경비지도사 제1차 시험면제자에 해당되지 않는 사람은?

① 경비업법에 따른 특수경비업무 분야에서 5년을 종사하고 행정자치부령으로 정하는 교육과정을 이수한 사람

② 고등교육법에 따른 대학 이상의 학교를 졸업한 사람으로서 재학 중 경비지도사 시험과목을 3과목 이상을 이수하고 졸업한 후 경비업무에 종사한 경력이 5년인 사람

③ 기계경비지도사의 자격을 취득한 후 일반경비지도사의 시험에 응시하는 사람

④ 공무원임용령에 따른 행정직군 교정직렬 공무원으로 5년 동안 재직한 사람

📖 해설 ───

시행령 제13조(시험의 일부면제) 다음 각 호의 어느 하나에 해당하는 사람은 경비지도사 제1차 시험을 면제한다.

1. 「경찰공무원법」에 따른 경찰공무원으로 7년 이상 재직한 사람

2. 「대통령 등의 경호에 관한 법률」에 따른 경호공무원 또는 별정직공무원으로 7년 이상 재직한 사람
3. 「군인사법」에 따른 각 군 전투병과 또는 헌병병과 부사관 이상 간부로 7년 이상 재직한 사람
4. 「공무원임용령」에 따른 행정직군 교정직렬 공무원으로 7년 이상 재직한 사람
5. 「경비업법」에 따른 경비업무에 7년 이상(특수경비업무의 경우에는 3년 이상) 종사하고 행정자치부령으로 정하는 교육과정을 이수한 사람
6. 「고등교육법」에 따른 대학 이상의 학교를 졸업한 사람으로서 재학 중 경비지도사 시험과목을 3과목 이상 이수하고 졸업한 후 경비업무에 종사한 경력이 3년 이상인 사람
7. 「고등교육법」에 따른 전문대학을 졸업한 사람으로서 재학 중 경비지도사 시험과목을 3과목 이상 이수하고 졸업한 후 경비업무에 종사한 경력이 5년 이상인 사람
8. 일반경비지도사의 자격을 취득한 후 기계경비지도사의 시험에 응시하는 사람 또는 기계경비지도사의 자격을 취득한 후 일반경비지도사의 시험에 응시하는 사람

정답 ④

---

126 경비원의 수가 다음과 같을 때, 경비업법령상 경비업자가 선임·배치하여야 하는 경비지도사의 최소 인원은?

- 서울특별시 407명
- 인천광역시 15명
- 강원도 120명
- 경상남도 20명
- 제주특별자치도 30명

① 6명 　　　　② 7명 　　　　③ 8명 　　　　④ 9명

📖 **해설**

경비지도사의 선임·배치기준(시행령 제16조제1항 관련)

	시설경비업·호송경비업·신변보호업 및 특수경비업에 한하여 선임·배치할 것
1. 일반경비 지도사	가. 경비원을 배치하여 영업활동을 하고 있는 지역을 관할하는 지방경찰청의 관할구역별로 **경비원 200인까지는 일반경비지도사 1인씩 선임·배치하되, 200인을 초과하는 100인까지마다 1인씩을 추가로 선임·배치**할 것. 다만, 특수경비업의 경우는 특수경비원 교육을 이수한 일반경비지도사를 선임·배치할 것 나. 시설경비업·호송경비업·신변보호업 및 특수경비업 가운데 2 이상의 경비업을 하는 경우 경비지도사의 배치는 각 경비업에 종사하는 경비원의 수를 합산한 인원을 기준으로 할 것

2. 기계경비 지도사	가. 기계경비업에 한하여 선임 · 배치할 것 나. 선임 · 배치기준은 제1호 가목의 규정에 의한 일반경비지도사의 선임 · 배치 기준과 동일하게 할 것

3. 경비지도사가 선임 · 배치된 지방경찰청의 관할구역에 **인접하는 지방경찰청**의 관할구역에 배치되는 경비원이 30인 이하인 경우에는 제1호 가목 및 제2호 나목의 규정에 불구하고 경비지도사를 **따로 선임 · 배치하지 아니할 수 있다.** 이 경우 **인천지방경찰청**은 **서울지방경찰청**과 **인접한 것으로 본다.**

✔서울 4명+강원 1명+경남 1명+제주 1명=총 7명

정답 ②

127 경비업법령상 경비원의 교육에 관한 설명으로 옳은 것은? (기출 수정)

① 특수경비원 신임교육을 받은 후 4년 동안 경비업무에 종사하지 아니하다가 일반경비원으로 채용된 사람은 신임교육의 대상에서 제외될 수 있다.

② 경비원이 되려는 사람은 해당 교육기관에서 미리 일반경비원 신임교육을 받을 수 있다.

③ 신임교육 시간은 일반경비원이 24시간이고, 특수경비원은 64시간이다.

④ 직무교육 시간은 일반경비원이 월 3시간 이상이고, 특수경비원은 월 8시간 이상이다.

📖 해설 ─────────────────────────────

제13조(경비원의 교육 등) ② 경비원이 되려는 사람은 대통령령으로 정하는 교육기관에서 미리 일반경비원 신임교육을 받을 수 있다.

제18조(일반경비원에 대한 교육) ② 경비업자는 다음 어느 하나에 해당하는 사람을 일반경비원으로 채용한 경우에는 해당 일반경비원을 일반경비원 신임교육 대상에서 제외할 수 있다.
1. 일반경비원 또는 특수경비원 신임교육을 받은 사람으로서 채용 전 3년 이내에 경비업무에 종사한 경력이 있는 사람
2. 「경찰공무원법」에 따른 경찰공무원으로 근무한 경력이 있는 사람
3. 「대통령 등의 경호에 관한 법률」에 따른 경호공무원 또는 별정직공무원으로 근무한 경력이 있는 사람
4. 「군인사법」에 따른 부사관 이상으로 근무한 경력이 있는 사람
5. 경비지도사 자격이 있는 사람
6. 채용 당시 일반경비원 신임교육을 받은 지 3년이 지나지 아니한 사람

일반경비원 vs. 특수경비원 〈교육시간 비교〉

직무교육시간	시행규칙 제13조(일반경비원에 대한 직무교육의 시간 등)	4시간
	시행규칙 제16조(특수경비원에 대한 직무교육의 시간 등)	6시간
신임교육시간	일반경비원 신임교육의 과목 및 시간(시행규칙 제12조 제1항 관련)	24시간
	특수경비원 신임교육의 과목 및 시간(시행규칙 제15조 제1항 관련)	88시간

정답 ②

128 경비업법령상 특수경비원의 직무 및 무기사용에 관한 설명으로 옳지 않은 것은?

① 사람을 향하여 권총 또는 소총을 발사하고자 하는 때에는 미리 구두 또는 공포탄에 의한 사격으로 상대방에게 경고해야 함이 원칙이다.

② 테러사건에 있어서 은밀히 작전을 수행하는 경우로서 부득이한 때에는 경고 없이 사람을 향하여 권총 또는 소총을 발사할 수 있다.

③ 범죄와 무관한 다중의 생명·신체에 위해를 가할 우려가 있는 때에는 무기를 사용해서는 아니 됨이 원칙이다.

④ 칼을 가지고 대항하는 14세 미만의 자에 대하여 권총 또는 소총을 발사할 수 있다.

📖 해설 ────────────────────────────

제15조(특수경비원의 의무) ④ 특수경비원이 무기를 휴대하고 경비업무를 수행하는 때에는 다음에 정하는 무기의 안전사용수칙을 지켜야 한다.

1. 특수경비원은 사람을 향하여 권총 또는 소총을 발사하고자 하는 때에는 미리 구두 또는 공포탄에 의한 사격으로 상대방에게 경고하여야 한다. 다만, 다음에 해당하는 경우로서 부득이한 때에는 경고하지 아니할 수 있다.
    가. 특수경비원을 급습하거나 타인의 생명·신체에 대한 중대한 위험을 야기하는 범행이 목전에 실행되고 있는 등 상황이 급박하여 경고할 시간적 여유가 없는 경우
    나. 인질·간첩 또는 테러사건에 있어서 은밀히 작전을 수행하는 경우
2. 특수경비원은 무기를 사용하는 경우에 있어서 범죄와 무관한 다중의 생명·신체에 위해를 가할 우려가 있는 때에는 이를 사용하여서는 아니 된다. 다만, 무기를 사용하지 아니하고는 타인 또는 특수경비원의 생명·신체에 대한 중대한 위협을 방지할 수 없다고 인정되는 때에는 필요한 최소한의 범위 안에서 이를 사용할 수 있다.
3. 특수경비원은 총기 또는 폭발물을 가지고 대항하는 경우를 제외하고는 14세 미만의 자 또는 임산부에 대하여는 권총 또는 소총을 발사하여서는 아니 된다.

정답 ④

129 경비업법령상 경비업자가 경비업 허가사항 등의 변경신고서 제출 시 허가증 원본을 첨부하지 않아도 되는 경우는?

① 법인 명칭 변경   ② 법인 대표자 변경

③ 법인 임원 변경   ④ 법인 주사무소 변경

📖 **해설**

시행규칙 제5조(폐업 또는 휴업 등의 신고) 폐업신고서와 휴업신고서 · 영업재개신고서 및 휴업기간연장신고서는 별지 제5호서식에 의한다.

② 법인의 명칭 · 대표자 · 임원, 같은 주사무소 · 출장소나 정관의 목적이 변경되어 신고를 하는 경우에는 경비업 허가사항 등의 변경신고서(전자문서로 된 신고서를 포함)에 다음의 서류(전자문서를 포함)를 첨부하여 법인의 주사무소를 관할하는 지방경찰청장 또는 해당 지방경찰청 소속의 경찰서장에게 제출하여야 한다.

1. 명칭 변경의 경우: 허가증 원본
2. 대표자 변경의 경우
   가. 법인 대표자의 이력서 1부
   나. 허가증 원본
3. 임원 변경의 경우: 법인 임원의 이력서 1부
4. 주사무소 또는 출장소 변경의 경우: 허가증 원본
5. 정관의 목적 변경의 경우: 법인의 정관 1부

(참고) 경비업법 허가증: 허가증에 기재된 사항을 기억해 두세요.

제 0000 호

허 가 증

1. 법 인 명 칭:
2. 소 재 지:
3. 대표자 성 명:
4. 주민등록번호 :
5. 주 소 :
6. 허가경비업무:

경비업법 제4조제1항 · 제6호제2항의 규정에 의하여 위와 같이 허가합니다.

년 월 일
○○지방경찰청장[인]

정답 ③

130 경비업법령상 특수경비원의 의무를 설명하고 있는 것이 아닌 것은?

① 경비업무의 정상적인 운영을 저해하는 일체의 쟁의행위를 하여서는 아니 된다.

② 도급을 의뢰받은 경비업무가 위법 또는 부당한 것일 때에는 이를 거부해야 한다.

③ 직무를 수행함에 있어 시설주 등의 직무상 명령에 복종해야 한다.

④ 소속상사의 허가 없이 경비구역을 벗어나서는 아니 된다.

📖 **해설**

제15조(특수경비원의 의무) ① 특수경비원은 직무를 수행함에 있어 시설주·관할 경찰관서장 및 소속상사의 직무상 명령에 복종하여야 한다.

② 특수경비원은 소속상사의 허가 또는 정당한 사유 없이 경비구역을 벗어나서는 아니 된다.

③ 특수경비원은 파업·태업 그 밖에 경비업무의 정상적인 운영을 저해하는 일체의 쟁의행위를 하여서는 아니 된다.

제7조(경비업자의 의무) ② 경비업자는 경비업무를 성실하게 수행하여야 하고, 도급을 의뢰받은 경비업무가 위법 또는 부당한 것일 때에는 이를 거부하여야 한다.

정답 ②

131 경비업법령상 경비원의 제복 및 장비 등에 관한 설명으로 옳은 것은?

① 경비원의 제복은 경찰공무원과 유사해야 하며, 일반인과 비교하여 경비원임이 식별될 수 있는 복장이어야 한다.

② 경비업자는 제복 외의 복장을 착용하는 시설경비원을 동일한 배치장소에 2인 이상을 배치할 경우 각각 다른 복장을 착용하게 하여 식별이 가능하도록 해야 한다.

③ 경비원의 장구 중 경적·단봉은 근무 중에 한하여 이를 휴대할 수 있다.

④ 기계경비업자는 출동차량의 도색 및 표지를 정한 때에는 그 도색 및 표지를 확인할 수 있는 사진을 주된 사무소를 관할하는 경찰서장에게 제출해야 한다.

제16조(경비원의 복장 등) ① 경비업자는 경찰공무원 또는 군인의 제복과 색상 및 디자인 등이 명확히 구별되는 소속 경비원의 복장을 정하고 이를 확인할 수 있는 사진을 첨부하여 주된 사무소를 관할하는 지방경찰청장에게 행정자치부령으로 정하는 바에 따라 신고하여야 한다. ② 경비업자는 경비업무 수행 시 경비원에게 소속 경비업체를 표시한 이름표를 부착하도록 하고, 신고된 동일한 복장을 착용하게 하여야 하며, 복장에 소속 회사를 오인할 수 있는 표시를 하거나 다른 회사의 복장을 착용하게 하여서는 아니 된다.

제16조의2(경비원의 장비 등) ① 경비원이 휴대할 수 있는 장비의 종류는 경적 · 단봉 · 분사기 · 안전방패 · 무전기 · 안전모 · 방검복으로 행정자치부령으로 정하되, 근무 중에만 휴대할 수 있다.

제16조의3(출동차량 등) ② 경비업자는 출동차량 등의 도색 및 표지를 정하고 이를 확인할 수 있는 사진을 첨부하여 주된 사무소를 관할하는 지방경찰청장에게 행정자치부령으로 정하는 바에 따라 신고하여야 한다.

정답 ③

132 경비업법령상 관할 경찰관서장의 직무를 설명하고 있는 것이 아닌 것은?

① 경비업자가 규정을 위반하여 신고를 하지 아니하고 일반경비원을 배치한 경우에 배치폐지를 명할 수 있다.

② 경비원이 결격사유에 해당하게 된 사실을 알게 된 때에는 경비업자에게 그 사실을 통보해야 한다.

③ 무기의 적정한 관리를 위하여 무기를 대여 받은 시설주에 대하여 필요한 명령을 발할 수 있다.

④ 국가중요시설에 대한 경비업무의 수행을 위하여 필요하다고 인정하는 때에는 시설주의 신청에 의하여 무기를 구입한다.

제14조(특수경비원의 직무 및 무기사용 등) ③ 지방경찰청장은 국가중요시설에 대한 경비업무의 수행을 위하여 필요하다고 인정하는 때에는 시설주의 신청에 의하여 무기를 구입한다.

정답 ④

133 경비업법령상 경비원의 배치 및 배치폐지의 신고에 관한 내용이다. ( ) 안에 들어갈 내용을 순서대로 나열한 것은?

> 경비업자는 경비업법 제18조 제2항의 규정에 의하여 경비업무를 수행하기 위하여 20일 이상 경비원을 배치하거나 그 기간을 연장하고자 하는 때에는 경비원을 배치한 후 ( )일 이내에 경비원 배치신고서를 배치지의 ( )에게 제출하여야 한다.

① 7, 관할 경찰관서장
② 7, 지방경찰청장
③ 14, 관할 경찰관서장
④ 14, 지방경찰청장

📖 **해설** ─────────────────────────────

시행규칙 제24조(경비원의 배치 및 배치폐지의 신고) ① 경비업자는 경비업무를 수행하기 위하여 20일 이상 경비원을 배치하거나 그 기간을 연장하려는 때에는 경비원을 배치한 후 7일 이내에 경비원 배치신고서(전자문서로 된 신고서를 포함)를 배치지를 관할하는 경찰관서장에게 제출하여야 한다.

정답 ①

134 경비업법령상 과태료의 부과기준금액이 가장 많은 것은? (단, 과태료의 경감이나 가중은 고려하지 않는다.)

① 경비대행업자 지정신고를 허위로 신고한 경우
② 경비원 명부를 비치하지 아니한 경우
③ 경비지도사를 선임하지 아니한 경우
④ 법인의 주사무소를 이전하고 12개월 초과의 기간이 경과하고도 신고하지 아니한 경우

📖 **해설** ─────────────────────────────

위반행위	과태료 금액(단위: 만원)		
	1회 위반	2회 위반	3회 이상
1. 경비업자 **신고의무 불이행** 가. 영업을 폐업·폐업 등 지방경찰청장에게 신고 나. 경비원 배치·폐지한 경우 경찰서장에게 신고			

2. 경비대행업자 **지정신고**를 하지 않은 경우			
가. **허위**로 신고한 경우		400	
나. 그 밖의 사유로 신고하지 않은 경우		300	
4. 결격사유에 해당하는 경비원을 배치하거나 결격사유에 해당하는 **경비지도사**를 선임·배치한 경우		100	
5. 법 제12조제1항을 위반하여 경비지도사를 선임하지 않은 경우	100	200	400
11. **명부**를 작성·비치하지 않은 경우			
가. 경비원 명부를 비치하지 않은 경우		100	
나. 경비원 명부를 작성하지 않은 경우		200	

정답 ①

135 경비업법령에 관한 내용으로 옳은 것은?

① 금고 이상의 형의 집행유예선고를 받고 그 유예기간이 만료된 날부터 5년
이 지나지 아니한 사람은 일반경비원이 될 수 없다.

② 두 눈의 맨눈 시력이 0.2 미만인 사람은 일반경비원이 될 수 없다.

③ 기계경비지도사는 기계경비업과 시설경비업에 한하여 선임·배치한다.

④ 경찰청장은 경비지도사의 수급상황을 조사하여 경비지도사를 새로이 선발
할 필요가 있다고 인정되는 때에는 경비지도사 시험의 실시계획을 수립해
야 한다.

📖 해설 ─────────────────────────────

시행령 제11조(경비지도사시험의 시행 및 공고) ① 경찰청장은 경비지도사의 수급상황을 조사하
여 경비지도사를 새로이 선발할 필요가 있다고 인정되는 때에는 경비지도사 시험의 실시계
획을 수립하여야 한다.

제7조(특수경비원의 신체조건) "행정자치부령이 정하는 신체조건"이라 함은 팔과 다리가 완전
하고 두 눈의 맨눈시력 각각 0.2 이상 또는 교정시력 각각 0.8 이상을 말한다.

시행령 제10조(경비지도사의 구분) 경비지도사는 다음과 같이 구분한다.

1. 일반경비지도사: 시설경비업무, 호송경비업무, 신변보호업무, 특수경비업무에 종사하
는 경비원을 지도·감독 및 교육하는 경비지도사

2. 기계경비지도사: 기계경비업무에 종사하는 경비원을 지도·감독 및 교육하는 경비지
도사

제10조(경비지도사 및 경비원의 결격사유) ① 다음에 해당하는 자는 경비지도사 또는 일반경비원이 될 수 없다.

1. 만 18세 미만인 자, 피성년후견인, 피한정후견인
2. 파산선고를 받고 복권되지 아니한 자
3. 금고 이상의 실형의 선고를 받고 그 집행이 종료되거나 집행이 면제된 날부터 5년이 지나지 아니한 자
4. 금고 이상의 형의 집행유예선고를 받고 그 유예기간 중에 있는 자

정답 ④

136 경비업법령상 무기관리 수칙에 관한 설명으로 옳은 것은?

① 무기를 대여 받은 국가중요시설의 시설주는 무기의 관리실태를 매월 파악하여 다음 달 5일까지 관할 경찰관서장에게 통보해야 한다.

② 시설주로부터 무기를 지급받은 특수경비원은 근무시간 이후에는 시설주에게 반납하거나 교대근무자에게 무기를 인계해야 한다.

③ 무기를 대여 받은 시설주가 특수경비원에게 무기를 출납하고자 하는 때에는 탄약의 출납은 소총에 있어서는 1정당 20발 이내로 해야 한다.

④ 경비원으로부터 무기 수송의 통보를 받은 관할경찰서장은 2인 이상의 무장경찰관을 무기를 수송하는 자동차 등에 함께 타도록 해야 한다.

📖 **해설** ─────────────────────────────

시행규칙 제18조(무기의 관리수칙 등) ① 무기를 대여 받은 국가중요시설의 시설주 또는 관리책임자는 다음 관리수칙에 따라 무기(탄약을 포함)를 관리하여야 한다.

4. 무기고 및 탄약고에는 이중 잠금장치를 하여야 하며, 열쇠는 관리책임자가 보관하되, 근무시간 이후에는 열쇠를 당직책임자에게 인계하여 보관시킬 것
5. 관할 경찰관서장이 정하는 바에 의하여 무기의 관리실태를 매월 파악하여 다음 달 3일까지 관할경찰관서장에게 통보할 것

③ 무기를 대여 받은 시설주 또는 관리책임자가 특수경비원에게 무기를 출납하고자 하는 때에는 다음의 관리수칙에 따라 무기를 관리하여야 한다.

2. 탄약의 출납은 소총에 있어서는 1정당 15발 이내, 권총에 있어서는 1정당 7발 이내로 하되, 생산된 후 오래된 탄약을 우선적으로 출납할 것

④ 시설주로부터 무기를 지급받은 특수경비원은 다음의 관리수칙에 따라 무기를 관리하여야 한다.

1. 무기를 지급받거나 반납하는 때 또는 무기의 인계 인수를 하는 때에는 반드시 "앞에 총"의 자세에서 "검사 총"을 할 것
2. 무기를 지급받은 때에는 별도의 지시가 없는 한 탄약은 무기로부터 분리하여 휴대하

여야 하며, 소총은 "우로 어깨걸어 총"의 자세를 유지하고, 권총은 "권총집에 넣어
총"의 자세를 유지할 것

3. 지급받은 무기를 다른 사람에게 보관·휴대 또는 손질시키지 아니할 것
4. 무기를 손질 또는 조작하는 때에는 총구를 반드시 공중으로 향하게 할 것
5. 무기를 반납하는 때에는 손질을 철저히 한 후 반납하도록 할 것
6. 근무시간 이후에는 무기를 시설주에게 반납하거나 교대근무자에게 인계할 것

⑥ 시설주는 무기를 수송하는 때에는 출발하기 전에 관할경찰서장에게 그 사실을 통보하여
야 하며, 통보를 받은 관할경찰서장은 1인 이상의 무장경찰관을 무기를 수송하는 자동차
등에 함께 타도록 하여야 한다.

정답 ②

137 경비업법령상 경비지도사자격의 취소 등에 관한 설명으로 옳지 않은 것은?

① 경비지도사가 허위로 경비지도사자격증을 교부받은 때에는 그 자격이 취
소된다.

② 경비지도사가 경비지도사자격증을 다른 사람에게 빌려준 때에는 그 자격
이 취소된다.

③ 경비지도사가 경비업법 제24조의 명령을 위반하여 자격정지처분을 받은
후 2년 내에 또다시 명령위반으로 적발된 경우 12월의 자격정지처분을 받
을 수 있다.

④ 경비지도사가 경비현장에 배치된 경비원에 대한 순회점검 및 감독 의무
등 직무를 성실하게 수행하지 아니하여 1차 적발된 경우 3월의 자격정지
처분을 받을 수 있다.

📖 해설 ────────────────────────────────────

제20조(경비지도사자격의 취소 등) ① 경찰청장은 경비지도사가 다음에 해당하는 때에는 그 자
격을 취소하여야 한다.

1. 결격사유에 해당하게 된 때
2. 허위 그 밖의 부정한 방법으로 경비지도사자격증을 교부받은 때
3. 경비지도사자격증을 다른 사람에게 빌려주거나 양도한 때
4. 자격정지 기간 중에 경비지도사로 선임되어 활동한 때

경비지도사 자격정지처분 기준(시행령 제25조 관련)

위반행위	행정처분기준		
	1차	2차	3차 이상
1. **직무**를 **성실**하게 수행하지 아니한 때	자격정지 3월	자격정지 6월	자격정지 12월
2. 경찰청장·지방경찰청장의 **명령**을 **위반**한 때	자격정지 1월	자격정지 6월	**자격정지 9월**

비고: 위반행위의 횟수에 따른 행정처분의 기준은 당해 위반행위가 있은 이전 최근 2년간 같은 위반행위로 행정처분을 받은 경우에 적용한다.

정답 ③

---

138 경비업법령상 경비업자의 행위에 대한 행정처분기준으로 옳지 않은 것은? (단, 행정처분기준의 경감이나 가중은 고려하지 않는다.) (일부 수정)

① 지방경찰청장의 허가 없이 경비업무를 변경한 경우 2차 위반에 대하여는 영업정지 3월이다.

② 경비원이 업무수행 중 고의로 발생한 손해를 배상하지 아니한 경우 3차 위반에 대하여는 영업정지 6월이다.

③ 경비원의 복장·장비 및 출동차량에 관한 규정을 위반한 경우 3차 위반에 대하여는 영업정지 3월이다.

④ 경비원으로 하여금 규정에 의한 교육을 받게 하지 아니한 경우 3차 위반에 대하여는 영업정지 1월이다.

📖 **해설**

행정처분 기준(시행령 제24조 관련) 〈개별기준〉

위반행위	행정처분기준		
	1차	2차	3차 이상
1. 지방경찰청장의 허가 없이 경비업무를 변경한 때	경고	**영업정지 6개월**	허가취소
2. 손해를 배상하지 않은 때	경고	영업정지 3개월	영업정지 6개월
3. 경비원의 복장·장비·출동차량 등에 관한 규정을 위반한 때	경고	영업정지 1개월	영업정지 3개월
4. 경비원으로 하여금 교육을 받게 하지 않은 때	경고	경고	영업정지 1개월

정답 ①

139 경비업법령상 청문절차를 반드시 거쳐야만 하는 경우가 아닌 것은?

① 현장배치 경비원에 대한 감독을 수행하지 않아 받은 경비지도사의 자격정지처분

② 경비원의 업무수행 중 제3자에게 입힌 손해에 대한 경비업자의 배상

③ 허가 없이 경비업무를 변경하여 받은 경비업의 영업정지처분

④ 결격사유에 해당되는 경비원 채용이 적발되어 받은 경비업 허가의 취소처분

📖 해설 ─────────────────────────────────

제21조(청문) 경찰청장 또는 지방경찰청장은 다음에 해당하는 처분을 하고자 하는 경우에는 청문을 실시하여야 한다.

  1. 경비업 허가의 취소 또는 영업정지
  2. 경비지도사자격의 취소 또는 정지

정답 ②

140 경비업법령상 경비협회의 공제사업에 관한 설명으로 옳지 않은 것은?

① 공제사업의 회계는 다른 사업의 회계와 구분하여 경리해야 한다.

② 경비업자의 후생·복지를 위한 목적으로 공제사업을 운영할 수 있다.

③ 공제사업을 하고자 하는 때에는 공제규정을 제정해야 한다.

④ 공제규정에는 공제사업의 범위와 공제계약의 내용 등 공제사업의 운영에 관하여 필요한 사항을 정해야 한다.

📖 해설 ─────────────────────────────────

제23조(공제사업) ① 경비협회는 다음의 공제사업을 할 수 있다.

  1. 경비업자의 손해배상책임을 보장하기 위한 사업
  2. 경비업자가 경비업을 운영할 때 필요한 입찰보증, 계약보증(이행보증 포함), 하도급보증을 위한 사업
  3. 경비원의 복지향상과 업무상 재해로 인한 손실을 보상하는 사업
  4. 경비업무와 관련한 연구 및 경비원 교육·훈련에 관한 사업

② 경비협회는 공제사업을 하고자 하는 때에는 공제규정을 제정하여야 한다.

③ 공제규정에는 공제사업의 범위, 공제계약의 내용, 공제금, 공제료 및 공제금에 충당하기 위한 책임준비금 등 공제사업의 운영에 관하여 필요한 사항을 정하여야 한다.

시행령 제27조(공제사업) ① 협회는 공제사업을 하는 경우 공제사업의 회계는 다른 사업의 회계와 구분하여 경리하여야 한다.

정답 ②

141 경비업법령상 민감정보 및 고유식별정보의 처리에 관한 내용이다. ( ) 안에 들어갈 사무에 해당하지 않는 것은?

> 경찰청장은 ( )를 수행하기 위하여 불가피한 경우 개인정보보호법시행령 제18조 제2호에 따른 범죄경력자료에 해당하는 정보와 같은 영 제19조 제1호 또는 제4호에 따른 주민등록번호 또는 외국인등록번호가 포함된 자료를 처리할 수 있다.

① 경비업의 허가 및 갱신허가에 관한 사무

② 특수경비원의 직무 및 무기사용에 관한 사무

③ 보안지도 · 점검 및 보안측정에 관한 사무

④ 경비협회의 설립에 관한 사무

📖 **해설**
──

시행령 제31조의2(민감정보 및 고유식별정보의 처리) 경찰청장, 지방경찰청장, 경찰서장 및 경찰관서장은 다음 각 호의 사무를 수행하기 위하여 불가피한 경우 「개인정보 보호법 시행령」 제18조제2호에 따른 범죄경력자료에 해당하는 정보와 같은 영 제19조제1호 또는 제4호에 따른 주민등록번호 또는 외국인등록번호가 포함된 자료를 처리할 수 있다.
1. 경비업의 허가 및 갱신허가 등에 관한 사무
2. 경비지도사 시험 등에 관한 사무
3. 경비원의 교육 등에 관한 사무
4. 특수경비원의 직무 및 무기사용 등에 관한 사무
5. 결격사유 확인을 위한 범죄경력조회 등에 관한 사무
6. 경비원 배치허가 등에 관한 사무
7. 행정처분에 관한 사무
8. 경비업자 및 경비지도사의 지도 · 감독에 관한 사무
9. 보안지도 · 점검 및 보안측정에 관한 사무
10. 사무를 수행하기 위하여 필요한 사무

정답 ④

142 경비업법령상 경비업자 또는 경비원의 행위와 벌칙에 관한 설명으로 옳은 것은?

① 파업을 한 특수경비원은 1년 이하의 징역 또는 1천만 원 이하의 벌금에 처한다.

② 직무상 알게 된 비밀을 누설한 경비업자의 임 · 직원은 2년 이하의 징역 또는 2천만 원 이하의 벌금에 처한다.

③ 고의로 국가중요시설의 정상적인 운영을 해치는 장해를 일으킨 특수경비

원은 3년 이하의 징역 또는 3천만 원 이하의 벌금에 처한다.

④ 정당한 사유 없이 무기를 소지하고 배치된 경비구역을 벗어난 특수경비원은 3년 이하의 징역 또는 3천만 원 이하의 벌금에 처한다.

📖 해설 ─────────────────────────────────────

제28조(벌칙) ① 국가중요시설의 정상적인 운영을 해치는 장해를 일으킨 특수경비원은 7년 이하의 징역 또는 5천만원 이하의 벌금에 처한다.

② 다음 어느 하나에 해당하는 자는 3년 이하의 징역 또는 3천만원 이하의 벌금에 처한다.

1. 허가를 받지 아니하고 경비업을 영위한 자
2. 직무상 알게 된 비밀을 누설하거나 부당한 목적을 위하여 사용한 자
3. 경비업무의 중단을 통보하지 아니하거나 경비업무를 즉시 인수하지 아니한 특수경비업자 또는 경비대행업자
4. 집단민원현장에 경비원을 배치하면서 허가를 받지 아니한 자에게 경비업무를 도급한 자
5. 집단민원현장에 20명 이상의 경비인력을 배치하면서 그 경비인력을 직접 고용한 자
6. 경비업자의 경비원 채용 시 무자격자나 부적격자 등을 채용하도록 관여하거나 영향력을 행사한 도급인
7. 과실로 인하여 국가중요시설의 정상적인 운영을 해치는 장해를 일으킨 특수경비원
8. 특수경비원으로서 경비구역 안에서 시설물의 절도, 손괴, 위험물의 폭발 등의 사유로 인한 위급사태가 발생한 경우 다음 내용을 위반한 자
   ㉠ 직무상의 복종의무: 특수경비원은 직무를 수행함에 있어 시설주·관할 경찰관서장 및 소속상사의 직무상 명령에 복종하여야 한다.
   ㉡ 근무지역 이탈금지 의무: 특수경비원은 소속상사의 허가 또는 정당한 사유 없이 경비구역을 벗어나서는 아니 된다.
9. 경비원에게 경비업무의 범위를 벗어난 행위를 하게 한 자

③ 정당한 사유 없이 무기를 소지하고 배치된 경비구역을 벗어난 특수경비원은 2년 이하의 징역 또는 2천만원 이하의 벌금에 처한다.

④ 다음 어느 하나에 해당하는 자는 1년 이하의 징역 또는 1천만원 이하의 벌금에 처한다.

1. 특수경비원의 직무 및 무기사용 규정에 위반한 관리책임자
2. 쟁의행위를 한 특수경비원
3. 경비업무의 범위를 벗어난 행위를 한 경비원
4. 장비 외에 흉기 또는 그 밖의 위험한 물건을 휴대하고 경비업무를 수행한 경비원 또는 경비원에게 이를 휴대하고 경비업무를 수행하게 한 자
5. 경찰관서장의 배치폐지 명령을 따르지 아니한 자
6. 지방경찰청장 또는 관할 경찰관서장의 중지명령에 따르지 아니한 자

정답 ①

143 경비업법령상 권한의 위임 및 위탁 등에 관한 설명으로 옳지 않은 것은?

① 경비업법에 의한 경찰청장의 권한은 대통령령이 정하는 바에 따라 그 일부를 지방경찰청장에게 위임할 수 있다.

② 경찰청장은 경비지도사의 자격의 취소 및 정지에 관한 권한을 지방경찰청장에게 위임한다.

③ 경찰청장은 경비지도사 자격의 취소 및 정지에 관한 청문의 권한을 지방경찰청장에게 위임한다.

④ 경찰청장은 경비지도사 시험 관리 및 교육에 관한 업무를 경비업에 관한 인력과 전문성을 갖추고 경찰관서장이 지정하여 고시한 기관 또는 단체에 위임할 수 있다.

📖 **해설**

제27조(위임 및 위탁) ① 경찰청장의 권한은 대통령령이 정하는 바에 따라 그 일부를 지방경찰청장에게 위임할 수 있다.

② 경찰청장은 경비지도사의 시험 및 교육에 관한 업무를 대통령령이 정하는 바에 따라 관계전문기관 또는 단체에 위탁할 수 있다.

시행령 제31조(권한의 위임 및 위탁) ①경찰청장은 다음의 권한을 지방경찰청장에게 위임한다.
1. 경비지도사의 자격의 취소 및 정지에 관한 권한
2. 경비지도사 자격의 취소 및 정지에 관한 청문의 권한

② 경찰청장 또는 경찰관서장은 경비지도사시험의 관리와 경비지도사의 교육에 관한 업무를 경비업무에 관한 인력과 전문성을 갖춘 기관으로서 경찰청장이 지정하여 고시하는 기관 또는 단체에 위탁한다.

정답 ④

144 경비업법령에 관한 내용으로 옳지 않은 것은?

① 방송 및 무선통신기기 제조업은 특수경비업자가 할 수 있는 경비관련업이다.

② 관할경찰관서장은 시설주의 신청에 의하여 특수경비원이 배치된 국가중요시설 등에 경비전화를 가설할 수 있다.

③ 경비업법령에 규정한 사항 외에 과태료의 부과·징수절차에 관하여 필요한 사항은 경찰청의 행정규칙으로 정한다.

④ 경비업자는 경비원이 업무수행 중 고의 또는 과실로 제3자에게 손해를 입

힌 경우에는 이를 배상하여야 한다.

📖 해설 ─────────────────────────────────

시행규칙 25조(경비전화의 가설) ① 관할 경찰관서장은 시설주의 신청에 의하여 특수경비원이 배치된 국가중요시설 등에 경비전화를 가설할 수 있다.

② 경비전화를 가설하는 경우의 소요경비는 시설주의 부담으로 한다.

경비업법 제26조(손해배상 등) ① 경비업자는 경비원이 업무수행 중 고의 또는 과실로 경비대 상에 손해가 발생하는 것을 방지하지 못한 때에는 그 손해를 배상하여야 한다.

② 경비업자는 경비원이 업무수행 중 고의 또는 과실로 제3자에게 손해를 입힌 경우에는 이를 배상하여야 한다.

경비업법 제31조(과태료) ③ 제1항 및 제2항의 규정에 의한 과태료는 대통령령이 정하는 바에 의하여 지방경찰청장 또는 경찰관서장이 부과한다.

특수경비업자가 할 수 있는 영업(시행령 제7조의2제1항 관련)

분야	해당 영업
금속가공제품 제조업 (기계 및 가구 제외)	• 일반철물 제조업(자물쇠제조 등 경비 관련 제조업에 한정한다) • 금고 제조업
그 밖의 기계 및 장비 제조업	• 분사기 및 소화기 제조업
전기장비 제조업	• 전기경보 및 신호장치 제조업
전자부품, 컴퓨터, 영상, 음향 및 통신장비 제조업	• 전자카드 제조업 • **통신 및 방송 장비 제조업** (개정 전: 방송 및 무선통신기기 제조업) • 영상 및 음향기기 제조업
전문직별 공사업	• 소방시설 공사업 • 배관 및 냉·난방 공사업(소방시설 공사 등 방재 관련 공사에 한정한다) • 내부 전기배선 공사업 • 내부 통신배선 공사업
도매 및 상품중개업	• 통신장비 및 부품 도매업
통신업	• 전기통신업
부동산업	• 부동산 관리업
컴퓨터 프로그래밍, 시스템 통합 및 관리업	• 컴퓨터 프로그래밍 서비스업 • 컴퓨터시스템 통합 자문, 구축 및 관리업

건축기술, 엔지니어링 및 관련기술 서비스업	• 건축설계 및 관련 서비스업(소방시설 설계 등 방재 관련 건축 설계에 한정한다) • 건물 및 토목엔지니어링 서비스업(소방공사 감리 등 방재 관련 서비스업에 한정한다)
사업시설 관리 및 조경 서비스업	• 사업시설 유지관리 서비스업 • 건물 산업설비 청소 및 방제 서비스업
사업지원 서비스업	• 인력공급 및 고용알선업 • 경비, 경호 및 탐정업
교육서비스업	• 직원훈련기관 • 그 밖의 기술 및 직업훈련학원(경비 관련 교육에 한정한다)
수리업	• 일반 기계 수리업 • 전기, 전자, 통신 및 정밀기기 수리업
창고 및 운송 관련 서비스업	• 주차장 운영업

정답 ③

145 경비업법령상 허가증 등의 수수료에 관한 설명으로 옳은 것은?

① 시험에 응시하고자 하는 자가 응시수수료를 과오납한 경우 납부한 응시수수료 전액을 반환받는다.

② 시험에 응시하고자 하는 자가 시험시행일 7일 전에 접수를 취소한 경우 납부한 응시수수료 전액을 반환받는다.

③ 관할 경찰관서장은 정보통신망을 이용하여 전자화폐·전자결제 등의 방법으로 수수료를 납부하게 할 수 있다.

④ 시험에 응시하고자 하는 자의 귀책사유로 시험에 응시하지 못한 경우 납부한 응시수수료의 전액을 반환받는다.

📖 해설 ─────────────

제28조(허가증 등의 수수료) ④ 경찰청장은 다음 어느 하나에 해당하는 경우에는 받은 응시수수료의 전부 또는 일부를 다음 각 호의 구분에 따라 반환하여야 한다.

1. 응시수수료를 과오납한 경우: 과오납한 금액 전액
2. 시험시행기관의 귀책사유로 시험에 응시하지 못한 경우: 응시수수료 전액
3. 시험시행일 20일 전까지 접수를 취소하는 경우: 응시수수료 전액
4. 시험시행일 10일 전까지 접수를 취소하는 경우: 응시수수료의 100분의 50

⑤ 경찰청장 및 지방경찰청장은 정보통신망을 이용하여 전자화폐 · 전자결제 등의 방법으로 수수료를 납부하게 할 수 있다.

정답 ②

146 경비업법령상 특수경비원의 형의 가중처벌 대상에 해당되는 형법상 범죄는?

① 특수강도죄　　　　　　　　　② 특수주거침입죄
③ 살인죄　　　　　　　　　　　④ 중체포죄

📖 해설 ────────────────────────────────

제29조(형의 가중처벌) ① 특수경비원이 무기를 휴대하고 경비업무를 수행 중에 무기의 안전수칙을 위반하여 다음 죄를 범한 때에는 그 죄에 정한 형의 2분의 1까지 가중처벌한다.

「형법」 상해와 폭행의 죄	(중상해, 존속중상해, 특수상해, 상해치사), (폭행, 존속폭행, 폭행치사상)
「형법」 과실치사상의 죄	(업무상과실 · 중과실 치사상)
「형법」 체포와 감금의 죄	(체포, 감금, 존속체포, 존속감금), (중체포, 중감금, 존속중체포, 존속중감금), (체포 · 감금 등의 치사상)
「형법」 협박의 죄	(협박, 존속협박)
「형법」 권리행사방해죄	(강요)
「형법」 사기와 공갈의 죄	(특수공갈)
「형법」 손괴의 죄	(재물손괴)

② 경비원이 경비업무 수행 중에 장비 외에 흉기 또는 그 밖의 위험한 물건을 휴대하고 다음의 죄를 범한 때에는 그 죄에 정한 형의 2분의 1까지 가중처벌한다.

「형법」 상해와 폭행의 죄	(특수상해, 상해 존속상해, 중상해, 존속중상해), (상해치사, 특수폭행, 폭행치사상)
「형법」 과실치사상의 죄	(업무상과실 · 중과실 치사상)
「형법」 체포와 감금의 죄	(체포, 감금, 존속체포, 존속감금), (중체포, 중감금, 존속중체포, 존속중감금), (체포 · 감금 등의 치사상)
「형법」 협박의 죄	(협박, 존속협박)
「형법」 권리행사방해죄	(강요)
「형법」 사기와 공갈의 죄	(특수공갈)
「형법」 손괴의 죄	(재물손괴)

정답 ④

147 청원경찰법령상 청원경찰의 복무에 관하여 국가공무원법의 규정이 준용되지 않는 것은?

① 청원경찰의 정치 운동의 금지
② 청원경찰의 비밀 엄수의 의무
③ 청원경찰의 집단 행위의 금지
④ 청원경찰의 직장 이탈의 금지

📖 **해설** ─────────────────────────────

제5조(청원경찰의 임용 등) ④ 청원경찰의 복무에 관하여는 「국가공무원법」 제57조(복종의 의무), 제58조제1항(직장이탈금지), 제60조(비밀엄수의 의무), 제66조제1항(집단행위금지) 및 「경찰공무원법」 제18조(거짓보고 등의 금지)를 준용한다.
「국가공무원법」 복종의 의무, 직장이탈금지, 비밀엄수의 의무, 집단행위금지
「경찰공무원법」 거짓보고 등의 금지

정답 ①

148 청원경찰법령상 청원경찰의 직무 및 배치에 관한 설명으로 옳지 않은 것은?

① 청원경찰을 배치 받으려는 자는 관할 지방경찰청장에게 청원경찰 배치를 신청해야 한다.
② 지방경찰청장은 청원경찰 배치 신청을 받으면 지체 없이 그 배치 여부를 결정하여 신청인에게 알려야 한다.
③ 청원경찰이 직무를 수행할 때에 경찰관직무집행법령에 따라 하여야 할 모든 보고는 관할 지방경찰청장에게 서면으로 해야 한다.
④ 지방경찰청장은 청원경찰 배치가 필요하다고 인정하는 기관의 장에게 청원경찰을 배치할 것을 요청할 수 있다.

📖 **해설** ─────────────────────────────

시행규칙 제22조(보고) 청원경찰이 직무를 수행할 때에 「경찰관 직무집행법」 및 같은 법 시행령에 따라 하여야 할 모든 보고는 관할 경찰서장에게 서면으로 보고하기 전에 지체 없이 구두로 보고하고 그 지시에 따라야 한다.

정답 ③

149 청원경찰법령상 청원경찰의 배치 및 임용방법 등에 관한 설명으로 옳지 않은 것은?

① 청원경찰의 배치를 받으려는 자는 청원경찰 배치신청서에 경비구역 평면도 1부와 배치계획서 1부를 첨부해야 한다.

② 청원주는 청원경찰 배치 결정의 통지를 받은 날부터 30일 이내에 청원경찰 임용승인을 지방경찰청장에게 신청해야 한다.

③ 청원주가 청원경찰을 임용하였을 때에는 임용한 날부터 10일 이내에 그 임용사항을 관할 경찰서장을 거쳐 지방경찰청장에게 보고해야 한다.

④ 청원주는 청원경찰이 퇴직하였을 때에는 그 퇴직한 날부터 14일 이내에 지방경찰청장에게 보고해야 한다.

📖 **해설**

시행령 제4조(임용방법 등) ① 청원경찰의 배치 결정을 받은 자(청원주)는 그 배치 결정의 통지를 받은 날부터 30일 이내에 배치 결정된 인원수의 임용예정자에 대하여 청원경찰 임용승인을 지방경찰청장에게 신청하여야 한다.

② 청원주가 청원경찰을 임용하였을 때에는 임용한 날부터 10일 이내에 그 임용사항을 관할 경찰서장을 거쳐 지방경찰청장에게 보고하여야 한다. 청원경찰이 퇴직하였을 때에도 또한 같다.

정답 ④

150 청원경찰법령상 청원경찰의 교육 및 배치 등에 관한 설명으로 옳은 것은?

① 청원경찰의 교육기간은 2주이며, 수업시간은 76시간이다.

② 경찰공무원으로 퇴직한 사람이 퇴직한 날부터 5년 이내에 청원경찰로 임용되었을 때에는 청원경찰 교육을 면제해야 한다.

③ 청원주의 사정상 부득이하다고 인정될 때에는 청원경찰을 우선 배치하고 임용 후 1년 이내에 청원경찰 교육을 받게 할 수 있다.

④ 청원경찰을 이동배치하여 이동배치지가 다른 관할구역에 속할 때에는 청원주는 전입지를 관할하는 경찰서장에게 그 사실을 통보해야 한다.

📖 **해설**

시행규칙 제6조(교육기간 등) 청원경찰 교육기간은 2주로 하고 총 76시간의 신임교육을 받는다. 교육과목 및 수업시간은 다음과 같다.

시행령 제5조(교육) ① 청원주는 청원경찰로 임용된 사람으로 하여금 경비구역에 배치하기 전에 경찰교육기관에서 직무 수행에 필요한 교육을 받게 하여야 한다. 다만, 경찰교육기관의 교육계획상 부득이하다고 인정할 때에는 우선 배치하고 임용 후 1년 이내에 교육을 받게 할 수 있다.
② 경찰공무원(의무경찰을 포함) 또는 청원경찰에서 퇴직한 사람이 퇴직한 날부터 3년 이내에 청원경찰로 임용되었을 때에는 교육을 면제할 수 있다.
③ 교육기간·교육과목·수업시간 및 그 밖에 교육의 시행에 필요한 사항은 행정자치부령으로 정한다.

제6조(배치 및 이동) ① 청원주는 청원경찰을 신규로 배치하거나 이동배치하였을 때에는 배치지(이동배치의 경우에는 종전의 배치지)를 관할하는 경찰서장에게 그 사실을 통보하여야 한다.
② 통보를 받은 경찰서장은 이동배치지가 다른 관할구역에 속할 때에는 전입지를 관할하는 경찰서장에게 이동배치한 사실을 통보하여야 한다.

정답 ①

---

151 청원경찰법령상 청원경찰의 임용 등에 관한 설명으로 옳지 않은 것은?

① 청원경찰은 청원주가 임용하되, 임용을 할 때에는 미리 지방경찰청장의 승인을 받아야 한다.
② 피한정후견인은 청원경찰로 임용될 수 있다.
③ 청원경찰로 임용되기 위해서는 신체가 건강하고 팔다리가 완전하며, 시력(교정시력을 포함한다)은 양쪽 눈이 각각 0.8 이상이어야 한다.
④ 군복무가 면제된 만 25세인 남자는 청원경찰로 임용될 수 있다.

📖 **해설**

제5조(청원경찰의 임용 등) ① 청원경찰은 청원주가 임용하되, 임용을 할 때에는 미리 지방경찰청장의 승인을 받아야 한다.
② 「국가공무원법」 제33조 각 호의 어느 하나의 결격사유에 해당하는 사람은 청원경찰로 임용될 수 없다.

국가공무원법 제33조(결격사유) 다음 어느 하나에 해당하는 자는 공무원으로 임용될 수 없다.
1. 피성년후견인 또는 피한정후견인
2. 파산선고를 받고 복권되지 아니한 자
3. 금고 이상의 실형을 선고받고 그 집행이 종료되거나 집행을 받지 아니하기로 확정된 후 5년이 지나지 아니한 자

4. 금고 이상의 형을 선고받고 그 집행유예 기간이 끝난 날부터 2년이 지나지 아니한 자
5. 금고 이상의 형의 선고유예를 받은 경우에 그 선고유예 기간 중에 있는 자
6. 법원의 판결 또는 다른 법률에 따라 자격이 상실되거나 정지된 자

6의2. 공무원으로 재직기간 중 직무와 관련하여 「형법」(업무상)횡령·배임죄를 범한 자로서 300만원 이상의 벌금형을 선고받고 그 형이 확정된 후 2년이 지나지 아니한 자

6의3. 「형법」 제303조(업무상위력 등에 의한 간음) 또는 「성폭력범죄의 처벌 등에 관한 특례법」 제10조(업무상 위력 등에 의한 추행)에 규정된 죄를 범한 사람으로서 300만원 이상의 벌금형을 선고받고 그 형이 확정된 후 2년이 지나지 아니한 사람
7. 징계로 파면처분을 받은 때부터 5년이 지나지 아니한 자
8. 징계로 해임처분을 받은 때부터 3년이 지나지 아니한 자

시행령 제3조(임용자격) 청원경찰의 임용자격은 다음 각 호와 같다.
1. 18세 이상인 사람. 다만, 남자의 경우에는 군복무를 마쳤거나 군복무가 면제된 사람으로 한정한다.
2. 행정자치부령으로 정하는 신체조건에 해당하는 사람
1. 신체가 건강하고 팔다리가 완전할 것
2. 시력(교정시력을 포함)은 양쪽 눈이 각각 0.8 이상일 것

정답 ②

---

152 청원경찰법령상 청원경찰경비의 지급방법 또는 납부방법을 행정자치부령으로 정하지 않는 것은?

① 청원경찰의 피복비　　　　　　② 청원경찰의 교육비
③ 청원경찰의 퇴직금　　　　　　④ 청원경찰에게 지급할 봉급과 각종 수당

📖 **해설**

제6조(청원경찰경비) ① 청원주는 다음 각 호의 청원경찰경비를 부담하여야 한다.
1. 청원경찰에게 지급할 봉급과 각종 수당
2. 청원경찰의 피복비
3. 청원경찰의 교육비
4. 제7조에 따른 보상금 및 제7조의2*에 따른 퇴직금

***제7조의2(퇴직금)** 청원주는 청원경찰이 퇴직할 때에는 「근로자퇴직급여 보장법」에 따른 퇴직금을 지급하여야 한다.

정답 ③

153 청원경찰법령상 청원경찰의 봉급과 각종 수당은 누가 부담하는가?

① 청원주
② 지방경찰청장
③ 관할 경찰서장
④ 지방자치단체장

📖 해설 ──────────

제6조(청원경찰경비) ① 청원주는 다음 각 호의 청원경찰경비를 부담하여야 한다.
1. 청원경찰에게 지급할 봉급과 각종 수당
2. 청원경찰의 피복비
3. 청원경찰의 교육비
4. 제7조에 따른 보상금 및 제7조의2에 따른 퇴직금

정답 ①

154 청원경찰법령상 청원경찰의 보수 등에 관한 설명으로 옳지 않은 것은?

① 국가기관에 근무하는 청원경찰의 각종 수당은 공무원수당 등에 관한 규정에 따른 수당 중 가계보전수당, 실비변상 등으로 하며, 그 세부 항목은 경찰청장이 정하여 고시한다.
② 국가기관에 근무하는 청원경찰의 보수산정을 위한 재직기간은 청원경찰로서 근무한 기간으로 한다.
③ 국가기관에 근무하는 청원경찰 보수의 호봉 간 승급기간은 경찰공무원의 승급기간에 관한 규정을 준용한다.
④ 국가기관 또는 지방자치단체에 근무하는 청원경찰 외의 청원경찰 보수의 호봉 간 승급기간 및 승급액은 순경의 승급에 관한 규정을 사업장의 취업규칙보다 우선 준용한다.

📖 해설 ──────────

제11조(보수 산정 시의 경력 인정 등) ② 국가기관 또는 지방자치단체에 근무하는 청원경찰 보수의 호봉 간 승급기간은 경찰공무원의 승급기간에 관한 규정을 준용한다.
③ 국가기관 또는 지방자치단체에 근무하는 청원경찰 외의 청원경찰 보수의 호봉 간 승급기간 및 승급액은 그 배치된 사업장의 취업규칙에 따르며, 이에 관한 취업규칙이 없을 때에는 순경의 승급에 관한 규정을 준용한다.

제9조(국가기관 또는 지방자치단체에 근무하는 청원경찰의 보수) ② 국가기관 또는 지방자치단체에 근무하는 청원경찰의 각종 수당은 「공무원수당 등에 관한 규정」에 따른 수당 중 가계보전수당, 실비변상 등으로 하며, 그 세부 항목은 경찰청장이 정하여 고시한다.

③ 청원경찰 경비산정을 위한 재직기간은 청원경찰로서 근무한 기간으로 한다.

정답 ④

155 청원경찰법령상 국가기관이나 지방자치단체에 근무하는 청원경찰 본인의 의사에도 불구하고 휴직을 명하여야 하는 경우가 아닌 것은?

① 국외 유학을 하게 된 때

② 신체 · 정신상의 장애로 장기 요양이 필요할 때

③ 병역법에 따른 병역 복무를 마치기 위하여 징집된 때

④ 천재지변 등의 사유로 생사가 불명확하게 된 때

📖 해설 ────────────────────────────

제10조의7(휴직 및 명예퇴직) 국가기관이나 지방자치단체에 근무하는 청원경찰의 휴직 및 명예퇴직에 관하여는 「국가공무원법」 제71조(휴직) 및 제74조의2(명예퇴직)를 준용한다.

「국가공무원법」제71조(휴직) ① 공무원이 다음 어느 하나에 해당하면 임용권자는 본인의 의사에도 불구하고 휴직을 명하여야 한다.

　1. 신체 · 정신상의 장애로 장기 요양이 필요할 때

　3. 「병역법」에 따른 병역 복무를 마치기 위하여 징집 또는 소집된 때

　4. 천재지변이나 전시 · 사변, 그 밖의 사유로 생사 또는 소재가 불명확하게 된 때

　5. 그 밖에 법률의 규정에 따른 의무를 수행하기 위하여 직무를 이탈하게 된 때

　6. 「공무원의 노동조합 설립 및 운영 등에 관한 법률」 제7조에 따라 노동조합 전임자로 종사하게 된 때

② 임용권자는 공무원이 다음 어느 하나에 해당하는 사유로 휴직을 원하면 휴직을 명할 수 있다. 다만, 제4호의 경우에는 대통령령으로 정하는 특별한 사정이 없으면 휴직을 명하여야 한다.

　1. 국제기구, 외국 기관, 국내외의 대학 · 연구기관, 다른 국가기관 또는 대통령령으로 정하는 민간기업, 그 밖의 기관에 임시로 채용될 때

　2. 국외 유학을 하게 된 때

　3. 중앙인사관장기관의 장이 지정하는 연구기관이나 교육기관 등에서 연수하게 된 때

　4. 만 8세 이하 또는 초등학교 2학년 이하의 자녀를 양육하기 위하여 필요하거나 여성 공무원이 임신 또는 출산하게 된 때

　5. 사고나 질병 등으로 장기간 요양이 필요한 조부모, 부모(배우자의 부모를 포함), 배우자, 자녀 또는 손자녀를 간호하기 위하여 필요한 때

　6. 외국에서 근무 · 유학 또는 연수하게 되는 배우자를 동반하게 된 때

　7. 대통령령등으로 정하는 기간 동안 재직한 공무원이 직무 관련 연구과제 수행 또는 자기개발을 위하여 학습 · 연구 등을 하게 된 때

정답 ①

156 청원경찰법령상 청원경찰의 징계에 관한 설명으로 옳은 것은?

① 징계처분권자는 청원주이다.

② 견책은 보수의 3분의 1을 줄인다.

③ 직위해제는 청원경찰에 대한 징계의 종류에 해당한다.

④ 관할 경찰서장은 징계규정의 보완이 필요하다고 인정할 때에는 청원주에게 그 보완을 요구할 수 있다.

📖 **해설** ─────────────────────────────

제5조의2(청원경찰의 징계) ① 청원주는 청원경찰이 다음 어느 하나에 해당하는 때에는 대통령령으로 정하는 징계절차를 거쳐 징계처분을 하여야 한다.
 1. 직무상의 의무를 위반하거나 직무를 태만히 한 때
 2. 품위를 손상하는 행위를 한 때
② 청원경찰에 대한 징계의 종류는 파면, 해임, 정직, 감봉 및 견책으로 구분한다.

정답 ①

---

157 청원경찰법령상 청원경찰의 복제와 무기휴대에 관한 설명으로 옳지 않은 것은?

① 지방경찰청장은 청원경찰이 직무수행을 위하여 필요하다고 인정하면 청원주의 신청을 받아 관할 경찰서장으로 하여금 청원경찰에게 무기를 대여하여 지니게 할 수 있다.

② 청원주가 청원경찰이 휴대할 무기를 대여 받으려는 경우에는 관할 경찰서장을 거쳐 지방경찰청장에게 무기대여를 신청해야 한다.

③ 청원주는 대여 받은 무기와 탄약에 분실·도난·피탈(被奪) 또는 훼손 등의 사고가 발생하였을 때에는 지체 없이 그 사유를 관할 군부대장에게 통보해야 한다.

④ 청원주로부터 무기와 탄약을 지급받은 청원경찰은 무기를 인계인수할 때에는 반드시 "앞에 총" 자세에서 "검사 총"을 해야 한다.

📖 **해설** ─────────────────────────────

제16조(무기관리수칙) ① 무기와 탄약을 대여 받은 청원주는 다음에 따라 무기와 탄약을 관리하여야 한다.
 7. 청원주는 대여 받은 무기와 탄약에 분실·도난·피탈 또는 훼손 등의 사고가 발생하였을 때에는 지체 없이 그 사유를 관할 경찰서장에게 통보하여야 한다.

정답 ③

158 청원경찰법령상 과태료의 부과기준금액이 가장 적은 것은? (단, 과태료의 경감이나 가중은 고려하지 않는다.)

① 지방경찰청장의 승인을 받지 않고 임용 결격사유에 해당하는 청원경찰을 임용한 경우
② 지방경찰청장의 배치 결정을 받지 않고 국가 중요 시설 외의 시설에 청원경찰을 배치한 경우
③ 정당한 사유 없이 경찰청장이 고시한 최저부담기준액 이상의 보수를 지급하지 않은 경우
④ 총기·실탄 및 분사기에 관한 지방경찰청장의 감독상 필요한 명령을 정당한 사유 없이 이행하지 않은 경우

📖 **해설** ──────────────────────────────

과태료의 부과기준(제21조제1항 관련)

위반행위	과태료 금액
1. 지방경찰청장의 배치 **결정**을 받지 않고 다음 시설에 청원경찰을 배치한 경우	
가. 국가중요시설(국가정보원장이 지정하는 국가보안 목표시설)인 경우	500만원
나. 가목에 따른 국가중요시설 **외의** 시설인 경우	400만원
2. 지방경찰청장의 승인을 받지 않고 다음에 청원경찰을 임용한 경우	
가. 임용 **결격사유에 해당**하는 청원경찰	500만원
나. 임용 결격사유에 해당하지 않고 청원경찰	300만원
3. 정당한 사유 없이 경찰청장이 고시한 **최저부담기준액** 이상의 보수를 지급하지 않은 경우	500만원
4. 지방경찰청장의 감독상 필요한 다음 명령을 정당한 사유 없이 이행하지 않은 경우	
가. **총기·실탄** 및 **분사기**에 관한 명령	500만원
나. 가목에 따른 명령 외의 명령	300만원

정답 ②

159 청원경찰법령상 관할 경찰서장과 지방경찰청장이 공통으로 갖춰 두어야 할 문서나 장부에 해당하는 것은?

① 청원경찰 명부   ② 전출입 관계철

③ 교육훈련 실시부   ④ 청원경찰 임용승인 관계철

📖 **해설**

시행규칙 제17조(문서와 장부의 비치) ① 청원주는 다음의 문서와 장부를 갖춰 두어야 한다.

1. 청원경찰 명부   2. 근무일지
3. 근무 상황카드   4. 경비구역 배치도
5. 순찰표철   6. 무기 · 탄약 출납부
7. 무기장비 운영카드   8. 봉급지급 조서철
9. 신분증명서 발급대장   10. 징계 관계철
11. 교육훈련 실시부   12. 청원경찰 직무교육계획서
13. 급여품 및 대여품 대장   14. 그 밖에 청원경찰의 운영에 필요한 문서와 장부

② 관할 경찰서장은 다음의 문서와 장부를 갖춰 두어야 한다.

1. 청원경찰 명부   2. 감독 순시부
3. 전출입 관계철   4. 교육훈련 실시부
5. 무기 · 탄약 대여대장   6. 징계요구서철
7. 그 밖에 청원경찰의 운영에 필요한 문서와 장부

③ 지방경찰청장은 다음의 문서와 장부를 갖춰 두어야 한다.

1. 배치 결정 관계철   2. 청원경찰 임용승인 관계철
3. 전출입 관계철   4. 그 밖에 청원경찰의 운영에 필요한 문서와 장부

정답 ②

저자 소개

김균태

동국대학교 경찰행정학과 졸업
연세대학교 행정대학원 행정학 석사
동국대학교 경찰행정학과 일반대학원 경찰학 박사

중원대학교(대학원) 외래교수
현) 중앙경찰학교 외래교수(경찰작용법)
　　서울디지털 문화예술대학 외래교수(현대사회와 법)
　　서울현대전문학교 경찰행정학과 전임교수

서봉성

여주대학교 경찰행정학과 외래교수
세경대학교 경찰행정학과 외래교수
경민대학교 경찰행정학과 외래교수
한국형사정책연구원 예방처우연구센터
International Journal of Justice & Law 이사
ASIS International 한국서울지부 정회원
현) 서울현대전문학교 경찰행정학과 전임교수

알기 쉬운 경비업법 해설

초판발행	2020년 7월 30일
지은이	김균태·서봉성
펴낸이	안종만·안상준
편 집	이면희
기획/마케팅	손준호
표지디자인	이미연
제 작	우인도·고철민
펴낸곳	(주) 박영사
	서울특별시 종로구 새문안로3길 36, 1601
	등록 1959. 3. 11. 제300-1959-1호(倫)
전 화	02)733-6771
f a x	02)736-4818
e-mail	pys@pybook.co.kr
homepage	www.pybook.co.kr
ISBN	979-11-303-1031-2 93350

정 가   22,000원